4차 세계대전이라고?

미국, 이스라엘, 그리고 …

Vers la 4ᵉ Guerre mondiale?

Pascal Boniface

© Armand Colin Publisher 2005

Vers la 4^e Guerre mondiale?

4차 세계대전이라고?

미국, 이스라엘, 그리고 …

파스칼 보니파스 지음

이선주 옮김

도서출판

잉걸

2006

4차 세계대전이라고?

미국, 이스라엘, 그리고 …

펴낸날 2006년 9월 15일 초판 1쇄

지은이 파스칼 보니파스
옮긴이 이선주

펴낸이 김진수
펴낸곳 도서출판 **잉걸**
　　　　등록 : 2001년 3월 29일 제15-511호
　　　　주소 : 서울시 관악구 봉천본동 949-5 201호 (우 151-827)
　　　　전화 : 02) 884-3701
　　　　전자우편 : ingle21@naver.com

한국어판 © 도서출판 **잉걸**, 2006
ISBN 89-89757-12-6 03330
값 11,000원

- 잘못된 책은 바꿔 드립니다.
- 이 도서의 국립중앙도서관 출판시도서목록(CIP)은
  e-CIP 홈페이지(http://www.nl.go.kr/cip.php)에서 이용하실 수 있습니다.
  (CIP제어번호 : CIP2006001922)

아랍/무슬림세계와 서방세계의 관계는 앞으로 몇 년간 전략문제들의 핵심이 된다. 조지 부시George W. Bush를 필두로 대부분 서방세계의 책임자들은 문명 전쟁이라는 개념을 거부한다고 얘기하면서도, 실제 그들의 정책은 이라크에서 중동에 이르기까지 불행하게도 우리를 문명의 전쟁으로 이끌고 있다. 냉전시절, 미국의 과학자들은 핵재앙이 얼마나 남았는지를 알려주는 괘종시계를 작동시켰다. 우리가 긴장시기에 있느냐 데탕트[긴장완화]의 시기에 있느냐에 따라 시계는 치명적인 자정의 시각으로 향하다가 되돌아오곤 했다.

이 책이 2005년 봄 프랑스에서 출간되었을 때, 내용이 지나치게 비관적으로 보일 수도 있었다. 분명 최악의 상태는 아니라고 확신하지만, 1년 반 동안 상황은 악화되었으며 괘종시계의 바늘은 불길한 방향으로 돌고 있다. 그래도 2005년 봄에는 이스라엘-팔레스타인 분쟁이 타결되는 쪽으로 흐르고 있다고 기대할 수 있었다. 당시 이스라엘 총리 아리엘 샤론Ariel Sharon은 가자지구에서 철수한다는 중요한 결정을 내렸다. 무력 점령지에서 철수하고 식민지역을 철폐한다는 것은 그 이전 노동당의 어느 집권자도 결코 제시한 바가 없는 일이었다.

그 당시 가자지구 철수 계획을 바라보는 방식에는 두 가지가 있었다. 혹자에게는 그것이 이-팔 문제에 대한 총체적인 타결책으로 향하는 첫 걸음이었다. 일이 순조롭게 진행된다면, 가자지구, 요르단강 서안지역, 예루살렘에 걸쳐 팔레스타인 국가수립을 가능하게 하는 평화 협정에 이를 수 있을 만치, 요르단강 서안지역에서도 여러 움직임이 잇따를 것으로 내다볼 수 있었다. 이런 낙관론을 공유하지 않는 이들의 의견은 달랐다. 그들은 아리엘 샤론이 자신을 옥죄는 국제적 압력을 덜면서, 인구문제의 부담에서 벗어나려 한다고 평가했다. 지금부터 10~15년 안에 이스라엘과 팔레스타인 점령지를 통틀어 유대인 대비 인구균형이 팔레스타인 및 아랍인들에게 더 유리해질 것이기 때문이다. 140만의 팔레스타인인들로부터 한 시름 놓으면서 샤론은 인구문제에 대한 그럴싸한 전망을 가지려 했다는 것이다.

사실 그런 계획 자체에 대해서도 의문을 제기할 수 있겠다. 상대방과 협상도 없이 일방적 방식으로 평화를 이룰 수 있는 것인가? 전쟁은 혼자서 할 수 있다 하더라도, 평화를 이루기 위해서는 항상 상대가 있어야만 한다. 하마스의 집권은 이스라엘에게 팔레스타인과 협상하지 않을 새로운 명분을 제공했다. 그런데 하마스가 집권할 수 있었던 건 바로 이스라엘이 절대로 협상을 원치 않았기 때문이다. 그렇다고 에후드 올메르트Ehud Olmert의 일방주의적 계획이 팔레스타인 국가수립을 허용할 리 없을 것이며, 수립된다 해도 요르단강 서안지역의 협소한 일부지역에 국한될 것이다. 예루살렘은 여전히 완전 병합된 채로 말이다. 이러는 것이 이스라엘에게는 장래의 대결에 유리하기 때문이다.

이라크 전쟁이 발발한 지 40여 개월이 지난 지금, 이 전쟁의 전략적 대차대조표는 전반적으로 볼 때 워싱턴 당국에겐 거의 파국적이다. 전쟁을 일으키기 직전, 미국 측이 떠든 목적이 무엇이었던가? 공식적으로 맨 먼저 알려진 것은 대량살상무기의 확산을 막는 전쟁이라는 것이었다. 이 목적은 국제사회에서 널리 공감되었다. 그런데 대다수의 사람은 그것이 국제핵사찰단을 통해 검증될 수 있으며, 만일 사담 후세인Saddam Hussein이 이를 거부할 때만 무력을 사용할 수 있다고 판단했다. 하지만 미국은 전쟁을 우선시했다. 그리고 핵확산이 미국의 거짓된 주장이었음이 결과로 드러났다. 이라크가 그런 무기를 보유하고 있지 않아 '대량실종무기'라고 재규정해야 할 판이었으니 말이다. 따라서 핵확산 위협을 고발하곤 거기에 신빙성을 부여한 것은 순전히 미국의 거짓말에 의한 것이었다.

더 심각한 것은, 북한이 덤덤하게 핵무기 구축을 계속해 나갔고, 이란도 같은 길을 가고 있다는 점이다. 이라크전쟁은 이런 결정에 하나의 주요 요인으로 작용했다. 핵무기를 보유하고 있지 않다고 주장했고 국제사찰단을 받아들였는데도 불구하고 이라크가 전쟁을 당했다는 결과를 보고 테헤란 당국이 확신을 얻었던 것이다. 또 북한은 완전히 그 반대로 했는데도 미국이 평화롭게 그대로 두었으니 말이다. 따라서 이란 정권은 핵무기 비확산 규정을 준수하는 것보다, 차라리 핵무기를 보유함으로써 자신의 생존이 더 보장될 것이라는 결론을 내렸던 것이다.

게다가 미국은 이라크에서 곤욕을 치르고 있는 만큼 테헤란에 가할 수 있는 전략적 운신의 여지가 제한적이었다. 따라서 이란에게는 핵무기 프로그램을 갖추는 데 동기는 더 늘고 어려움은 줄어든 것이다. 그러니 이 전쟁의 진정한 승자는 이란이며, 그 중에서도 이 나라의 가장 급진적이고 가장 반서구적인 요소들이 최고의 승자인 것이다.

전쟁을 하기 위해 내걸었던 두 번째 논리는 테러와의 전쟁이었다. 이 또한 그냥 실패했다고만 해버리기엔 뭔가 부족하다. 이라크는 국제 테러리즘의 새로운 근거지가 되었으며, 국제 테러리즘은 더욱 강화되고 지리적으로도 확산되었다. 마드리드와 런던에서 일어난 테러들은 이라크전쟁과 직접적인 연관을 가진다. 무슬림세계 도처에서 미국과 서구동맹국들에 대한 증오심은 훨씬 가중되었으며, 그와 더불어 새로운 테러리스트들을 보다 쉽게 모집할 수 있게 만들고 있다. 오늘날의 테러리즘이 4년 전보다 덜 위협적이라고 과연 어느 누가 그렇게 말할 수 있겠는가? 문명 전쟁이라는 개념의 주창자인 새뮤얼 헌팅턴Samuel Huntington조차 이 전쟁은 국제적 불안이 증가한 데서 도래했다는 걸 인정하고 있다. 이라크인들이 마침내 투표를 할 수 있게 되어서 만족해한다 한들, 그건 테러와 종파 간의 폭력을 배경으로 하고 있는 것이다.

상황은 심각할 뿐 아니라, 유감스럽지만 더 악화될 수도 있다. 작금 이라크에서 만연하는 혼돈이 진짜 내전으로 급변할지도 모른다. 거의 3년 동안 이라크에 미군을 주둔시키고 있는 이유는 내전의 발생을 막을 필요성 때문이라고 합리화해 왔다. 그런데도 오히려 하루하루 전쟁이 다가오고 있는 것이다. 문제는 이제 더는 미-영 연합군의 이라크 철수 여부를 아는 데 있는 게 아니라, 그게 언제냐에 있다. 더욱이 어느 정도의 굴욕감을 느끼면서 떠나느냐는 것이다. 이라크는 과거 내전을 겪은 레바논과 미국이 혼전을 거듭한 베트남 상황이 합쳐진 양상으로 나타날 수 있다.

이 모든 상황에 직면해서 미국은 안보를 명목으로 매우 불확실한 결과를 얻기 위해 끊임없이 군비지출을 늘리고 있다. 테러와의 전쟁에서 전 세계 군사비 중 50%를 그들이 지출하고 있지만, 그게 과연 무슨 소용이 있겠는가? 이라크에서나 세계안보의 전반적인 차원에서도 이런 엄청난 지출로 그들이 얻는 결과는 보잘 것 없다는 걸 보게 된다. 게다가 역설적이게도 그들의 군사력은 한계에 달해 있다. 그들이 소용돌이에 빠져 허우적대도 덜 놀라게 되었는가 하면, 전쟁을 일으켜 오늘날 더 인기를 잃어가는(나아가 아주 심한 증오를 받는) 존재가 되어 버렸다. 왜냐하면 미국에게 가장 심각한, 바로 도덕적으로 실패했다는 점 때문이다.

어디서나 그렇듯 점령군은 인기가 없다. 미국언론이 폭로한 아부 그라이브 사건에서 이라크 양민학살에 이르기까지 미국은 자신이 만든 원칙들을 스스로 위반하고 있다. 그들이 권장하려 한다고 장담하는 보편적 가치에 그들은 과연 어떤 이미지를 부여하고 있는가?

미국은 아마도 초강대국일 것이다. 하지만 무엇보다도 극도의 혼란에 빠지고, 극도로 인기가 없는 나라이기도 하다. 사실상 미국의 정책은 테러리즘을 키우는 결과를 초래하고 있다. 유럽 및 아시아의 동맹국들에게 다양한 목소리를 내지 말고 자신을 따르라고 요청하려고 오히려 테러리즘의 존재에 의지하고 있는 것이다. 그것은 자신의 실패를 살찌우는 정책의 본보기에 다름 아니다.

한국은 이라크에서 자국군 일부를 철수시켰다. 중동에 대해서나 한반도의 전략적 상황에 대해 그들의 분석이 워싱턴 당국과 일치하지 않을 때조차도, 한국은 기꺼이 독자적 목소리를 내는 데 망설이지 않

고 있다. 이런 상황은 아시아의 전략 무대에서 한국에게 특별한 역할
을 부여한다. 중국 같은 전략적 경쟁국이나 일본 같은 동맹국이 아닌,
한국에 다른 공간이 열리고 있는 것이다.

2006년 6월말

파스칼 보니파스
Pascal Boniface

들어가는 글

"제4차 세계대전이 이미 시작되었다. 분명히 존재하지만 식별하기 어려운 적이 저기 있다. 바로 무슬림 테러리즘이다. 이 테러리즘은 우리가 가진 어떤 가치도 공유하지 않고, 서구 및 서구가 가진 인본적이고 민주적인 이상에 비합리적인 증오를 보이고 있다. 이 증오의 이유들은 전혀 알려지지 않았으며, 설명할 수도 없다. 이 가혹한 전쟁에선 시민들이 표적이 되고 있을 뿐 아니라, 적은 언제 어디서나 누구든지 해칠 수 있다. 더욱이 그들은 대단한 각오로 고무되어 있고(서구에 자리 잡은 무슬림들) 식별하기 어려운(그들 중 누가 알카에다 전사로 탈바꿈할지 어떻게 알 수 있단 말인가?) 제5열[1]도 현장에 배치해두고 있다.

이 전쟁은 아주 길 것이다. 왜냐하면 지구 전역이 전쟁터기 때문이다. 부시 대통령은 우리가 승리하고 있는 중이라고 장담한다. 그런데 그는 위험이 저 멀리 있는 게 아니며, 전쟁의 전망을 내다볼 수 없다고도 한다. 어쨌든 이 전쟁은 노고와 희생을 필요로 할 것이다. 이 전쟁은 바로 우리의 문명, 우리 자유의 미래, 우리 가치들을 재확인하는 작업이다. 간단히 말해 미래 세대의 운명이 달린 문제인 것이다. 이 무자비한 적에 대항하여 함께 싸우기 위해 민주진영이 어떻게 똘똘 뭉치지 않을 수 있단 말인가? 만일 우리가 그들에게 굴복이나 전멸(이것이 우리가 처한 진퇴양난을 표현할 수 있는 유일한 두 단어다)하기를 원치 않는다면, 비록 지엽적이고 하찮게 보이더라도 우리 사회를 보존한다는, 이 쟁점의 근본적인 관점아래 서구진영에 가담하는 게 바람직하지 않겠는가? 이 전쟁은 끝장을 봐야 한다. 반쯤 승리하는 것 따윈 있을 수 없다. 무슬림세계가 서양의 가치를 전적으로 지지하여 민주주의, 남녀평등, 개인의 해방을 받아들일 수 있는 날에 이르러서야 우리는 비로소 경계심을 늦출 수 있을 것이다.

1 정규군의 공격에 대비해 적국 내에서 활동하는 개인 또는 무력집단을 말한다. '제5부대'라고도 하는데, 1936년 스페인의 에스파냐인민전선 정부 수립 후 군부를 위주로 파시즘 진영이 일으킨 내란 당시, 마드리드 공략작전을 지휘한 장군 하나가 자신이 이끌던 4개 부대 외에 별도의 협력자를 지칭한 데서 유래되었다고 한다. 한편 군대행진이 보통 4열 종대로 이루어지므로 4열 외의 열외부대를 비유적으로 일컫는 말로도 자리를 잡았다. 넓은 의미에선 간첩(스파이)도 이 범주에 든다 — 옮긴이.

지구 전역을 엄습하고 있는 이 위협(공산주의 위협보다 더 위험한)에 맞서, 불행하게도 모든 사람이 한결같이 명확한 안목을 가지고 있는 것은 아니다. 뮌헨의 망령[2]이 일부 사람들의 정신을 사로잡고 있다. 죄책감까지 느껴가면서 양보를 하고 비겁한 위안 속에서 안녕을 찾으려는 사람들은 늘 있기 마련이다. 하지만 그런 태도는 우리가 처한 위기를 몰아내기보다는 오히려 우리 적들의 구미나 더 돋울 뿐이다. 위험조차 보지 못하는 순진한 이들이 있는가 하면, 그 위험의 근본적인 쟁점을 파악하지 못하는 무지한 이들도 있다. 무슬림세계를 희생자로 여기면서 동정심을 품고 죄책감 어린 너그러움을 보이려는 방심한 동조자들도 있다. 그런가 하면 이런 것들을 굳이 설명하려 듦으로써, 무의식적으로 테러행위를 합리화시켜주는 이들도 있다."

바 로 이상과 같은 내용을 우리는 더 자주 듣고 읽게 된다. 그런데 어디선가 이미 들어본 유형의 연설이다. 오늘 우리가 직면한 현실에 맞서 용기와 결단을 보여주자고 외치는 바로 이 내용들, 혹은 이와 거의 유사한 내용으로 우리는 지난 시절 그처럼 대단했던

---

2 1938년 9월, '뮌헨협정'이 체결되었다. 당시 영국과 프랑스가 주축이 되어 불가침 협정의 명목으로 체코슬로바키아의 슈테텐란트를 히틀러(Adolf Hitler)에게 양도했지만, 이듬해 독일은 협정을 어기고 폴란드를 침공했다. 여기서 '망령'이란 이 협정의 이런 인과적인 관계에서 나타난 결과를 일컫는다고 볼 수 있다 ― 옮긴이.

소련의 위협에 맞섰다. 소련군의 탱크들이 튀링겐의 동서독 경계선을 넘어서 파리의 콩코드광장으로 진입하려고 준비를 완료했을 때였다. 거세된 민주국가들은 그 도전에 응할 만큼 강하지 못했다. 정신 차리지 못한 서구인들은 저마다 소비생활에 푹 젖어, 그 토대조차도 흔들리는 생활방식을 즐기고만 있었다. 서유럽은 '핀란드화'[3]되고 있었다. 본질적으로 제국주의적 목적을 추구하는 독재 권력들과 대면해서 분별력이 없는 민주국가들은 침몰될 참이었다. 소비 시민들의 구미를 맞추느라 국가방위에 방심하는 동안, 소련과 그 동맹국들은 세계지배라는 자신들의 계획을 진척시키고 있었다. 서구는 맞설 용기도 없는데다 눈까지 멀어서 무자비한 소련에게 하나씩 양도되고 말 지경이었다.

1975년 헬싱키협정[4]이 체결되었다. 그럼으로써 서유럽이 동유럽의 해방을 기약한다는 조건으로 제2차 세계대전이 물려준 국경들을 인정했다고? 천만에, 그것은 알고 보면 협잡이거나 서방세계가 먹이를 교묘히 숨기려는 짓이다! 아니면, 데탕트[긴장완화]라고? 그게 아니라 피로나 쇠퇴의 신호지! 무장해제를 위한 협정이라고? 장래에 당면하게 될 전략적 열등감을 서유럽이 인정한 것이지! 그러는 동안 '뮌헨'이라는 단어가 소련과 대화를 추진하려는 쪽을 비난하기 위해 얼마나 들먹여졌던가? 자유민주국가들은 패배하고 말 것이라는 선포는 또 얼마나 잦았던가? 그렇지만 서방세계는 그렇듯 암울한 예언에도 불구하고, 그처럼 집요하게 성공을 기약했던 공산제국보다 훨씬 잘 버티고 있다.

3 말하자면, 민주주의적 정치체제를 보존하면서도 외교정책은 소련의 영향권에 놓이는 상태를 말한다.
4 '유럽의 안전과 협조'를 위해 핀란드 헬싱키에서 35개국이 참가한 가운데 체결된 협정이다. 1972년 11월 예비회담을 시작으로 1973년부터 본격적으로 회담이 개최되어 1975년에 최종안이 타결되었다. 협정의 주된 내용은 각국의 주권인정 및 국경불가침, 그리고 기술경제협력이었다 ― 옮긴이.

민주국가들은 사라지지도 않았다. 예상해댔던 재앙도 일어나지 않았다. 그렇다면 저열하고 무기력하다고 칭해졌던 민주국가들이 어떻게 승리할 수 있었던 것일까? 불길한 견해와 불행한 예언은 따르지 않으면서. 공산주의 국가들과 맞서 싸워야 한다는 강경파들의 주장에 역행하면서. 봉쇄라고 일컬어지는 단호한 정책을 펼치면서도, 동구권에서 막강한 영향력을 행사하던 소련과는 데탕트 정책으로 대화의 문을 열어가면서. 간단히 말해, 모든 군사적 선택을 피하고 정치적 접근을 우선시하면서, 폴아무르 박사[5]들의 의견을 듣지도 않았으면서 말이다.

오늘날 위협은 바뀌었지만, 군대와 무력을 앞세워 이분법적 논리(우리/그들, 선/악, 친구들/적들)를 선호하는 자들은 그대로다. 지난 사반세기 동안 계속해서 오판을 해 왔다는 사실에 비춰보더라도, 그런 논리는 결코 우리의 21세기 경계지표를 만들어내지 못한다. 그럼에도 불구하고 그 모든 것을 한 번 명확히 보도록 하자. 재앙을 피하려면 그들의 말에 귀를 기울여야 한다. 그들의 주장에 완전히 반대로 하거나, 얼마간 어깃장을 놓기 위해서라도 말이다.

그런 것들을 가볍게 취급해선 안 된다. 세계의 종말을 알리는 모든 재앙 박사들을 비웃어 줄 수도 있을 것이다. 그렇다고 그들을 무슨 사이비 종교단체의 광신자들로 여기며 거기다 대고 울분을 터트리자는 얘기는 아니다. 만일 그들 중 몇몇이 확실히 우스꽝스럽다 하더라도 전혀 대수롭지 않은 건 아니다. 왜냐하면 어떤 면에선 그들이 말하는 게 사실이기 때문이다. 그들이 예고하는 혼돈 상태가 사실상 일어

---

5 원제 '닥터 스트레인지러브(Doctor Strangelove)', 스탠리 큐브릭(Stanley Kubrick)의 1964년 영화. 냉전시대의 이데올로기를 조롱하고 핵에 의한 공포를 블랙코미디로 다뤘다. 영화에서 왕년의 나치물리학자인 스트레인지러브 박사(불어로 폴아무르 박사로 번역되어 소개)는 세계종말을 예고한다 — 옮긴이.

날 수도 있다. 테러리즘의 위협을 무시할 수는 없다. 테러리즘이 유발할 수 있는 전반적인 혼란을 도외시할 수도 없다. 몇 년 전만 해도 이런 관점이 생길 가능성이 훨씬 덜할 것 같긴 했지만 말이다. 그렇다면 우리에게 경고하고 있는 이들은 진실에 기반하고 있는 것일까? 이번에는 확실히 예언자 역할을 할지도 모른다고, 한 번 믿어보자고, 그들이 이제껏 저지른 오류들은 그냥 잊어버려도 되는 것일까? 그렇다. 바로 그들은 예언자의 역할을 자청하고 있다. 그러면서 사실상 그들은 장래의 위험을 고발하는 것만으로 만족하지 않는다. 그와 동시에 위험을 촉발하고 있는 것이다. 그들은 낭떠러지의 방향을 가리키는 것에 만족하지 않고, 우리를 독촉하며 낭떠러지로 이끌고 있다. 마치 나를 따르라, 그러면 재앙이 일어날 테니 하는 식이다. 만일 나침반이 있다면, 바늘은 영락없이 남쪽을 가리키게 된다.

그들의 입장은 편안하기 짝이 없다. 무엇보다도 그들은 자신의 정신적 안락까지 희생시켜가며 무분별한 사회들의 장래를 지키는 근사한 역할을 담당한다. 우둔한 사람들을 위해 휴식도 잊고 자신의 지혜를 바친다. 그런 다음, 매번 승리를 거두고 만다. 재앙을 떠드는 것은 반박의 여지를 없애는 데 유용하다. 만일 재앙이 일어나지 않더라도, 가까워지고 있다고 하면 그만이다. 위험이 어둠 속에 도사리고 있으며, 지하에 숨어 있는 위험의 원천이 결국 터지고 말 것이라고 말이다. 늘 자정 1분 전이라고 단언하면서 시간을 질질 끌 수 있는 것이다. 12번의 종이 울리지 않는다 해도 조금 늦어지고 있을 뿐이라고 하면 된다. 그러다 마침내 재앙이 터지기라도 하면, 그야말로 금상첨화다!

전략적 상황은 더욱더 불확실하다. 안보를 도모하기 위한 도전은 점점 더 복잡해지고 있다. 게다가 증오를 없애라고 얘기하면서 오히려 증오를 촉진하고 있는, 구호와 분석을 혼동하는 협잡꾼들을 따르지 않으려니 더욱 그렇다. 그들의 사고는 빈약하나, 대개 그 이면에 깔린 저의는 엄청나다. 바로 그래서 자신들이 야단법석을 떨면 사람들의 사고마저 마비시킬 거라는 희망을 안고 그들은 자신의 이데올로기적 개념들을 거창하고 탄탄하게 단련시킨다.

서방과 무슬림세계 간의 관계 해결은 분명히 우리가 직시해야 할 중대한 전략적 과제다. 그런 만큼 명석하고 지혜롭게 다루어야 한다. 문명충돌이 발생하는 걸 피하기 위해서는 말이다. 그런데도 불구하고 전략적 사안들을 놓고 토론을 할 때면 모든 게 뒤죽박죽이 되고 만다. 현실, 과장, 환상을 마구 섞어놓는 격이다. 근간에 대두한 개념인 제4차 세계대전이 일어나는 것을 피하기 위해서라고 떠들어대는데, 그렇다면 애초에 문명의 충돌을 화제로 들먹이며 전파시킨 건 도대체 누구란 말인가. 이 세계대전, 테러에 맞서 싸우는 서방세계의 전쟁은 제1차 대전(1914~1919년), 제2차 대전(1939~1945년), 그리고 냉전이라는 제3차 대전(1947~1991년)에 이어 제4차 대전이 될 것이다. 냉전시대가 종식되고 난 후에야 3차 대전이라는 용어가 사용되는 것을 보면서 의아해 할 수도 있다. 역사 속에서 그 당시에는 전혀 사용되지 않다시피 한 표현이었으니 말이다. 본문에서 보게 되겠지만, 의미론적으로 따져보면 이런 명칭의 선택도 결코 순수하지 않다. 이 재앙들을 피하길 원한다면, 이스라엘-팔레스타인 분쟁의 타결을 위해 단호한 방법을 취해야 한다. 여러 분쟁 중에서도 오랫동안 지속되고 있는 이 분쟁이 이제 문명충돌이 일어날 수 있는 모태가 돼버렸으니 말이다.

들어가는 글

1 987년, 미하일 고르바초프_{Mikhail S. Gorbachev}의 상임보좌관 게오르기 아르바토프_{Gueorgui Arbatov}는 미국 대표들과 만난 자리에서 악의적으로 이런 말을 했다. "우리가 당신들에게 최악의 서비스를 제공하겠다. 그건 바로 당신들에게서 적을 없애버리는 것이다." 말은 그렇게 했지만 아르바토프가 자신의 예고에 대해 회의를 품어보긴 했을까? 결국 이후에 일어날 사건들로 인해 그게 확인이 되든 부인이 되든 판가름 날 거라는 걸 생각이나 해봤을까? 고르바초프가 착수한 '페레스트로이카'가 소련과 미국 간의 경쟁을 종식시키고, 진정한 협조정치가 그걸 대신하게 될 것이라는 게 당시 아르바토프의 생각이었다. '데탕트[긴장완화]에서 앙탕트[우호]로 나아가기' 그것은 당시의 시대적 명령이었다. 크렘린에서 이미 이를 이론화했다 해도 서구입장에선 뜻밖이었다. 그동안 서구진영에서는 소련의 위협에 대항하여 아주

포괄적인 대책들을 강구해 왔으므로, 소련의 위협이 사라지면 서방세계가 정치는 물론이고, 어쩌면 자신의 정체성까지도 재규정해야 할 판이었으니 말이다. 그런데 그 후의 일은 우리들이 지켜봐서 잘 알 듯이, 그렇게 되면 소련의 위협만 사라지는 게 아니라, 소비에트사회주의공화국연방 자체가 사라지는 것이었다. 물론 아르바토프도 다른 이들과 마찬가지로, 거기까지 예상하진 못했다. 민주국가들이 서로 동원되고, 미국이 리더십을 유지하기 위해서는 적이 필요하다는 것을 소련의 특권층이 이미 간파하고 있었던 반면, 소련을 대체할 적을 찾을 수 있는 서구의 능력은 과소평가했던 것이다. 서방세계를 서로 연합하게 만드는 기능을 담당했던 소련의 위협이 사라지고 난 뒤 그 자리가 그리 오랫동안 공백으로 남아 있지는 않았다. 먼저 '남南의 위협'을 언급하는가 하면, 이어서 '무슬림세계'를 지칭했다. 정확히 구별도 하지 않고 '급진이슬람주의'를 비난하다가 결국 '이슬람 테러리즘'을 비난했다. 바로 이 이슬람 테러리즘에 맞서 싸운다는 명목 하에 앞으로 우리가 미국의 지휘 아래 집결해야 한다는 것이다.

이슬람의 위협을 발견하기 위해서 1989년 베를린 장벽의 붕괴나 1990~1991년의 걸프전, 2001년 9·11 사태를 기다려야만 했던 건 물론 아니다. 현실을 부인하는 것은 우리의 주제를 벗어난다. 그러니 현실을 살펴보자. 1979년의 이란혁명, 그리고 호메이니Ayatollah R. Khomeini의 '대악마 미국'에 대한 저주, 같은 해 메카의 이슬람대사원 점거,[1] 레바

---

1 1979년 11월, 사우디아라비아 체제의 부정부패 척결을 외치며 200여 명으로 이루어진 무장집단이 메카의 이슬람대사원(카바신전)을 점거한 사건을 일컫는다. 메카는 사우디아라비아 서부, 헤자즈 지방의 도시로 이슬람교의 창시자인 무하마드(마호메트)의 출생지라 이슬람의 대표적 성지가 되어 세계 도처에서 무슬림들의 순례가 이어지는 곳이다 ― 옮긴이.

논 내전, 이집트의 친이스라엘 정책에 반대해 한 극단주의자가 실행한 이집트 사다트Muhammad Anwar el-Sadat 대통령 암살사건, 이란 체제가 살만 루시디Salman Rushdie를 향해 펼쳤던 파트와Fatwa,[2] 1980년대 유럽에서 일어난 일련의 테러 사태까지를 언급하지 않더라도, 당연히 이 모든 사건은 아주 강한 인상을 남겼다. 이어서 1990년대에 들어 알제리에서 이슬람구국전선FIS을 지지하는 유권자들이 많아지면서 일어났던 쿠데타와 연이어 벌어진 참혹한 내란은 이 나라를 공포 속으로 몰아갔다.[3] 이런 사건들 또한 서방의 여론에 전례 없는 위험을 경고했다.

한계를 드러내고 있었던 '남의 위협'이라는 이론에 살을 붙일 수 있게 한 것은 그 무엇보다도 걸프전이었다. 서방세계의 여론과 정부들이 소련의 위협이 종식되어 유럽의 지속적인 평화를 전망할 수 있게 된 것을 채 축하하기도 전에, 이라크가 쿠웨이트를 공격하여 세계적인 석유자원의 중요한 부분이 바그다드의 통제권으로 넘어가게 되었다. 그로써 1945년 이후 처음으로 한 나라가 다른 나라를 무력으로 장악했던 것이다. UN 헌장이 채택된 이래 제대로 수행되지는 않았지만 그때처럼 심각한 적도 없었다. 대이란 전쟁에서 미국을 포함한 서구강대국들의 군사적 지원을 받았던 사담 후세인Saddam Hussein이었지만, 이젠 바

---

2 이슬람경전인 쿠란(코란)과 마호메트의 가르침에 근거한 이슬람법을 갖고 특정 사안을 해석해 내리는
   판결을 파트와라 한다. 인도출신 영국작가인 살만 루시디의 저서 『악마의 시 *The Satanic Verses*』(1988
   년 작)는 이슬람의 교리에 어긋난다는 이유로 출간 직후 이슬람 국가들로부터 큰 반발을 샀다. 1989년
   호메이니는 이슬람의 이름으로 루시디와 담당출판인들을 살해하라고 지시했다. 이 여파로 일련의
   폭력 및 살인사건들이 발생하기도 했다 ― 옮긴이.

3 이슬람구국전선(Front Islamique du Salut)은 1989년 알제리에서 창설된 이슬람운동이자 정치단체다.
   1991년 12월의 총선에서 유권자들의 대단한 지지를 얻게 되어 당시의 정권을 엎을 가능성까지 보이자
   알제리 군부는 수도권을 장악, 총선을 취소하고 FIS를 강제로 해체시켰다 ― 옮긴이.

그다드의 독재자, 또 한명의 히틀러Adolf Hitler로 소개되었던 것이다.4 국제 안전에 대한 사안들이 논의되는 곳에서는 여지없이 이 '남의 위협'에 주석을 달았고, 이 용어는 이전에 언급되던 동東의 위협을 대체했다. 마치 위협에 대한 단순한 지리적 방향 전환만으로도 거의 동일하게 전략적 참고사항 및 분석틀을 그대로 보존할 수 있다는 듯이 말이다.

미국의 어느 논평가는 그런 이론을 다음과 같이 분명하게 소개한 바 있다. "이슬람근본주의는 급속하게 지구의 평화와 안전에 주요 위협이 되고 있다. 이 위협은 1930년대의 나치즘과 파시즘, 1950년대의 공산주의 위협과 흡사하다."5 바로 이렇게 적혀 있는 것이다! 이쯤 되면 모든 게 선명하고 뚜렷해진다. 한편, 북대서양조약기구NATO의 사무총장 윌리 클라스Willy Claes는 독일 언론 ≪쥐트도이췌 차이퉁Süddeutsche Zeitung≫과의 인터뷰에서 다소 부주의하게도 이렇게 선언했다. "(이슬람)근본주의는 공산주의만큼 위험하다. 근본주의와 민주주의는 화해할 수 없기 때문이다. NATO는 군사적 동맹 이상의 역할을 하고 있는 만큼, 이슬람 극단주의의 위협에 대항하는 데 기여할 수 있다."6 굳이

---

4 옛 유고연방국들의 내란 때는 슬로보단 밀로셰비치(Slobodan Milosevic)가 이런 식으로 지칭된다. (밀로셰비치 : 유고연방이 해체되면서 1989년 세르비아 대통령으로 공식 선출돼 집권초기 호평을 받기도 했다. 하지만 1990년대 크로아티아, 보스니아 등이 분리독립을 해나가자 '세르비아민족주의'를 내세워 내전을 주도한 것으로 알려진다. 장기집권을 위해 1997년에는 신유고연방을 결성, 연방대통령에 올랐다. 코소보에서 '인종청소'를 자행한 후, 2000년 대선에서 결국 개표부정으로 국민적 저항에 부닥쳐 사임했다. UN 유고전범재판소로부터 전범으로 기소되었으나, 국제변호인단은 그를 '발칸의 학살자'가 아니라 '세계화'와 '미 제국주의의 새로운 세계질서'에 맞서 싸운 인물로 평가하기도 했다. 재판이 진행되는 상황에서 수감 중 2006년 3월 숨진 채 발견됐다 — 옮긴이).

5 Clara Hollongworth, "Another despotic creed seeks to infiltrate the West", *International Herald Tribune*, Sep. 5, 1993.

이중화법을 구사할 것도 없이, 바로 이 선언을 통해 NATO는 생존 명분을 제공하는 새로운 적을 찾아야 할 필요성을 그대로 노출한 것이다.

언제라도 내밀한 생각을 큰 소리로 떠들어선 안 되는 법. 윌리 클라스의 선언이 NATO 측을 다소 난처하게 만드는 바람에, NATO는 급한 불을 끄기 위해 클라스의 발언을 단호하게 부인하고 나서야 했다. 그래서 사무총장의 선언을 잘못 이해했다는 식의 얘기들이 나오게 된다. 그도 그럴 것이 일반적으로 서방세계(특히 NATO)는 무슬림세계와 좋은 관계를 유지하길 원했으니 말이다. 게다가 NATO는 방어 동맹인 만큼, 회원국들을 보호해야 하며, '영역 밖' 즉 회원국 영토 외의 지역에 개입해선 안 되니 더욱 그랬다. 그리고 12년이 지난 지금, 윌리 클라스가 실언을 한 게 아닐 뿐더러 이후 진행될 사태를 미리 언급했다는 것을 알 수 있다.

당시 그가 이슬람 극단주의만을 한정해서 지칭한 게 아니었는데, 그렇다면 세계의 안전을 그토록 위협한다는 이 '남'은 도대체 무엇일까? 그것은 사실상 제3세계의 일부에 해당한다. 사하라이남 아프리카 지역은 속하지 않고, 경제발전의 행복을 누리지 못하는 아시아 국가들이나 남미지역도 해당되지 않으니까, 실제로 겨냥된 곳은 바로 아랍 무슬림국가들이었다. 이 이론의 지지자들은 용의주도하게(혹은 위선적으로) 이렇게 모호하면서도 억지스런 일반화를 선호했던 것이다. 정말이지 아무도 남반구 국가들이 세계적인 차원의 연맹 체제를 창설하리라고는 생각조차 하지 않았다. 세네갈과 브라질, 아이티와 인도,

---

6 *Nouvelles atlantiques*, No.2692, Feb. 8, 1995.

튀니지와 피지가 한 깃발 아래 연맹하여, 어떤 방법을 동원해서라도 북반구 부富의 일부를 차지하겠다고 혈안이 되는 것을 생각할 수는 없었다. 왜냐하면 어떤 명목을 내세운 포럼들이나 77그룹G77,[7] 비동맹국 운동을 추진하는 기구들을 통해 협력을 하려한다 해도 이런 나라들은 다른 무엇보다도 정치적, 전략적, 경제적으로 아주 심하게 분열되어 있었기 때문이다. 게다가 그들의 군사력은, 특히 북의 나라들의 군사력과 비교했을 때 상대도 되지 않았다. 그래서 1990년 당시 근거도 없이 '세계 4위 군사력'을 가졌다고 소개되었던(물론 별다른 생각 없이 그랬겠지만) 이라크의 군사력은 서방세계가 쿠웨이트에서 이라크를 몰아내기로 결정하자, 며칠도 버티지 못했다. 흔히 간과하지만, 이라크를 몰아내려던 서방과 동맹을 맺은 국가 중에는 무슬림국가들도 있었다. 그러니 '남의 위협'이라는 표현으로는 목적을 이루지 못하게 된 것이다. 그건 마치 식민전쟁의 2회전처럼 분명히 구태의연한 측면이 있다. 게다가 비판적인 시각이라도 들이대면, 오랫동안 버틸 명목도 없어지게 될 판이었다.

바로 이런 배경에서 1993년 여름, '문명의 충돌'에 관한 새뮤얼 헌팅턴Samuel Huntington의 논문이 미국의 저명한 잡지 ≪포린 어페어스Foreign Affairs≫에 발표된다.[8] 이런 배경적인 우연이 그의 성공을 설명해준다. 즉 미완성인 채 피상적인 내용만을 담고 있어서 모든 것을 교묘하게 감추지도 못했던 하나의 이론에 그는 지적이고 정교한 요소를 부여하

---

7 1964년 6월, 제네바에서 개최된 UN무역개발회의(UNCTAD)에서 77개국의 개발도상국들이 모여 개도국 협력 촉진에 대한 성명서를 발표하고 승인했는데, 그 국가들을 지칭한다(참고 http://www.g77.org) — 옮긴이.

8 Samuel P. Huntington, "The clash of civilizations?", *Foreign Affairs*, Summer 1993, pp.22-49.

게 된다. 그동안 선술집에서나 들먹거릴 수 있는 화젯거리였던 '남의 위협'이 문명충돌론이라는 버전으로 바뀌어 피상적인 반응이 아닌 문화적이고 역사적인 분석으로 영감을 얻게 되면서, 이젠 우아하게 응접실에서 나누는 대화나 토론거리가 된 것이다.

그 논문이 발표된 후, 문명의 충돌이라는 개념은 전략적 사안을 논하는 토론에서 중심자리를 차지하게 된다. 이 이론만큼 논평되고 비판받은 것도 드물다. 이후 전략문제를 다루는 회의나 강연에선 참석자라면 예의 이 이론을 참고하게 되었는데, 그걸 반박하기 위해서라도 참고를 해야 했다.

대부분의 사람이 그의 이론을 비판하기 위해서 그것을 언급하는 식이었지만, 그게 중요한 건 아니다. 바로 이 이론과 더불어 10여 년 전부터 전략문제에 대한 토론이 개최되고 있는데, 앤디 워홀Andy Warhol[9]의 다음과 같은 표현에 비견될 만한 상황이다. "내 이름의 철자만 정확히 써준다면, 사람들이 날 욕하든 말든 상관없다." 그 덕에 많은 사람이 헌팅턴이라는 이름은 정확히 쓸 수 있게 되었다고나 할까.

그렇다면 도대체 헌팅턴의 이론은 어떤 내용을 담고 있을까? 저자에 따르면, 문명 간의 충돌은 현대세계에서 일어나는 분쟁의 변화 단계에서 종국적으로 도달하는 국면이다. 베스트팔렌조약[10] 이후, 서양의 분쟁들은 국왕 및 왕세자, 황제들이 대결하는 양상으로 나타났다. 프랑스 시민혁명 후 일어난 여러 전쟁은 민족들을 분리시켰다. 20세기의 전쟁들은 이데올로기 대립(공산주의, 민족-사회주의, 자유민주주

---

9 미국 출신의 화가이자 영화감독 — 옮긴이.

10 종교, 왕조, 영토, 경제 등의 다양한 이유가 얽혀서 진행된 유럽 도처의 분쟁들(30년전쟁과 80년전쟁)을 종결시키기 위해 1648년 독일의 베스트팔렌(Westfalen)에서 이루어진 조약 — 옮긴이.

의) 때문에 일어났다. 두 차례의 세계대전은 서구 시민들의 전쟁이었고, 냉전도 마찬가지였다. 그러다 이제는 문명 간의 대립 시대에 이른 것이다. 하나의 문명은 하나의 문화적 총체. 그건 객관적인 요소들(언어, 종교, 역사, 관습, 제도 등)과 주관적인 요소(사람들의 자율적인 정체성)로 규정된다. 하나의 문명에는 여러 국가와 민족이 포함될 수도 있고, 하나(일본처럼)일 수도 있다. 또한 여러 하위 문명이 포함(유럽 문명과 북미 문명이 서구 문명에 포함되고, 이슬람이 아랍과 터키, 말레이를 아우르듯이)될 수 있다.

헌팅턴은 문명을 서구, 중화,[11] 일본, 이슬람, 힌두, 슬라브정교, 라틴아메리카, 아프리카 문명, 이렇게 여덟 개로 나눠 특징짓는다. 그에 따르면 기본적으로 문명 간에는 차이들이 있다. 그것은 여러 세기에 걸친 역사의 산물인 만큼 쉽게 사라지지 않을 것이다. 이데올로기의 분쟁들에서 제기된 질문은 "넌 어느 편이냐?"였다. 그 당시 사람들은 자기편을 선택할 수 있었고, 편을 바꿀 수도 있었다. 그런데 문명 간 충돌에서의 질문은 "넌 누구냐?"다. 여기서 전환은 불가능하다. 정교도인 세르비아인들과 카톨릭인 크로아티아, 그리고 무슬림인 보스니아인들이 티토Tito[12]의 통치하에서는 평화롭게 공생해 오다가, 1990년

11 원래 헌팅턴이 ≪포린 어페어스≫에 발표한 논문에서는 이를 '유교 (문명)'로 썼다. 하지만 이 책에서도 뒤에 일부를 언급하고 있듯이, 그의 문명 분류에 대해서는 그 기준이나 문명의 실제 존재여부를 두고 수많은 논란 및 비판이 있었다. 대표적인 논란 중 하나가 "분류가 잘못된, 혹은 불가능한 문명을 발판으로 한 문명충돌이 과연 가능한가?"라는 것이다. 이후 헌팅턴은 자신의 저서 『문명의 충돌』에서는 '중화'가 더 정확하다며 유교 문명을 중화 문명으로 바꾸었다 — 옮긴이.)

12 1892년 크로아티아 출생, 티토라는 당원명(본명은 Josip Broz)으로 유고슬라비아공산당에 가입, 저항운동을 조직해 활동하면서 두각을 나타냈다. 1943년부터 실질적으로 유고슬라비아를 이끌어 민족주의적 공산주의를 내세웠다. 1953년 대통령으로 선출되어 사망할 때(1980년)까지 재임했다. 다민족국가인 유고의 통합을 위해 그가 표방한 반소, 비동맹 독자노선은 티토주의로 불리면서 '인간의 얼굴을 한

대 초에 서로 대립하면서 촉발된 옛 유고슬라비아의 전쟁은 헌팅턴의 이론에 딱 들어맞는 그림이다.

구대륙[13]에서 소련의 위협이 종막을 고하고 있던 바로 그 순간에, 유럽 땅에서 일어난 이 극악한 내란을 경악하면서 지켜본 모든 이들에게 문명의 충돌 이론은 이해 안 되는 것을 이해하게 만드는 열쇠를 제공했다.

헌팅턴에 따르면, 장래에 세계정치의 중심축은 서구 문명과 나머지 세계 간의 대립이 될 것이다. 그래서 이 나머지 세계가 서구의 가치들과 힘에 어떻게 반응하느냐에 따라서 주요한 전략적 도전거리가 구축된다. 헌팅턴은 서구와의 역학관계에서 균형을 이루려는 중화—이슬람 간의 군사적 '결속'을 염두에 두고 있다. 이는 중국이 이라크, 리비아, 알제리, 이란을 군사적으로 원조하기 위해 서구 수준의 군사기술 획득을 도모하려는 것을 분명하게 설명해준다. 또한 시리아와 이란에 대한 북한의 원조도 설명한다.

헌팅턴의 이론은 흔히, 그 책을 읽기보다는 책의 요약서를 읽은 논자들이 그 일부만을 짜깁기해서 소개하고 있는 것보다는 훨씬 미묘한 내용을 담고 있다. 예를 들어 헌팅턴은 다음과 같이 쓰고 있다. "서구인들은 자신의 문명이 고유하긴 해도 보편적이지는 않다는 것을 인정해야 한다. 그래서 비서구 사회들이 제기하는 도전들에 맞서 자신의 문명에 활력을 다시 부여할 수 있도록 뭉쳐야만 한다. 전 세계의 정치 지도자들이 세계정치가 다문명화되었다는 것과 이런 상태를 보존하

●

사회주의'라는 평가를 듣기도 했다 ― 옮긴이.

13 신대륙인 아메리카 대륙에 대응하는 말로 유럽, 아시아, 아프리카 대륙을 일컫는다 ― 옮긴이.

기 위해 협조해야 한다는 걸 인정한다면, 문명 간에 일반화될 수 있는 전쟁을 피할 수도 있다."[14] 그는 서구가 주도적 위치를 고수하기 위해 노력하고 있으며 앞으로도 계속 노력할 거라면서, 그들이 자신들의 이익을 '세계공동체'의 이익으로 규정함으로써 이를 수호하려 한다고 했다. 이런 표현은 헌팅턴 자신도 인정하듯이 ('자유세계'로 대체될 수도 있는) 집합체를 칭하는 완곡어법인데, 실상은 "미국과 다른 서구 강대국들의 이익"을 반영하는 행위에 일반적인 정당성을 부여하기 위해 쓴 것이다.[15]

그는 덧붙이기를, "서구는 현재는 물론이고 앞으로도 몇 년간은 여전히 가장 강력한 문명으로 남을 것이다. 하지만 다른 문명과 비교했을 때 힘의 우위는 쇠퇴하고 있다"[16]고 했다. 서구인들의 눈에는 보편주의로 보이는 것이 다른 곳에서는 제국주의로 간주될 수 있다는 걸 새뮤얼 헌팅턴은 확실히 인정하고 있다. 따라서 서구적 보편주의의 주관성을 인정하는 것에서나 장래에 일어날 상대적인 쇠퇴에 대한 전망으로 보나 헌팅턴은 환상을 가지고 있지는 않다(어쨌든 다수의 서방지도자나, 은밀하게 혹은 드러내놓고 서방을 추종하는 자들보다는 덜하다).

새뮤얼 헌팅턴 자신은 특정 이데올로기를 선호해서가 아니라 오로지 현실주의에 의거해서 그런 의견을 가진다고 피력했다. 어쨌든 그의

---

14 Samuel P. Huntington, *Le choc des civilisations*, Paris, Odile Jacob, coll. Poches Odile Jacob, 2000, p.18. (영문판 *The Clash of Civilizations and the Remaking of World Order*(Simon & Schuster, 1996)의 프랑스어 번역판이다. 국역은 『문명의 충돌』(김영사, 1997) ― 옮긴이).

15 위 헌팅턴(Samuel P. Huntington)의 같은 책, p.266.

16 위 헌팅턴(Samuel P. Huntington)의 같은 책, p.24.

현실주의가 비관론으로 흘러야만, 그는 '정치적으로 올바르다'는 자신의 지적 접근방식에서 벗어날 수 있다. 항상 그의 주요 관심사는 무슬림세계와 서구세계 간의 대립적인 관계들이다. 그런가 하면 이렇게 단정하기도 한다. "빌 클린턴Bill Clinton 대통령 같은 몇몇 서구인들은 서방이 이슬람과 아무런 문제도 없으며, 단지 과격하고 극단적인 이슬람주의자들만 문제가 된다고 주장한다. 그런데 지난 1,400년의 역사는 그게 아님을 보여준다. 이슬람과 기독교, 서구 정교 간의 관계는 늘 긴장상태에 있었다. 그들은 항상 서로 타인이었다. 20세기에 자유민주주의와 마르크스-레닌주의 간의 충돌은 이슬람과 기독교 간의 끊임없이 긴장된 관계에 비한다면, 한갓 피상적인 역사현상에 불과했다."[17] 헌팅턴에 따르자면, 무슬림세계와 서방세계의 대립은 근본적이고, 불가피하며, 강도 면에서도 냉전의 그것보다 훨씬 더 강력하다.

미국 학계는 위기관리에 대한 무력행사를 연구한 통계자료를 근거로, 무슬림국가들이 다른 국가들에 비해 더 폭력에 의지하며, 더 자주 폭력을 휘두른다고 단정한다.[18] 헌팅턴의 분석에 따르면, 지난 세기 말 무슬림국가들이 보여준 폭력성과 호전성은, 무슬림이건 아니건 간에 아무도 부인할 수 없는 하나의 사실이라는 것이다.

그렇지만 이 이론은 여러 가지 측면에서 비판받아야 할 것으로 보인다. 우선 헌팅턴이 참고하고 있는 1928년에서 1979년까지의 기간은 역사적으로 면밀한 논리를 적용할 수 없다. 게다가 헌팅턴은 자신이 문제시하고 있는 위기들의 목록을 제시하고 있지 않다. 그러다 결국

---

17 위 헌팅턴(Samuel P. Huntington)의 같은 책, p.306.
18 위 헌팅턴(Samuel P. Huntington)의 같은 책, p.387.

20세기의 두 차례 세계대전과 그로 인한 참상(나치의 학살 포함)의 책임을 무슬림들에게 전가할 수는 없다고 그냥 손쉽게 논박하고 만다. 하지만 그뿐 아니라 베트남전쟁, 크메르루주의 만행, 남미 독재권력 수립, 소련강제수용소의 건설과 확산, 인민민주주의국가인 소비에트 연방국들에 의해 저질러진 무차별 행위, 발칸반도의 전쟁들, 르완다 학살, 마오쩌둥에 의한 프롤레타리아 문화대혁명의 광란들에서도 무슬림세계의 책임은 찾기 어렵다. 무슬림세계의 정치적 폭력성을 인정한다고 해도, 유독 무슬림세계에서만 정치적 폭력이 존재한 것은 아니다. 과거와 현재에 실제로 일어난 가장 잔혹한 분쟁들을 보면, 충돌이라는 측면에서 무슬림세계와 서방세계 간의 대립이 지금까지 가장 혹독했다는 것을 인정하게 된다. 그래서 헌팅턴은 '이슬람의 유혈 국경들'에 대해 토로하지만 다른 민족, 다른 문명들도 유혈의 국경들을 가지고 있다.

헌팅턴의 접근방식은 흔히 몇몇 관계자나 논자들에 의해 십자군전쟁이나 식민전쟁의 기억을 저변에 깔고, 때론 완전히 인종차별적인 이론들을 토대로 하여 훨씬 덜 교묘한 방법으로 차용되기도 했다. 혹자는 계속 팽창하고 있는 무슬림세계에서, 옛 소련의 위협을 그대로 대체할(그 총체성과 세력 면에서) 전략적 위협을 보기도 한다. 그들은 종교적 급진주의와 테러리스트들이 사용하는 방법을 지적하면서 온건이슬람과 급진이슬람의 차이를 아예 무시하기까지 한다. 그들에 따르면 이슬람은 병적으로 호전적인 종교라는 것이다. 아주 야릇하게도, 그들은 모든 무슬림을 대표한다고 으스대는 오사마 빈 라덴Osama bin Laden의 이론을 강화시켜주고 있는 셈이다. 예를 들어 아일랜드의 극단주의자들을 카톨릭이나 모든 카톨릭교도를 대표한다고 할 수 있을까?

극단적으로 종교적인 유대인들이 유대교 전체를 대표하는가? 그런가 하면 훨씬 교묘하게 대차대조표상의 이해득실을 따져 온건파와 급진파를 구분하는 이들도 있다. 그런데 그들은 이런 식의 용의주도한 언어표현으로 무슬림세계의 암울한 면만을 부각시키는 추론을 펼친다. 이런 관점으로 헌팅턴은 서방세계가 서로(특히 유럽과 북미 간의) 협조를 강화하고, 동유럽과 남미를 여기에 가담시켜, 중국과 이슬람세계의 군사적 확장을 저지하라고 권하고 있다.

헌팅턴이 쓴 글이 성공을 거둔 것은 평범한 견해에다 정교한 접근방식을 제공하고 있기 때문이라는 것은 의심의 여지가 없다. 특히 1945년 이래 유럽에서 처음으로 일어난 전쟁인 까닭에 유럽식 관점으로 보자면 가장 눈길을 끌 만한 보스니아분쟁에 딱 들어맞는 해설거리를 제공하고 있기 때문일 것이다. 그런데 여기서 그의 성공에 대한 또 다른 가설을 하나 대입해본다면, 냉전 이후 미국의 전략적 목적에 딱 들어맞는 이론이라는 점을 들 수 있다. 즉 아시아와 중동에서 부상하는 반대세력들을 저지하고, 서유럽 및 남미와의 동맹을 유지하면서도 미국의 감독 하에 동유럽까지 영향력을 넓혀가면서 '자유세계'의 우두머리로 남으려는 목적 말이다.

그렇지만 사실을 고찰해보면 이 이론은 버팀목을 갖지 못한다.

전쟁이 문명끼리 대립하는 것이라고? 그렇지 않다. 왜냐하면 과거와 현재를 막론하고 같은 문명권 내에서 훨씬 더 자주 전쟁이 일어났기 때문이다. 세르비아인들과 크로아티아인들이 동일한 종교를 공유하지 않는다 해서 같은 문명권에 속하지 않는다고까지 할 수 있을까? 그들은 모두 슬라브족이고, 동일한 언어를 사용하며 같은 마을에서 오랫동안 함께 거주하면서 서로 혼합결혼도 늘려 왔다.

미국이나 유럽이 중동국가들에게 무기를 팔 때, 그것을 이슬람 문명과 서구 문명 간의 앙탕트[우호]라고 봐야 할까? 아니다. 왜냐하면, 두 경우에서 무기판매는 국내시장 규모만으로는 불충분할 때 (부차적으로 외화를 버는 것으로) 나라의 자립에 필수적이라고 판단되는 무기산업을 키우려는 욕구에 부합하기 때문이다. 여기서 서구의 동기는 산업적, 상업적, 전략적 지침에 의거했을 뿐이다. 따라서 그 어떤 경우에도 이런 판매는 문명 간 전쟁의 일환이라는 명분을 가질 수 없다(그런 경우라면 오히려 무기가 공짜로 공급되어야 하지 않겠는가. 그런데 오늘날의 현실과는 거리가 먼 얘기다).

또 의문을 제기해봐야 하는 점은 문명들의 역량에 대한 것이다. 문명이 국제적 공간 속에 고착돼 마치 자율적인 행위자처럼 행동하느냐는 점이다. 그렇다면 과연 누가 문명의 이름으로 대표가 될 수 있단 말인가?

헌팅턴은 단 하나의 이슬람이 아닌, 여러 종류의 이슬람이 있다는 사실을 과소평가하는 것 같다는 얘기를 덧붙이기로 하자. 그는 이라크의 아랍인과 이란의 페르시아인들 간의 전쟁이나 이라크와 쿠웨이트가 계속해서 대립한 걸프전쟁을 특별히 묘사했다. 그런데 여기서 이라크와 동맹국들 간의 대립은 분명 미국에 의해 주도되긴 했지만, 다른 무슬림국가인 사우디아라비아, 시리아, 이집트의 군사력도 동원되었다. 이슬람은 여럿이다(시아파, 수니파, 그리고 각 종파도 다시 하위 종파들로 구성되어 있다). 게다가 이슬람은 문화적으로 다양한 하위구역들로 구성된다(아랍, 터키, 페르시아, 말레이). 동일한 논리로 중화권이라는 것도 그가 묘사하는 것처럼 존재하지는 않는다는 점을 추론할 수 있다. 만일 그런 식으로 존재한다고 해도 하나의 지역만 형성하고 있는 게 아니다. 중국에 의해 가장 위협받고 있다고 여기는 나라는 대만이며, 북한은 서방국가들보다는 오히려 남한에게 훨씬 더 큰 위협으로 표출된다.

같은 이유로 '아프리카 문명'과 관련해서도 헌팅턴의 접근은 논박만 불러일으킬 뿐이다. 만일 아프리카가 지속성을 보였던 게 있다면, 내란(르완다와 앙골라를 거쳐 라이베리아에서 소말리아까지)의 고통이 이어지고 있다는 점이다. 역사에서 가장 참혹한 내란들을 겪었던 그들에게서 최소한의 문명적 연대성을 찾아보기는 힘들다. 남미에 대해서도 같은 판단이 나온다. 즉 그들이 겪은 전쟁과 게릴라전은 오래 전부터 라틴아메리카 문명에 내재할 수 있는 연대성의 한계를 보여주었다. 유일하게 남미인들을 통합할 수 있는 것은 반미며, 1960년대와 1970년대에 특히 그랬다. 그렇다고 반미 감정이 리더십 경쟁(브라질과 아르헨티나 간), 내란(중앙아메리카, 페루, 콜롬비아), 국경분쟁이나 충돌(아르헨티나/칠레, 칠레/볼리비아, 페루/에콰도르)을 피할 수 있게 하지도 못했다.

그렇다면 코소보와 체첸에서 일어난 전쟁이 문명 간의 전쟁이라는 이론에 어떤 신뢰성을 부여할 수 있을까? 부여할 수 없다. 이슬람민족과 국가들은 코소보나 체첸을 돕기 위해 결코 자발적으로 나서지 않았기 때문이다. 이들은 각각 세르비아와 러시아로부터 공격을 받았는데, 둘 다 정교도들이고 슬라브족이다. 코소보에서는 그와는 반대로 서구의 병력이 개입했다. 다른 문명에 속하는 나라끼리 대립하는 전쟁이 있을 수는 있다. 그렇지만 분쟁을 일반적으로 분석해볼 때, 문명을 전쟁의 패러다임으로 설정하는 짓은 정치 및 분석의 오류를 낳을 것이다.

끝으로, 새뮤얼 헌팅턴의 이론에 우리가 가할 수 있는 주요 비판은 바로 역사가 미리 써진다는 생각을 갖게 만들면서 결정론적 성격을 띤다는 점이다. 문명은 필연적으로 대립할 수밖에 없고, 충돌이 영원히 지속될 것이라고 전제하고 있다. 어떤 일이 진행되고 있을 때, 마치 인간의 행위로는 아무것도 바꿀 수 없다는 듯이. 마치 국민과 그의 지도자들은 자신의 역사 속에서 필연적으로 수동적인 관객일 뿐, 아무런 영향력도 발휘할 수 없는 존재라는 듯이 말이다.

2001년 9월 11일의 테러는 헌팅턴의 논리에 새로운 활기를 불어넣었다. 그 덕에 그의 책은 재출간되고 세계적인 베스트셀러가 되었다. 그래서 신중하다고 자처하는 언론들까지도 앞을 다투어 섣불리 "서구세계에 대항하는 이슬람의 전쟁"에 대해 대서특필했다. 오사마 빈 라덴이 세계무역센터의 쌍둥이 건물을 신의 이름으로 파괴했으니, 그동안 말만 무성했던 문명충돌론이 실제 사건을 통해 확인되었다고 본 것이다. 9·11 사태 직후, 조지 부시George W. Bush는 사전에 그것이 최선이라고 생각했는지는 몰라도 섣불리 '십자군'이라는 단어를 사용하기까지 했다(사실 그렇게 함으로써, 서구인들을 총칭하는 뜻의 '십자군'과의 전쟁을 주기적으로 언급하는 빈 라덴의 연설을 역설적으로 강화시켰다).[19] 이에 따라 조지 부시의 보좌관들은 이 용어가 역사적 기억을 그대로 상기시키며(더구나 십자군이라는 단어는 무슬림세계에선 과거 기독교에 대한 나쁜 기억을 상기시킬 뿐, 기독교에 대한 우호감을 전하는 용어는 절대 아니다) 무슬림세계에선 언어적인 공격으로 간주

19 Richard Labévière, *Oussama Ben Laden ou le meurtre du père. États-Unis, Arabie Saoudite, Pakistan*, Lausann, Favre, 2002. 1998년에 이루어진 빈 라덴과의 유일한 인터뷰 내용을 실은 책.

된다는 것을 알아차리고는 이 표현에 대해 변명을 하기에 급급했다. 미국에서는 어떤 사회적 골칫거리에 대항하여(금연이나 문맹퇴치 같은) 단호하게 추진되는 행위를 그런 식으로 표현한다면서 말이다. 그때부터 모든 서방의 책임자들은 알카에다가 아랍민중과 정부들에게도 위협이 되고 있다고 주장하면서, 무슬림세계 전체와 빈 라덴을 구별해야 한다고 일제히 외쳐댔다. 그럼으로써 문명충돌론을 반박하는 선언들도 더욱더 늘어났다. 잘했다고 할 수도 있겠다. 하지만 이것만으로 그렇듯 대단한 충돌의 위험을 유보하기에는 충분하지 않다.

2002년 9월부터[당시 부시가 이라크전쟁 가능성 피력] 이라크에서 전쟁이 일어나기 전까지의 외교적 수난기에 문명의 충돌이라는 소재로 토론은 다시 활기를 띠게 되었다. 이를 두고 전쟁에 반대하는 측은 우려를 표했다. 이런 방식은 문명 간의 대립을 기정사실화할 뿐 아니라, 무슬림들에 대해 서방세계가 근본적으로 적개심을 가지고 있다는 생각을 무슬림세계에 뿌리내리게 한다는 것이다. 동시에 군사적 개입을 찬성하는 측에서는 그와 반대되는 반응을 보였다. 그들에 따르면, 사담 후세인을 끌어냄으로써 반서구적인 체제를 무너뜨리게 되어, 이런 유형의 충돌을 늦추거나 배제할 수 있다는 것이었다. 2001년 9월 27일, 실비오 베를루스코니Silvio Berlusconi[당시 이탈리아 총리]는 다음과 같이 표명했다. "동일한 지도에 모든 문명을 배치할 수는 없다. 우리 서구문명의 주도권과 우월성을 인식해야만 한다. 서방은 사람들에게 계속해서 인정받을 것이다. 이미 공산주의세계 및 일부 이슬람세계와 더불어서 성과를 거둔 바 있다. …… 우리는 광범위한 번영을 안겨주고 종교자유 및 인권의 존중을 보장하는 가치체계인 우리 문명의 우월성을 인식해야 한다."[20] 같은 시기에 베를루스코니는 예방전쟁 원칙과 무력으로 민주주의를 수출한다는 데 지지를 보냈다.[21] 한편, 호세 마리아 아스나르José Maria Aznar[당시 스페인총리]는 이렇게 평가했다. "스페인이 겪는 알카에다와 이슬람 테러리즘의 문제는 이라크의 위기와 더불어 시작된 게 아니다. 사실상 이건 정부 측의 결정과는 무관하다. 1,300여 년 전을 되돌아 봐야 한다. …… 스페인이 무어족[22]에게 정복당한 그 시절, 스페인은 이슬람세계의 일부가 되는 걸 거부했다."[23]

아주 다행스럽게도 스페인의 유권자들은 일반적으로 호세 마리아 아스나르의 정치가 심한 논란거리가 된다고 여겼는데 특히 스페인의 이익에 견주어보면서 그렇게 생각했다. 문명충돌이 10여 년 전부터 전략문제 토론에서 주요 주제가 되고는 있지만, 아주 다행스럽게도 역사에 미리 기록돼 있지는 않다. 우리는 그것을 피할 수 있으며, 피해야만 한다. 그런데 이 충돌 또한 전혀 불가능한 것만은 아니다. 적절한 정치적 결정을 내리느냐 아니냐에 따라, 우리는 이런 충돌의 전망을 해체시킬 수 있는가 하면, 그 반대로 충돌이 도래하는 걸 피할 수 없게 될 수도 있다.

---

20 *Le Figaro*, Sep. 28, 2001.

21 "Berlusconi Too Wants to Export Democracy", *International Herald Tribune*, Dec. 5, 2003.

22 아프리카 사하라 사막 이북 지역에서 이슬람문화를 수호한 종족으로 서기 711년 이베리아 반도(현재는 스페인과 포르투갈 영토)를 공격해 약 800년간 지배했다 ― 옮긴이.

23 *Politis*, Oct. 21, 2004.

문 명의 충돌이라는 개념에서는 흔히 두 가지 오류가 생긴다. 하나는 문명충돌이 불가피하다고 믿는 것이다. 그래서 그것은 피할 수 없는 미래며, 그에 대비해야 한다고 여긴다. 하지만 전혀 그렇지 않다. 국가 간에 달리 존재하는 문명이 결정론적으로 당연히 충돌하게 되는 것은 아니다. 역사는 사람, 국민, 그리고 그 지도자들에 의해서 만들어진다. 그들의 행동과 결정이 전쟁을 피할 수 있게 하는가 하면, 전쟁으로 이끌기도 한다. 따라서 무슬림과 서구인들 간의 대립은 미리 정해져 기록될 수 있는 게 아니다. 그런 걸 믿는 것은 오히려 이런 사고를 자체실현성 예언self-fulfilling prophecy으로 변형시킬 우려가 있다. 다시 말해, 만일 서구인과 무슬림들이 서로 상대를 확고한 적으로 간주하는 담론에 익숙해진다면, 그들은 더욱더 이런 가설을 믿게 되어 적대적 관계를 심화시킬 수밖에 없다. 이 개념을 반박할 수 있는 또 다른 오류는 '정치적으로 올바른'가에 의거해볼 때, 우리가 피하길 원하는 것과 피할 수 없는 것을 혼동하고 있다는 점이다. 확언하건대, 문명의 충돌을 지나치게 언급하면 그것의 돌발적인 출현 조건들을 충족시켜 주게 된다. 더욱이 문명충돌을 원하지 않는다는 동기만으로 문명충돌이 일어나지 않는다는 결론까지 내리게 되면, 이 또한 심각한 오류가 될 것이다. 문명 간의 전쟁을 피하기 위해서 할 수 있는 모든 일을 해야 한다. 그러기 위해서는 그런 생각을 맹렬히 배척하는 것만으로는 불충분하다. 우리를 지킬 수 있는 정치적 여건들을 조성해야 한다. 단순한 도덕적 비난이나 비현실적인 희망의 정치는 효과적인 무기가 될 수 없다. 간단히 말해 이 영역에선 자체실현성 예언만큼이나 안이한 생각도 삼가야 한다.

오늘날 우리는 불행하게도 최근 몇 년간 문명의 충돌이 임박했다는 끔찍한 진단을 하게 된다. 이스라엘-팔레스타인 분쟁이 이 충돌의 중심부를 구축하고 있는 것이다.

옳건 그르건 간에 팔레스타인인들이 처한 운명과 이스라엘이 중동분쟁에 대한 UN 안전보장이사회 결의안들을 존중하지 않는 것을 보면서, 이스라엘은 그들이 어떤 행동을 하더라도 결코 걱정할 필요도 없고 동맹국인 미국의 압력도 받지 않으리라는 생각이 점점 더 확산되고 있다(또한 나날이 덜 용납되고 있다). 이런 인식이 아랍세계뿐 아니라 무슬림세계 전체에 퍼져 서구의 위선과 '이중기준'1을 보여주는 증거로 간주되고 있다. 이는 바로 그들 스스로 인권을 정립하게 만들

---

1 동일한 규정이 이쪽과 저쪽에서 다르게 적용되고 있는 것으로, 판단의 잣대인 '기준'이 보편적인 방식으로 적용되지 않고, '상대하는 이에 따라' 상대적으로 적용된다.

어 민주주의를 촉진하는 한편, UN 결의안을 존중한다는 명목으로 대량살상무기의 확산을 막기 위해 이라크전을 강행한다는, 의심의 여지가 충분한 일련의 상황이 만들어낸 생각이다.

이-팔 분쟁이 사망자 수나 지리적 확장이라는 측면에서는 대수롭지 않다 하더라도, 잠재적인 지리전략적인 효과에 있어서는 대단한 것이 되어버렸다. 이슬람과 서구와의 전쟁에서 '그라운드 제로'[2]에 위치하고 있는 것이다. 1967년[3차 중동전] 이래 요르단강 서안지역, 동예루살렘과 가자지구를 불법 점령하고 현주민을 억압하고 있는 이스라엘 정부에 대해 국제사회가 아무런 제재도 가하지 않고, 그들로서는 참을 수 없을 만치 무관심한 것을 보면서 점점 더 많은 아랍인과 무슬림들이 일반적으로 서방세계, 특히 미국에 책임이 있다고 여기고 있다. 서구의 리더인 미국이 팔레스타인 민족의 권리를 무시하고 비할 데 없이 막강한 힘을 이스라엘 정부에게 부여하여, 국제법 규정 준수와 관련해 면죄부를 줄 정도로 이스라엘에 편향돼 있다고 비난하고 있다. 2차 인티파다[3] 이후 팔레스타인의 운명이 더욱 황폐해지고 있는 만큼, 이 분쟁이 지속되면서 이스라엘에 대한 아랍 국가 및 무슬림의 적대감은 비약적으로 확대되었다. 미국이 히브리 국가 편을 드는 것은 이런 적의와 증오를 야기할 뿐 아니라, 완전히 부당한 것으로 간주되고 있다. 한편 유럽 쪽에 일반적으로 가해지는 최악의 비난은 미국과 이스라엘의 공범이라는 것이고, 그나마 나은 비난이라고 해봐야 특별히 이 분쟁에서는 유럽의 원칙들을 실행하지 못한 채 무력하다는 것이다.

2 원래 제2차 세계대전 중 일본 히로시마와 나가사키에 떨어진 원자폭탄의 피폭지점을 일컫는 말이었다. 이후 핵무기의 폭발지점이나 피폭중심지 등, 대단한 위험의 중심부를 뜻하게 되었다 — 옮긴이.
3 2000년 9월에 발생한 팔레스타인 민중들의 대이스라엘 봉기, 1차는 1987년에 일어났다 — 옮긴이.

문명의 충돌이라는 표현은 1964년 미국의 이슬람 전문가인 버나드 루이스Bernard Lewis가 처음으로 사용했다. 당시 그는 이스라엘과 아랍 간의 분쟁에 이를 접목시켰다. 친이스라엘 정치성을 가진 그의 이론은 간단하다. "중동의 위기는 …… 국가 간의 싸움이 아니라, 문명의 충돌에서 온다."⁴ 이 해석에 따른다면, 이 분쟁은 정치적인 방법으로는 해결될 수 없다. 분쟁의 근원이 서로 대립하고 있는 민족의 본질 자체에 기반하고 있기 때문이다. 이스라엘과 팔레스타인 양 진영의 누구도 포기하지 않을 테니, 한 쪽이 군사적인 승리를 거두는 것 외에는 다른 해결책이 없다. 만일 정말로 문명충돌이 문제라면, 서방세계는 공동의 적인 무슬림세계에 대항하여 이스라엘과 연대를 하는 수밖에는 별다른 도리가 없다. 1990년 버나드 루이스는 이 주제와 관련 다음과 같이 언급했다. "이건 그 이상도 이하도 아닌, 바로 문명의 충돌 그 자체다. 그들의 반응이 비합리적이긴 하지만, 우리의 유대교-기독교적 유산과 우리의 존속 및 세계적 확장을 반대하는 오랜 라이벌의 분명한 역사적 반응이다."⁵

문명의 충돌이라는 개념이 널리 사용되는 전략적 용어가 되기 전에, 총체적인 분쟁의 한 부분으로 소개되던 이-팔 분쟁에 이미 적용되었던 것이다. 게다가 정치를 구성하는 민족의 정체성 자체와 관련되기 때문에 정치적으로는 해결될 수 없을 것이라고 소개되었다. 버나드 루이스에 따르자면, 결국 서구와 떨어져 있는 최전방국가인 이스라엘을 지원할 필요성만 남는 결론에 이르게 된다.

---

4 Bernard Lewis, *The middle East and the West*, Bloomington, 1964, p.135. (Alain Gresh, *L'Islam, la République et le monde*, Fayard, 2004, p.32에서 재인용).

5 "The Root of Muslim Rage", *Atlantic Monthly*, Boston, Sep. 1990. (Alain Gresh의 같은 책에서 재인용).

한편, 의아하게도 새뮤얼 헌팅턴Samuel Huntington은 자신의 저서에서 이-팔 분쟁에 대해 거의 다루지 않다시피 했다. 게다가 그는 유대 문명을 자신이 상세히 논하고 있는 8대 문명[6]에 포함시키지도 않았다. 그러면서 설명하기를 "그러면 유대 문명? 문명 연구자들은 이에 대해 거의 언급을 않고 있다. 인구수로 보자면 유대교는 분명히 주요 문명이 될 수 없다. …… 여러 세기 동안 유대인들은 서구 문명, 정교 문명, 이슬람 문명 속에서 자신의 문화적 정체성을 보존해 왔다. 이스라엘 건국과 함께, 그들은 하나의 문명을 구성하는 객관적 표징들을 모두 갖추게 된다. 즉 종교, 언어, 관습, 문학, 제도, 지리적·정치적 근거지를 갖췄다. 그렇다면 그들의 주관적인 정체성은 어떠할까? 다른 문화권에서 살아가는 유대인들은 유대교와 이스라엘을 자신과 전적으로 동일시하는 사람부터 유대교를 명목상으로만 인정하고 완전히 자신이 사는 곳의 문명과 동일시하는 사람에 이르기까지 각기 다양한 분포를 보인다. 그러나 서구에 살고 있는 유대인들에게서 주로 나타나는 양상은 후자의 모습이다."[7]

그러한 부인에 대해 어떻게 생각해야 할까? 헌팅턴은 세계 속에서 낮은 인구율을 보이고 있는 유대인이라 수적인 의미에서 '주요 문명'의 특성을 가지지 못한다고 한다. 이런 주장으로는 하나의 문명을 구축한다는 것을 반박하기에 불충분하다. 미국의 정치학자들이 그런 의미로 논리를 펼치게 만드는 것이 바로 '주관적 동일시'라는 잣대다. 그렇지만 이 주장에 반론을 제기해야 한다. 헌팅턴이 외국의 다른 문

---

6 그가 언급한 8대 문명은 서구, 중화, 일본, 이슬람, 힌두, 슬라브정교, 라틴아메리카, 아프리카 문명이다.

7 Samuel P. Huntington, *Le choc des civilisations*, Paris, Odile Jacob, coll. Poches Odile Jacob, 2000, p.56.

화권에서 생활하는 유대인들의 정치적, 문화적 태도가 "유대교와 이스라엘에 대한 절대적 동일시부터 거주지 문명에 대한 완전한 동일시까지" 다양하게 나뉜다고 묘사한 것은 옳다. 요컨대 공동체주의부터 동화8에 이르기까지.

위와 같은 주장은 여러 가지 이유에서 놀랄 만하다. 인구상으로건 문화의 특색으로건 그 어느 것도 이스라엘이 하나의 특별한 지정학적 실체가 되는 것을 막지는 못한다. 오히려 이렇게 말하고 싶다. 사실 분산된 민족인 유대인 공동체가 서로 동일시하는 것은 중요한 현상으로 비친다. 만일 개체로써의 유대인이 일반적인 범주로 분류될 수 없다면, 그것은 프랑스나 미국의 대표적인 여러 국가제도가 이스라엘과 맺는 연대로 인해 유대인의 정체성과 활동의 주요 양상이 형성되기 때문이다. 결국 동일시의 다양함은 유대인만의 고유성이 아니다. 자신의 문명권 밖에 살고 있는 중국인이나 아프리카 출신인, 무슬림에 대해서도 모두 이런 식으로 얘기할 수 있을 테니까.

팔레스타인인들로 말할 것 같으면 전부가 무슬림인 것은 아니며 팔레스타인 사회는 다종교 사회라서 소수의 기독교 집단도 포함하고 있다. 따라서 무엇보다도 서방과 무슬림세계를 전제한 문명의 충돌이라는 논리를 적용하기는 힘들다.

마찬가지로 이 논리와 이-팔 분쟁을 연결 짓는 데 대해 문명충돌이론가들이 아주 신속하게 반발하고 나선 것은 의아한 일이다. 이-팔

---

8 공동체주의(communautarisme)와 동화(assimilation) : 사회학적인 의미에서 이민자들의 통합정도를 나타내는 대표적인 두 가지 양상. 공동체주의는 출신지 문화를 고수, 보존하면서 동일(출신) 문화권의 집단을 형성하는 것이고, 동화는 현지 문화를 동일시하는 것이다. 현지 주류문화의 관점에서 흔히 전자를 실패한 통합, 후자를 성공한 통합으로 부르기도 한다 — 옮긴이.

분쟁이야말로 문명충돌을 야기할 수 있을 것처럼 보이는데도 말이다. 사실상 이 분쟁이 각 진영이 용납할 수 있는 조건 속에서 타결되지 못한 채, 2000년 가을[9] 이래 계속된 모습으로 이어진다면, 지구 전체를 확실한 재앙으로 이끌 위험이 아주 크다.

이스라엘 옆에 확실하고도 누구나 인정하는 국경을 갖추고 존속할 수 있는 팔레스타인 국가를 수립하여 이-팔 분쟁을 종식시킨다고 해서 모든 테러의 가능성을 완전히 없애지는 못하는 것과 마찬가지로, 이로써 이슬람과 서방 간의 모든 대립적 시각을 종결시킬 수는 없을 것이다. 동요는 잔존할 테지만, 그래도 이 난국을 벗어나게 되면 무슬림세계에서, 서방을 그들의 적으로 간주하는 모든 이들에게서 그런 식의 원리적이고 중심적인 논거를 지워버릴 수는 있을 것이다.

지난 몇 십 년간 우리는 '이스라엘-아랍 분쟁'을 언급해 왔다. 그러다 오슬로협정[10] 이후에는 대신 '이스라엘-팔레스타인 분쟁'을 말하고 있다. 이 새로운 명칭은 분쟁의 범위가 훨씬 줄어든 것처럼 믿게 하지만, 그와는 반대로 이제는 이 분쟁이 무슬림세계와 서방세계 간에 일반화된 충돌이 일어날 수 있는 중심부에 자리하면서 더욱 상징적이고 핵심적인 분쟁이 되어버렸다. 더는 국가적 차원의 이스라엘-아랍 분쟁이 아니라고 한다면, 이젠 사실상 이 분쟁이 아랍민족을 넘어 전체 무슬림 차원으로까지 강화된 것이다.

---

9 2차 인티파다가 시작된 2000년 9월 — 옮긴이.

10 이스라엘과 팔레스타인이 노르웨이 오슬로에서 수차례의 극비접촉을 가진 후 1993년에 맺은 협정으로, 협정의 완결은 1995년 9월 2차 협정을 통해 이루어졌다. '땅과 평화의 교환'을 기본원칙으로 삼아 이스라엘은 가자지구와 요르단강 서안지역 등 점령지를 반환해 팔레스타인자치정부를 수립하게 하는 한편, 아랍세계는 이스라엘의 생존을 보장한다는 것을 표명했다 — 옮긴이.

세계의 운명이 바로 이 몇 평방킬로미터 안에서 좌우될 수 있다. 이스라엘과 팔레스타인인들이 갈망하지 않았더라도 분쟁의 패러다임을 변화시킬 역할을 담당하게 된 것이다. 중대한 문명충돌이 도래하기라도 하면 그들은 어쩔 수 없이 그에 대한 책임을 져야 하는 것이다. 그렇기 때문에 만일 이 분쟁의 주역인 그들이 이를 계속 해결하지 못한다면, 그 지역사람들에 대한 연민을 넘어, 이 분쟁을 그들의 손에만 맡겨둘 수는 없는 노릇이다. 이제는 그들에게만 국한된 분쟁이 아닌 것이다. 더욱이 이 분쟁은 도덕적인 이유보다는 전략적인 이유에서 우리 모두의 문제가 되어버렸다. 만일 이 분쟁이 끝나지 않는다면, 이스라엘과 팔레스타인 민족 모두 자멸을 초래할 뿐 아니라, 이 세계를 충돌이 일반화되는 상황으로 치닫게 할 위험이 있다. 이 분쟁의 직접적인 주역이 되지 않고도 서구인들은 이 분쟁에서 흥미진진한 역할을 담당하고 있는데, 기묘하다 아니할 수 없다.

이스라엘은 현재 지구상에는 팔레스타인인들에게 일어나는 것보다 더 끔찍하고 피비린내 나는 분쟁들이 있다고 얘기한다. 틀린 말은 아니다. 그건 아프리카 대륙으로 눈길을 돌리기만 해도 알 수 있다. 여러 아프리카 내전에서 생겨나는 사망자들의 숫자나 분쟁의 잔혹성은 중동의 그것과 비교할 수가 없다. 점령된 팔레스타인인들의 운명보다 체첸인들의 운명이 더 비참하다고 하는 것도 틀리진 않다. 여기서 다른 점은 아프리카에선 그들끼리 서로 살상을 한다는 것이고, 체첸사태에 있어서는 러시아가 혼자서 담당하고 있다는 점이겠다. 결국 이-팔 분쟁과 이 두 경우에서 보이는 차이점은 후자의 경우 서구가 시선을 돌리지 않으니 분쟁이 계속돼도 책임질 일이 많지 않다는 점이다. 체첸 분쟁에서는 분명히 서방세계가 코소보에서 했던 것과는 달리 도덕적 원칙을 준수하는 태도를 보이지 않고, 최소한 러시아를 직접적으로 돕는 일도 하지 않았다. 그런데 이스라엘에 대해서는 막대한 수준의 지원을 하고 있어 이스라엘은 외부의 지원 없이는 현재의 정치를 이끌어 갈 수조차 없을 것이다.

서구의 양면적인 태도를 보여주는 다른 예로, 코소보인들과 팔레스타인인들의 처우에 대한 차이점을 들 수 있겠다. 서방국가들은 먼저 보스니아인들을 위해, 그 다음은 코소보인들을 위해 동원되었다고 할 수 있다. 여기에 비추어볼 때, 서방국가들의 동원이 무조건 반무슬림적인 것은 아니었다고 볼 수 있는데, 그렇다면 그늘에 대한 공감과 동원은 가능하면서 팔레스타인에 대해서는 그렇지 않다는 걸 어떻게 봐야 하는가? 미디어를 타는 지식인들이 코소보인들에 대한 탄압에는 반대했으면서도 왜 팔레스타인인들의 운명에는 그처럼 지나치게 무관심한 것인가? 팔레스타인 테러리즘을 비난하기 때문일까? 코소보의 무장단체인 코소보해방군KLA도 (자살테러까지 가진 않았지만) 군사적 폭력을 쓰지 않았던가? 슬로보단 밀로셰비치Slobodan Milosevic가 온건파 코소보 지도자인 이브라힘 루고바Ibrahim Rugova를 이틀간 인질로 잡아두면서 자신이 제시한 타결책을 받아들이라고 강요할 때는 온 세계가 격분했었다. 그런데 팔레스타인자치정부 수반인 야세르 아라파트Yasser Arafat가 근 2년이 넘게 무카타에 발이 묶여 있을 때,[11] 유럽 정부들은

11 무카타는 요르단강 서안의 도시 라말라에 있는 팔레스타인자치정부 청사 및 행정구역을 일컫는다. 2002년 3월 이스라엘 측에서 강행한 공격작전으로 그 지역의 일부가 파괴되고, 5월 1일 밤 이스라엘군이 포위를 풀었으나 아라파트는 무카타에 억류된 상태였다. 이후 2004년 10월말, 위독한 상태에서 프랑스의 한 병원으로 수송되어 사망(11월 사망)에 이르기 전까지 아라파트는 무카타에서 사실상 거의 억류된 상태로 보냈다 — 옮긴이.

어떠한 항의도 하지 않았고, 거기에 동의하지 않는 지식인들도 침묵만을 고수했다. 코소보에서는 알바니아계의 독립 요구가 받아들여지지 않자, 증대된 반군세력과 중앙권력 간에 유혈충돌이 일어났다. 코소보에 사는 세르비아인들과 군대가 공격을 당하기도 했다. 서방세계는 밀로셰비치의 탄압 중지를 촉구하는 데 동원되었고, 그가 이를 거부하면서 어떤 점에선 공격의 법적근거가 의심되는, 밀로셰비치 체제에 대한 전쟁으로 비화되었던 것이다. 그렇지만 어떠한 경우에도 코소보에 대한 유고슬라비아의 주권이 문제시되지는 않았으며, 왜 그들이 공격을 했는지에 대해서도 마찬가지였다. 그와는 반대로 요르단강 서안지역과 가자지구에 대한 이스라엘의 주권은 아무도 인정하고 있지 않다. 그런데도 UN 안보리 결의안 242[12]는 전혀 실현되지 않고 있으며 이스라엘 정부에 대해서 어떠한 현실적 압력도 가해지지 않고 있다.

팔레스타인 문제는 오늘날 동양/서양, 남/북, 무슬림세계/기독교세계로 나뉘어 대립하고 있는 지구의 주요 전략적 파멸의 진원지다.

흔히 아랍 국가의 지도자들은 아랍의 단결을 내세운다. 그런데 이들은 사실상 정치적, 경제적, 전략적으로 심하게 분열되어 있다. 우연하게, 혹은 (공통적인 명분을 찾아야 할) 필요에 의해서, '팔레스타인 문제'는 기존의 모든 대립을 능가할 정도로 극도의 중요성을 띠게 되었다. 그 지도자들 이상으로 아랍민족과 무슬림들까지도 팔레스타인 국가가 수립되지 않는 상황을 두고, 다른 민족과 똑같은 권리의 인정을 거부하는 처사인 동시에 그들이 처한 나쁜 운명을 명백하고도 결정적으로 상징하는 것으로 인식하고 있다.

12 1967년 11월 22일의 결의안으로, 이스라엘이 점령한 땅에서 철수할 것을 촉구하는 내용을 담고 있다.

그런 관점에서 볼 때, 이처럼 민중의 관심을 끄는 이-팔 분쟁이 일부 아랍체제에게는 대중의 주의를 국내정치문제로부터 분산시키는 데 유용하다는 걸 확인할 수 있다.[13] 이라크전 발발 전에 전쟁반대시위가 아랍세계에선 덜 일어났다는 게 결코 우연한 일은 아니다. 시위가 반체제성으로 바뀔 것을 두려워하는 (아랍) 정부들이 모든 대중시위를 금지하고 있는 터라 시위의 자유가 거의 없다. 또한 역사적으로 볼 때, 영국의 위임통치를 받기 이전에 팔레스타인 땅을 차지했던 것은 바로 아랍 국가들이었음을 상기해야 한다. 1948년, 이스라엘이라는 나라 옆에 나란히 팔레스타인 국가가 수립될 수도 있었을 섯이다. 사실이 그렇더라도 이를 확실한 방법으로 보장해줘야 한다는 데는 이론의 여지가 거의 없다. 왜냐하면 이에 대한 정치적 해법을 찾지 못하면 날이 갈수록 팔레스타인이 처한 운명이 서방국가, 특히 미국에 대한 원한 못지않게 무슬림세계에서 느끼는 좌절감의 주요 원인이 될 테니 말이다. 사실상 이스라엘이 제멋대로 행동해도 좋을 만큼 자유를 안겨 준 것도 미국이라는 인상마저 주고 있다. 물론 이런 감정은 주관적이다. 하지만 이것이 이-팔 분쟁에서 하나의 객관적 요소를 구성할 정도로 아랍 및 무슬림 여론 속에 강하게(유럽 여론에서도 꽤 폭넓게) 자리 잡고 있는 감정이다.

●

13 2003년 10월 20일, UN개발계획(UNDP)은 『2003년 아랍 인간개발보고서』를 출간했다(*Arab Human Development Report 2003*, New York, UNDP, 2003). "아랍인들에 의하여 아랍인들에게 향하는"이라는 부제를 단 보고내용에는 세 가지 장해를 언급하고 있다. 바로 표현의 자유, 알 권리, 여성해방이다. 이 보고서는 "반테러리즘 전쟁의 가장 심각한 영향은 아마도 테러리즘에 관한 정의가 확대됨으로써 (아랍체제들에게) 자유를 축소시키는 데 특별한 합리화를 제공했다는 점일 것이다"라고 했다. 또한 어떤 아랍정부들은 이-팔 분쟁을 시민의 자유를 억압하는 데 악용하고, 적에 대한 동원이라는 명분으로 국내 반대파들을 탄압하는 데도 악용하고 있다고 지적하고 있다. Corine Lesnes, "Le développement du monde arabe s'est ralenti depuis le 11 Septembre", *Le Monde*, Oct. 23, 2003에서 인용.

사실상 그들의 행동 하나하나가 지금부터는 이-팔 분쟁이라는 단일 문제를 넘어선다. 예전엔 한 민족(팔레스타인)을 상대로 1967년이라는 배경 하에서 영토를 담보로 삼았어도(이스라엘 정부는 점령영토를 팔레스타인과의 협상에서 하나의 가능성 있는 담보로 삼으려 했다) 아랍세계를 포함해서 누구 하나 우려하지 않았다. 그런데 이제는 역사적 단절을 초래할 것 같은 특별한 사건이 일어나지 않고도, 문명충돌이 일어날 수 있는 진원지가 되어버렸다. 의심할 여지없이 세계화에서 파생된 결과겠지만, 아랍민중에겐 그게 하나의 현실이다. 1990년대 후반부터 아랍의 위성 TV들은 분산된 민족집단뿐 아니라, 북아프리카를 포함해 중동과 걸프지역의 여러 국가의 엘리트층과 중산층들을 끌어 모으는 대중공간을 창출했다.[14] 매일 TV를 통해 서안의 라말라 거리나 가자지구의 거리를 활보하는 이스라엘의 탱크들, 시민에게 총을 쏘는 군인들, 파괴된 집들, 뿌리째 뽑힌 올리브 나무들, 이스라엘군의 검문소 앞에 끝도 없이 늘어선 사람들을 보고, 끊임없이 이어지는 탄압행위에 관한 구체적인 증언들을 들으면서, 사람들에게 팔레스타인 문제는 곧 아랍과 무슬림세계의 문제가 돼버렸다.

●

14 어떤 정치체제가 자국 내 미디어를 통제하고 있어도, 국경을 초월하는 네트워크가 새로운 해결책을 제공한다. 그래서 '아랍의 거리'보다는 지적 엘리트층과 중산층에 의해 여론이 구축되고 있다. Marc Lynch, "Taking Arabs Seriously", *Foreign Affairs*, vol. 82, no. 5, Sep.–Oct. 2003. 및 Olfa Lamloum, *Al-Jazira, miroir rebelle et ambigu du monde arabe*, La Découverte, 2004를 참고하기 바란다.

이 스라엘은 UN 결의안에 의해 수립된 유일한 나라다. 특별위원회의 보고서에 기반하여 1947년 11월 29일, UN 투표에서 찬성 33표, 반대 13표, 기권 10표로 영국의 위임통치 하에 있던 팔레스타인을 분할하기로 결정했다. 당시 그 지역 인구의 30%를 구성하고 있던 유대인들이 팔레스타인 위임통치영토[1]의 51%를 차지하게 되고, 그에 반해 아랍인들은 49%를 차지한다는 내용이었다.[2] 아랍인들은 이 분할계획을 거부하며 막 생겨난 히브리 국가에 대항하여 전쟁[3]을 개시했다. 아랍인들이 보기에 시오니즘은 하나의 식민주의 프로젝트였다. 그런가 하면 유대인들에게는 민족해방 프로젝트며, 민족자결권

---

1 이전에 오스만 튀르크제국에 속해 있던 영토가 제1차 세계대전 후 영국으로 위탁되었다.

2 당시 유대인들은 팔레스타인 영토의 5~6%만을 차지하고 있었다 — 옮긴이.

3 1948년에 발생한 이스라엘-아랍 전쟁(1차 중동전쟁) — 옮긴이.

원칙의 실행이었다. 그러니 동일한 사태를 놓고 애초부터 상반되는 해석이 존재한 것이다.

그 첫 번째 전쟁에서 승리한 이스라엘은 팔레스타인 영토의 78%까지 차지하게 된다. 당시 72만 5천 명의 팔레스타인인들이 자신의 땅에서 쫓겨나 난민이 되었다. 1948년 12월, UN은 난민들이 귀국할 수 있도록 결의안을 채택한 바 있지만 적용된 적은 없다. 1967년 6일전쟁[3차 중동전]으로 이스라엘은 요르단강 서안지역, 가자지구, 예루살렘 동쪽을 탈취하게 됨으로써 사실상 팔레스타인 전역을 통제할 수 있게 되었다. 이에 대해 UN 안전보장이사회는 결의안 242를 채택하여 전쟁을 통해 영토를 획득하는 것을 허용치 않고, 점령지에서 이스라엘군이 철수할 것을 촉구했다. 그런데 오늘에 이르도록 이 결의안은 실행되지 않고 있다.

오늘날 이스라엘의 책임자들은 UN에 의해 이스라엘이 제일 주기적이고도 무조건적으로 지탄을 받고 있다며 불평을 해댄다. UN에서 표출된 투표결과는 이스라엘 정치에 대한 비난의 정도가 어떠한지 그 규모를 능히 짐작할 수 있게 한다. 투표결과가 효력을 발휘하고 있는 건 아니지만 말이다. 한 번도 실행된 적이 없는 결의안들이 있다는 것을 알면서도 어떻게 다른 나라들이 UN 결의안과 제재조치를 준수하지 않는다고 놀라겠는가. 정치지도자들의 출국금지부터 그들의 국외재산 압류까지, 영공 통과 금지부터 국제스포츠 경기 참여 금지까지 경제적 제재에서 통상금지(무기 수출이나 무역관계에서)에 이르기까지, 그리고 UN 헌장 7장에 입각한 최후통첩까지, 가능한 처벌은 얼마든지 있다. 가능할 뿐 아니라, (인종차별시대의) 남아프리카공화국, 이라크, 리비아, 유고슬라비아, 그 외 아프리카 다수 국가의 지도자들을 대상으로 제재나 개선을 촉구하는 명목으로 이미 적용된 바 있다. 때론 제재를 가하겠다는 암시만으로도 중요한 양보를 얻어내기에 충분했다. 코트디부아르 대통령, 로랑 그바그보Laurent Gbagbo는 UN 안보리가 코트디부아르 지도자들의 국외여행을 금지시키겠다고 통보하자,[4] 2004년 말부터 2005년까지 추진하려던 작전을 그 즉시 중단한 적이 있었다. 그런데 이스라엘에게는 이런 종류의 제재조치에 대해 소곤거린 적도 없다. 대이스라엘 결의안들은 최소한의 구체적 결실도 맺지 못한 채 쌓여만 가고 있다. 이스라엘은 UN이 그들에게 공정하지 않을 뿐더러 걸핏하면 비난을 하며, 대부분의 나라도 무조건 비우호적인 태도를 보인다고 불평한다. 여기서도 동일한 사안에 대한 상반된 해석을 보게 된다. 한 나라에게만 강요되는 것 같은 의무를 이행치 않아 그것을 비난하는 게 부당하다고 하면 모를까, 아랍인들과 그 외 많은 이들이 볼 때 이스라엘이 부당하게 취급되고 있다고 말하는 것은 틀린 얘기다. 오히려 이스라엘은 온갖 특별대우를 받고 있다고 해야 할 것이다. 이제껏 그 어떤 나라도 그렇게 오랫동안, 또한 그렇게 지속적으로, 마땅한 처벌도 받지 않으면서 안보리의 요구를 거부할 수도, 거부한 적도 없었다. 하지만 이스라엘은 그랬다. 그런데 이제 와서 그들이 태도를 바꾸게 될까? 면죄부를 받은 것으로 생각하고 있는데, 그런

---

4 코트디부아르에서는 2000년 대선을 계기로 현 정부와 북부 반군 사이 내전이 시작되었다. 이에 식민지였던 코트디부아르에서 자국민을 보호하기 위해 프랑스가 평화유지군을 파견하기에 이른다. 그러다가 2004년 11월, 정부군이 프랑스 평화유지군 기지를 공격함으로써 18개월간 지속된 정전협정이 깨지고 만다. 정부군과 프랑스군의 교전이 계속되면서 같은 달, UN이 개입하여 사태가 일단락되는 듯했다. 하지만 그 해 연말에 그바그보(2000년 10월 집권, 2006년 9월 현재까지 대통령으로 재임 중)가 연임을 위해 헌법개정계획을 발표하여 사태를 심각하게 만들 우려를 보이자, UN은 2005년 1월 "평화진전을 방해한다"는 이유로 본문대로 제재 가능성을 표명한 바 있다 — 옮긴이.

자세로 법 규정을 존중하기는 힘든 일이다.

요르단강 서안지역, 가자지구, 예루살렘의 무력점령은 UN 헌장(제2조 4항)[5]과 안보리 결의안 242 및 무력점령을 다루었던 모든 결의안들에 모순된다. 따라서 국제법 위반이다. 그런데 이스라엘이 국제법을 위반한 것은 이뿐만이 아니다. 영토를 봉쇄하고, 검문소를 만들어 통행을 차단하고, 한 나라 안에 들어가 자신의 거주지를 맘대로 정하는 것은 '시민적·정치적 권리에 관한 국제규약' 제12조[6] 위반이다. 1949년에 체결된 네 번째 제네바조약은 무력분쟁 시 인권보호에 대해 제49조에 이렇게 규정하고 있다. "점령세력은 점령지에 그들의 인구 일부를 이전시킬 수 없다." 따라서 이 조항은 이스라엘이 팔레스타인 영토에서 실행하고 있는 식민지 건설(이스라엘 식으로 말하자면 '정착')을 금지한다. 이른바 '안보'를 위한 장벽축조 또한, 이미 국제사법재판소ICJ, International Court of Justice가 인정했듯이 위법이다. 이스라엘은 팔레스타인인들의 자유로운 통행권을 인정하지 않는 것만으로 만족하지 않는다. 신체보호권 및 변호권은 물론이고, 고문금지 조항도 준수하지 않고 있다. 그뿐 아니라, 사실상 재산·교육·건강에 대한 권리 또한 보장하고 있지 않다.

2004년 5월 6일, UN총회는 "동예루살렘을 포함한 팔레스타인 점령지 상황"을 놓고 결의안을 채택한 바 있다. 140개국이 찬성, 34개국

---

5 4항의 내용은 다음과 같다. "모든 회원국은 그들의 국제관계에서, 어떤 국가를 대상으로 하든지 간에 그 국가의 영토보전이나 정치적 독립성에 대항해서, 또는 국제연합의 목적에 부합하지 않는 여타의 어떤 방식으로도 무력을 행사하거나 무력으로 위협하지 않는다." — 옮긴이.

6 UN이 정한 국제인권규약으로 '자유권규약'이라고 한다. 제12조는 '이동의 자유'를 다룬 조문이다. 이것 말고 '경제적·사회적 및 문화적 권리에 관한 국제규약'(사회권규약)이 또 있다. 이 사회권규약을 약칭으로 'A규약', 자유권규약을 'B규약'이라고도 한다 — 옮긴이.

불참, 11개국이 기권했으며, 이스라엘과 미국, 마셜군도, 미크로네시아, 나우루, 팔라우, 이 6개국만이 반대표를 던졌다. 2004년 7월 20일에도 "동예루살렘을 비롯한 팔레스타인 점령지에서의 장벽건축"과 관련, 국제사법재판소의 판결에 대한 의견을 묻는 투표가 총회에서 있었다.[7] 결과는 150개국 찬성, 10개국 기권, 25개국 불참, 동일한 6개국이 반대했다.

그런 투표 결과는 이스라엘이 UN에서 고립돼 있다는 것을 명확히 보여준다. 이스라엘은 지구상의 모든 나라가 참여하는 UN총회에서 주기적으로, 또한 널리 지탄받고 있다. 대개는 미국의 거부권이 이스라엘을 보호한다.[8] 또한 미국이 거부권을 행사하겠다고 위협만 해도 결의안의 내용을 수정하거나, 투표회부를 막기에 충분하다. 그런데 미국은 이런 보호책을 행사하면서, 이스라엘로 향하는 적대감의 일부를 자신에게로 유인하고 있다. 아랍 및 무슬림국가들과 남(南)의 나라 대부분은 이스라엘에 법적면죄부가 부여된다는 생각에 점점 더 이를 참지 못하고 있다. UN이 이스라엘을 반복해서 비난하는 것을 두고 이스라엘 대표들은 국제기구가 그들을 대하는 태도가 어떠한지를 보여주는 증거라고 흔히 말한다. 그런데 이 의견에 반대하는 이들의 견해를 들어보면, 대단한 관점의 전복을 접하게 된다. 마치 다중범죄자가 자신에게 내려진 법정 판결에 투정하는 격이라는 것이다. 물론 UN총회를 대표적인 민주총회라고 할 수는 없다. 이스라엘에 반대표를 던지는 국가들 중 상당수도 자국의 인권존중 문제에서는 지탄받을

---

7 2004년 7월 9일 국제사법재판소에서 이스라엘의 장벽축조가 불법이라는 판결을 내렸고, 그걸 UN 안보리에서 결의안으로 받아들이도록 권고하면서 7월 20일 투표가 있었다 — 옮긴이.

8 이-팔 분쟁과 관련, UN 안보리에서 행한 미국 측의 거부권 행사 목록은 이 책 맨 뒤에 따로 실었다.

태도를 취하고 있다. 다수의 나라가 활력 있는 민주국가도 아니며, 언론의 자유나 역동적인 사회운동을 용납하고 있지도 않다. 과거 UN 결의로 주기적이고도 널리 비난받은 나라의 유일한 예는 인종차별정책의 남아프리카공화국이 있을 뿐이다. 그렇다고 이스라엘 체제가 인종차별 체제에 비견될 수 있다는 의미는 아니다.[9] 그래도 사람들이 이스라엘을 거부하는 정도를 짐작하게는 한다.

매년 9월에 열리고 있는 UN총회 기간 동안 각 나라의 대통령이나 총리, 외무장관들은 가장 중요한 국제 사안에 대해서 자신이 대표하는 나라의 입장을 표명한다. 영토의 크기나 국력에 상관없이, 각 국가는 동등하게 15분간의 발언권을 가진다. 따라서 자국이 가장 중요하게 여기는 사안에 치중하여 요점을 말해야 한다. 2004년 9월에 열린 제59차 총회 때는 186개국이 의견을 표명했는데, 그 중 76개국이 이-팔 분쟁을 언급했다. 대부분의 아랍 국가는 그 사안으로 연설의 일부를 장식했으며(18개국 중에서 16개국이 그에 대해 언급했다), 특별히 냉혹한 용어들을 사용했다. 연설 내용들을 훑어보면 저마다의 분석이 한결같다는 것을 알 수 있다.

2004년 9월 21일, 알제리 대통령인 압델라지즈 부테플리카Abdelaziz Bouteflika는 다음과 같이 말했다. "점령된 팔레스타인에서 평화 프로세스는 전에 없이 곤경에 빠져 있다. 팔레스타인 시민에게 가해지고 있는

---

9 그렇지만 이스라엘 내부에서나 외부에서 이런 비교를 하곤 한다. 이스라엘 전 문화부장관인 슐라미 알로니(Shulamit Aloni, 좌파)는 다음과 같이 선언했다. "이스라엘은 인종차별 국가인데도 아무도 그걸 개의치 않는다. 단, 외국 언론이 그걸 언급할 때를 제외하고는 말이다. 그래서 그런 걸 언급하는 기자들은 이내 반유대적이라고 비난 받는다."(Courrier international, Oct. 6, 2004). 이스라엘과 남아공을 견주는 것은 과도하다고 판단된다. 왜냐하면 아랍계 이스라엘인들은 이스라엘에서 투표권을 갖고 있으며, 인종차별 국가와는 반대로 이스라엘이 인종의 불평등을 부르짖지는 않기 때문이다.

잔혹한 탄압, 팔레스타인자치정부·기구·지도자들에 대한 끊임없는 공격, 식민정책 추구, 국제법을 위반하면서 건설되고 있는 분리장벽 등은 이미 국제사법재판소도 인정했듯이 오슬로협정 의무들을 이스라엘이 부정하고, '로드맵'[10]의 골자들을 무효로 만들기 위한 작전이며, 그로써 이스라엘과 아랍 분쟁에 적합하고 결정적인 타결책을 마련하려는 기회들을 아예 수포로 만들었다. 이 타결안의 잣대들은 오래 전부터 선별되어 포괄적으로 국제적 합의의 대상이 되어 온 것들이다. 그런 작업에서는 아랍 국가들도 주도적으로 나섰으며 그렇게 이루어진 합의가 안보리가 뒷받침한 '로드맵' 속에 녹아 있는 것이다. 가장 당연한 권리들, 특히 확실하고 누구나 인정하는 국경을 갖춘 나라를 보유할 권리를 팔레스타인 민족에게서 박탈한 것은 국제사회가 저지른 과오며, 세계의 도덕성에 의심을 품게 만든다."

당시(2004년 9월 27일) 사우디아라비아 외무장관, 니자르 오바이드 마다니Nizar Obaid Madani는 이렇게 표명했다. "이스라엘 정부가 평화 프로세스의 기본원칙에 전혀 부합될 수 없는 정책들을 추구함에 따라 이 지역에서 평화 프로세스가 수포로 돌아가고, 극단주의와 폭력이 기승을 부리고 있다."

2004년 9월 24일, 바레인 부총리 겸 외무장관인 셰이크 무하마드 빈 무바라크 알−할리파Sheikh Muhammad bin Mubarak al-Khalifa는 이스라엘이 점령지에서 확대하고 있는 탄압책들을 비판하고, 국제적인 토론을 존중하지 않는 것에 대해 규탄했다.

●

10 2003년의 이 로드맵은 UN, 미국, 러시아, 유럽연합(중동평화 중재 4대표)이 이−팔 분쟁을 타결하기 위해 마련한 중동평화 계획안이다 — 옮긴이.

또 2004년 9월 22일에는 아프리카 지부티의 대통령, 이스마엘 오마르 겔레Ismael Omar Guelleh가 팔레스타인인들은 날마다 압제와 탄압의 희생자들이 되고 있다고 설명하면서 "팔레스타인인들은 분별력을 가질 수 없는 상황에 처해 있다. 그럼에도 불구하고 그들이 보유하고 있는 극소수의 수단으로 시민질서를 유지하기 위해 분투하고 있다. …… 국제사회에서 버림받은 채, 팔레스타인 사람들은 절망, 무국적, 끝없는 수탈의 희생자들이 돼 가고 있다. 그러니 이 UN총회는 이미 모든 걸 잃어버린 민족에게 계속해서 허황된 희망을 주려하기보다는 …… 오히려 회원국인 이스라엘을 통제할 수 없다는 것부터 인정해야 하는 서글픈 과제를 안고 있는 것이다"라고 했다.

아메드 아불 게이트Ahmed Abul Gheit 이집트 외무장관은 같은 날, 발언 차례가 되자 다음과 같이 표명했다. "지난해부터 팔레스타인 민족의 고통이 계속되고 있다. …… 매일 우리는 사회기반시설과 일반가옥들이 파괴되었다는 소식을 접한다. 비무장 시민들이 표적이 되어 살해되는가 하면, 집단적인 처벌이 가해지기도 한다. 이 모든 참상이 설명할 길 없는 세계의 침묵 속에서 진행되고 있다. …… 이집트는 두 진영의 안정 회복에 도움이 되는 길을 모색하고 있다. …… 하지만 이를 위해서는 이스라엘의 대팔레스타인 공격이 종식된다는 보장이 있어야 한다."

아랍에미리트연합의 외무장관, 라시드 압둘라 알-누아이미Rashid Abdullah al-Nuaimi는 2004년 9월 22일, 자신의 차례가 되자, 이스라엘이 계속 공격을 감행하는 것은 더욱더 폭력을 유발할 뿐이며, 적절하고 지속적인 평화의 수립은 국제사회가 이스라엘의 집요한 태도를 종결시킬 수 있는 능력이 있느냐의 여부에 달려 있다고 평가했다.

마침내 아랍 국가들의 총론적인 항의를 마무리하면서, 제인 엘-아비딘 벤 알리Zein el-Abidine Ben Ali 튀니지 대통령은 2004년 9월 28일, 이렇게 표명했다. "점령된 팔레스타인 땅에서 위험이 고조되고 있는 상황과 이스라엘이 이미 해 왔고, 또한 앞으로도 변함없이 일방주의로 나가려는 정치적 고집 앞에서 국제사회에 요청하는 것은 바로 다음 사항들이다. 팔레스타인 형제들이 겪고 있는 폭력을 하루 빨리 종식시키고, 국제적인 보호로 이 민족을 안심시키고, 그들의 합법적인 지도자들에 대한 포위를 풀고, 인구정착을 위한 식민지 건설을 종식시키고, 분리장벽 건설을 불법이라고 선언히고 철거를 촉구한 국제사법재판소의 판결을 인정하게 해야 한다." 끝으로 모로코 국왕, 이란, 시리아, 레바논, 카타르, 예멘, 오만, 모리타니의 외무장관이 이어서 이스라엘의 태도를 규탄했다.[11]

이 모든 입장이 확연히 보여주는 바는 강경하든 반서방적이라고 간주되든 간에 아랍체제들만이 이스라엘을 비난하는 게 아니라는 점이다. 가장 온건한 체제들, 또한 가장 친서방적인 나라들, 전략적으로 미국과 긴밀한 관계를 맺고 있는 나라들도 대단한 위험을 내포한 채 세계안전에 부정적인 영향을 끼치는 상황을 만들어내는 주요책임을 이스라엘에게 돌리고 있다. 세 가지 예를 들어 보자. 미국과 무척 긴밀한 동맹관계에 있는 아랍 국가의 하나인 이집트의 무하마드 호스니 무바라크Muhammad Hosni Mubarak 대통령조차 소리 높여 이렇게 반문했다. "미국인들이 아랍세계에서 오늘날처럼 증오를 받은 적이 또 있었을

---

11 아랍 국가들 중 리비아는 예외를 보였다. 워싱턴의 비위를 맞추려 했는지 리비아는 2004년 총회에서 이 사안에 대해 침묵했다.

까? 애초에 일각에선 미국이 그들을 돕는 것으로 여기기도 했다. 더욱이 일반 미국인들에 대한 증오는 없었다. 이라크사태 이후, 전에 없던 증오가 생겨났으며, 미국인들도 그걸 알고 있다. 사람들은 부당함을 느끼고 있다. 게다가 그들은 아리엘 샤론Ariel Sharon[당시 이스라엘 총리]이 미국의 간섭도 받지 않고 자신이 하고 싶은 대로 하는 걸 보고 있다. 그는 전투기도 헬리콥터도 없는 사람들을 살해하고 있다. 그는 F-16 전투기, 아파치 헬기, 탱크 등을 이용하면서도 도리어 그게 자위책이라고 주장한다."12

인도네시아의 전 대통령, 메가와티 수카르노푸트리Megawati Soekarnoputri는 세계에서 가장 무슬림 인구가 많은 나라인 인도네시아의 온건파 지도자로 통했는데, 2003년 9월 23일 UN총회에서 중동에서 행해지고 있는 일방주의적이고 부당한 정치가 폭력적인 분위기를 키우고 있다고 개탄한 바 있다. 자국 시민이 테러집단의 주요표적이 되고 있는 서방의 강대국들은 특별히 이-팔 문제에 집중하여, 양 진영이 공정한 방식으로 취급된다는 걸 보증하는 쪽으로 그들의 반테러정책을 재검토해야 한다고 평가했다. 2004년에 그녀 뒤를 이어 선출된 후임자는 보다 친미적이다.

"TV를 통해 거의 일상적으로 팔레스타인인들의 주검을 접하게 되면서 무슬림세계는 미국을 점점 더 거부하고 있다." 이는 파키스탄의 수뇌, 페르베즈 무샤라프Pervez Musharraf 장군의 신념인데, 그는 이-팔 분쟁의 해결을 위해 워싱턴 측의 보다 확고한 참여를 호소한 바 있다.13

●

12 *Le Monde*, Apr. 21, 2004.

13 "La conviction de Musharaf", *Le Nouvel Observateur*, Sep. 30, 2004.

2004년 12월 프랑스를 방문한 무샤라프는 몇몇 기자 및 전문가들과 함께 한 회견에서 재차 이 주제를 언급했다. 그는 테러리즘에 대항하기 위해서는 군사적인 관점뿐만 아니라, 정치적 시각에 입각해서도 싸울 필요가 있다고 강조했다. 그에 따른 정책 방안들 중에서 그는 빈곤과 문맹 퇴치, 그리고 특히 무슬림세계에서 극단주의를 키우고 있는 두 가지 주요 정치 분쟁에 대한 타결을 언급했다. 바로 카슈미르 분쟁14과 이-팔 분쟁을 일컫는다. 두 분쟁 가운데 어떤 게 더 심각하며 시급하게 해결되어야 한다고 보느냐는 질문에 그는 이-팔 분쟁을 골랐다.15

무슬림국가의 지도자인데다 미국과 전략적 관계를 맺고 있고, 민족적 정체성을 부각시키는 카슈미르 문제를 겪고 있으며, 국제 테러리즘에 맞서기 위해 선두대열에 자리하며 여러 번 테러의 표적이 된 바 있는 무샤라프인데도 이-팔 분쟁이 전략적으로 국제적 안정을 위한 핵심문제고, 세계평화 유지의 필수조건이자 우리시대의 근본적인 전략과제라는 의견을 보인 것이다. 그러니 결국 아랍 국가들의 뿌리 깊은 반유대주의라는 식의 반응으로 간단히 치부할 수는 없다는 것을 충분히 입증하고 있다. 실제로 중동상황의 위험성을 지적하는 국가는 단지 아랍이나 무슬림국가들, 혹은 제3세계 국가들뿐만이 아닌 것이다.

---

14 1947년 인도와 파키스탄의 분리독립 이후, 두 나라의 국경지역인 카슈미르(Kashmir) 지역에서 계속되고 있는 분쟁인데, 인도의 힌두교도와 파키스탄 무슬림 간의 분쟁으로 일컬어지기도 한다 — 옮긴이.

15 무샤라프와의 인터뷰.

4장

널리 공유되고 있는 진단

1　967년 전쟁[3차 중동전] 이후, 프랑스-이스라엘의 전략적 동맹이 단절된 이래 프랑스는 중동지역을 상대로 특색 있는 정책을 펼치고 있는 것으로 알려져 있다. 흔히 이를 프랑스의 '아랍정책'으로 부르는데, 여기에는 다분히 이를 폄훼하려는 의도가 담겨 있다. 프랑스의 태도를 성가시게 생각하는 이들이 이를 석유의 원천인 아랍체제에 대한 비굴함의 표시나 프랑스 무슬림 유권자들의 압력에서 연유하는 전략적 자리매김으로 보는 것이다.

그런데 정말로 프랑스의 '아랍정책'이 있기나 한 것일까? 만일 그런 게 있다면 미국의 대아랍 정책보다는 더 신중하다고 말할 이들이 있을지도 모르겠다. 그런데 그것도 아니다. 프랑스의 '아랍정책'이 딱히 존재하는 건 아니며, 대신 대중동 정책이라고 할 만한 정책이 있다. 이 정책의 골자는 1967년의 중동사태 당시 팔레스타인 영토의 군사적 점령이 불러올 부정적인 영향을 미리 경계하려던 드골Charles A. M. J. De Gaulle에게서 찾게 된다. 대중동 정책은 드골의 후임자들, 프랑수아 미테랑François Mitterrand과 자크 시라크Jacques Chirac를 거치면서 각자의 방식에 따라 지속되거나 재확인되었다.[1] 그런데 정책노선이 이런 식으로 고정되었다고 해서, 프랑스 국내 무슬림 유권자들이 국내선거의 함수에서 비중을 덜 차지하고 유류가 또한 최저가로 떨어졌던가? 프랑스가 그런 입장을 취하는 것은 아랍공동체를 상대로 표밭관리를 하거나 유류 공급가를 통제하기 위해서가 아니다. 그렇다면 공동체주의가 대외정책 결정에 아무런 역할을 하지 않는다는 미국에서, 누구나 알다시피 이런 이중적 태도의 비난을 해대는데, 이를 어떻게 봐야 하는 것인가?

1967년 이래 프랑스는 무력으로 영토를 탈취하는 것은 합법적이지도 이롭지도 않다는 입장을 고수해 오고 있다. 만일 프랑스가 이스라엘-팔레스타인 분쟁의 타결을 보기 위해 적극적으로 애쓴다고 한다면, 그 이유는 이 분쟁이 지속되는 것이 국제법에 부합하지 않을 뿐더러 도덕적으로도 지탄받아야 하고, 또한 전략적으로 위험하다고 평가하기 때문이다. 이런 입장은 30여 년간 프랑스 외교 일화들 속에서 이어져 오며 일관성 있게 나타나고 있다. 이스라엘의 친구라고 여겨졌던 프랑수아 미테랑조차도 1982년 이스라엘 국회 크네셋에서 서방의 국가수뇌로서는 처음으로 팔레스타인 국가수립에 대한 가능성을 피

---

1 이점과 연관해서 좀 더 자세한 내용을 원한다면, 필자와 디디에르 빌리옹(Didier Billion)이 함께 지은 『아랍세계의 도전 *Les défis du monde arabe*』(PUF, 2004)에 나오는 「프랑스와 아랍세계(La France et le monde arabe)」(209~235쪽)를 참고하기 바란다. 거기에는 1967년의 드골 장군 기자회견, 1982년 이스라엘 국회 크네셋(Knesset)에서 행한 미테랑의 연설, 1996년 이집트 카이로대학에서 행한 시라크의 연설들이 실려 있다.

력했다. 팔레스타인해방기구PLO 의장, 야세르 아라파트Yasser Arafat가 그 동안 이스라엘을 인정하지 않던 PLO 헌장의 구절이 '무효'라고 선언한 것도 1989년 파리에서다.[2] 아랍 여론들은 1996년 시라크 대통령이 예루살렘을 방문했을 때 발생했던 외교마찰을 아직도 기억하고 있다. 당시 시라크는 동예루살렘으로 거리낌 없이 이동하려다가 이스라엘 쪽의 저지를 받으면서 언쟁을 벌였다.[3] 게다가 이-팔 사태 해결에 진전이 없는 상태에서 일어난 이라크전쟁에 프랑스가 반감을 보였다는 것도 그런 일관성을 설명해준다.

이스라엘 지도층 일각에서 프랑스의 태도를 두고, 뿌리 깊게 자리한 반유대 감정에 편승하여 프랑스에서 유대인들보다 수적으로 월등한 아랍공동체를 상대로 표밭관리나 하는 수치스럽기 짝이 없는 비굴한 태도라고 평가하기도 한다. 프랑스 외교를 평가절하하고, 이스라엘 정치에 대한 모든 비판을 거부하기 위해 들먹이는 허황된 논거들은 허다하다. 이-팔 문제에 대해 프랑스의 일반적인 외교전통이 다른 나라들보다 더 적극적이고 더 두드러져 보이는 점이 있다 하더라도, 위와 같은 내용의 분석을 유독 프랑스인들만 공유하고 있는 것은 아니다. 그런 분석이 이제는 나머지 세계로 확산되고 있다. 이런 관점에서

---

2 팔레스타인은 이스라엘 국가수립 이후 줄곧 이스라엘을 인정하지 않는다는 입장을 고수하다가, 1988년 UN의 회의석상에서 이스라엘의 '권리'를 인정한다는 입장을 내비쳤고, 1993년 오슬로협정 체결 때 이스라엘과 상호 국가존재를 인정하게 된다. 서구에선 오슬로협정 이전까지 팔레스타인해방기구를 테러집단으로 간주하면서 팔레스타인의 주권을 인정하지 않는 분위기가 역력했다. 그런 의미에서 1989년 미테랑의 아라파트 초청은 일각에서 상당한 반향을 일으켰다 — 옮긴이.

3 당시 상황에서 시라크가 "도대체 나더러 비행기로 되돌아가라는 얘기냐?"라며 즉시 영어로 반응했던 일화로도 유명하다. 시라크는 예루살렘을 자유롭게 이동하는 제스처로 이스라엘이 예루살렘 전체를 통제하는 걸 인정하지 않는 프랑스의 입장을 상징하려 했다 — 옮긴이.

보자면, 고립돼 있는 것은 프랑스나 아랍세계가 아니라, 오히려 이스라엘 정부와 미국 정부라는 게 분명해진다.

당연히 프랑스의 그런 대외정책은 이스라엘에서 인기가 없는데, 이스라엘은 그것을 반유대적이라고 평가하지 않으면, 좀 더 과장해서 친아랍적 정책이라고 판단한다. 이런 식의 비난은 미국에서도 존재한다. 그런데 조지 부시George W. Bush와 그토록 돈독한 동맹관계를 맺고 있는 토니 블레어Tony Blair조차 프랑스의 지도자들과 같은 평가를 하고 있다. 2002년 10월 1일 영국 블랙풀에서 열렸던 노동당 총회 때, 그는 이렇게 선언했다. "팔레스타인인들은 더욱더 피폐해지고, 굴욕스럽고 희망 없는 삶을 살아가고 있다. 이스라엘 시민들도 끔찍하게 살해되고 있다. UN의 대이라크 결의안들은 그대로 실행되어야만 한다. 하지만 그게 이스라엘에 의해 좌우돼서는 안 된다. 그것은 반드시 우리 모두를 위해 실행되어야 한다."[4] 잭 스트로Jack Straw 영국 외무장관도 같은 맥락으로 다음과 같이 표명한 바 있다. "서방세계가 한쪽에선 이라크에 대한 UN 결의안들이 존중되어야 한다고 외치면서도, 이-팔 분쟁 관련 결의안을 실행하는 데 있어서는 '돈키호테 식' 태도를 취하면서 이중기준을 적용하고 있는 것은 실질적인 고민거리다."[5]

2004년 9월에 열린 영국 노동당 전당대회에서 토니 블레어의 연설을 훑어보면, 그의 관점이 변함없다는 것에 수긍하게 된다. "이스라엘과 팔레스타인, 이 두 나라가 항구적인 평화를 누리며 나란히 살 수 있게 된다면, 그것은 이 세상의 그 어떤 무기보다도 테러리즘을 퇴치

●

4 2003년 7월 17일 미국의회에서 토니 블레어는 또 한 번 이렇게 강조했다. "테러리즘은 팔레스타인과 이스라엘 간의 평화 없이는 퇴치되지 않을 것이다."

5 2003년 3월 26일 'BBC World Service' 대담에서.

하는 데 유용할 것이다."[6] 그는 조지 부시의 재당선을 축하하기 위해 보낸 메시지에서도 이-팔 분쟁의 타결이야말로 "현재, 세계가 짊어진 과업 중에서 가장 시급하다"[7]고 언급한 바 있다.

독일 측 지도자들의 입장은 어떨까? 자명한 역사적 이유[8] 때문에 그들은 이 문제에 개입하기를 망설인다. 통일이 이루어지고 소련의 위협이 사라짐으로써 독일이 전략적으로 훨씬 더 자율성을 가질 수 있게 되긴 했지만, (이라크전쟁 동안 그들이 미국에 대해 보여준 독립적인 태도에서 파악할 수 있듯이) 중동 분쟁에 대한 그들의 전략적 운신의 여지는 훨씬 미미하다. 이 문제에서 독일이 따르는 지표는 프랑스의 태도라기보다는 오히려 영국의 태도다. 영국이 보다 적극성을 보이면, 독일도 덜 소극적이어야 한다고 느끼며 고무된다.

'도덕적 외교'의 선두주자가 되고자 하는 벨기에는 이 문제에 아주 적극적이다. 그리스, 아일랜드, 스웨덴은 이스라엘의 정치를 규탄하면서 아주 강경한 입장을 보인 바 있다. 끝으로 스페인의 입장을 훑어보는 것이 지금까지 개괄적으로 살펴본 유럽외교의 경향성 고찰을 마무리하는 데 유용하겠다. 아스나르José María Aznar 총리 시절 미국과 아주 긴밀한 관계를 유지했던 스페인은 이후 사파테로José Luis Rodríguez Zapatero 정부가 들어서면서 팔레스타인의 민족자결권을 옹호하는 외교적 태도를 취하고 있다. 이런 입장은 스페인의 새 외무장관, 미구엘 앙헬 모라티노스Miguel Angel Moratinos에 의해 옹호되면서 더 분명해지는데, 그는 이 문제를 익히 알고 있는 장본인이다(그는 중동에 파견되었던 전직

6 *Le Monde*, Nov. 12, 2004.
7 *International Herald Tribune*, Nov. 8, 2004.
8 제2차 세계대전 중 나치가 자행한 유대인 학살을 일컬음 — 옮긴이.

유럽연합EU 특사였다). 다른 많은 사안에서 그러했듯이 베를루스코니 Silvio Berlusconi[당시 총리]의 이탈리아는 이 문제에 대해서도 미국의 입장을 옹호하고 있을까? 하지만 그건 이탈리아의 입장이라기보다는 오히려 베를루스코니 개인의 입장이라고 해야 할 것이다. 한편 유럽연합의 새 가입국들도 이스라엘에 대해 덜 비판적인 입장을 고수하고 있다. 친미 성향의 이 나라들에게 "워싱턴으로 가는 길은 텔아비브를 통과"하므로 미국에 잘 보이고, 특히 백악관만큼이나 미 의회에 잘 보이기 위해서도 이스라엘에 대한 비난을 삼가고 있다. 그렇지만 그들의 친미주의는 하강하고 있다.

이 문제와 관련, 유럽권 외의 선진국들이 보다 은밀한 입장을 보이고 있는 반면, 제3세계 국가들은 자연스럽게 친팔레스타인 측에 가담하고 있다. 이는 국제적인 각축장에서 주요한 나라라고 할 만한 남아공과 브라질에서 특별히 확인된다. 이들 두 나라가 팔레스타인의 민족자결권을 옹호하는 입장이 왜 도덕적으로 그 무엇과도 비교할 수 없을 만큼 큰 비중을 차지하는지는 쉽게 알 수 있다. 확실히 세계에서 가장 인기 있는 정치인물인 넬슨 만델라Nelson Mandela나 브라질의 현대통령, 루이스 이나시오 룰라 다 실바Luiz Inacio Lula da Silva가 팔레스타인 측을 옹호하는 입장을 취할 때, 거기서 반시오니즘의 가면 아래 은밀하게 숨어있는 반유대주의의 증거를 찾기는 어렵지 않겠는가!9 게다가 남

---

9 반시오니즘(anti-Zionism)과 반유대주의(anti-Semitism)에는 이념의 본질과 내용 면에서 큰 차이가 있다. 시오니즘이 팔레스타인 땅에 유대민족국가 건설을 목표로 한 민족운동이라 할 때, 현재의 반시오니즘은 이-팔 분쟁과 연관이 깊다. 심지어 1975년 11월 10일에는 UN총회에서 "시오니즘은 인종주의 및 인종차별주의"라고 하여 반시오니즘 결의안이 채택되기도 했다. 한편 역사적 뿌리가 깊은 반유대주의는 친유대정책에 대한 반대는 물론, 종교적 이유와 함께 세계 곳곳의 사회·정치적 문제의 근원을 유대인에서 찾아 유대인 전체에게 화살을 돌리는 이념 및 운동을 말한다 — 옮긴이.

아공에서 팔레스타인의 투쟁과 인종차별에 대항하는 투쟁을 비교하곤 하는데, 그런 비교는 이스라엘의 이미지에 손상을 입히고도 남는다. 특히 남아공 유대인들이 이런 식의 비교로 이스라엘의 현 정치를 규탄하고 있다.

이-팔 분쟁이 서방세계와 아랍 무슬림세계의 관계를 좌우하는 중심에 자리하고 있으며, 거기에 미국이 개입하되 팔레스타인 측이 보기에 부당할 정도로 이스라엘을 과잉 옹호하는 정책은 중단해야 한다는 것이 미국과 이스라엘을 제외한 나라들에 널리 퍼져 있는 여론이다(이스라엘 내에서도 팔레스타인인들을 비참하게 몰고 가는 것은 시오니즘의 이상에도 배치된다고 생각하는 다수의 시민이 있다). 그런데 미국의 태도가 대부분의 히브리인들에게는 도덕적으로나 전략적으로 공정한 것으로 여겨지고 있다. 워싱턴 측이 적대적인 주변국들의 먹잇감이 되고 있는 약소국을 보호하는 것으로 여기려는 관점이다. 예전에 중동에서 공산주의에 대항해서 그랬던 것처럼, 이스라엘이 테러와의 전쟁 최전방에서 서방의 호위병 노릇을 하고 있는 셈이니 미국은 이스라엘을 지원하면서 오히려 이득을 보는 것이다. 탄탄하고도 당연시되는 이 동맹은 아주 오랫동안 미국외교의 공리처럼 간주돼 왔다. 두 가지 일화면 이걸 충분히 증명할 수 있다. 한때 국가안전보장회의NSC, National Security Council에서 헨리 키신저Henry Kissinger와 그 뒤를 이은 즈비그뉴 브레진스키Zbigniew Brzezinski의 상임보좌관을 역임한 바 있으며, 우수한 학자로 이름 난 윌리엄 퀀트William Quandt는 1980년대 초, 단지 팔레스타인인과의 접촉을 전제한 제안을 했다는 극히 단순한 이유로 해임되었다. 또 지미 카터Jimmy Carter 대통령 시절, UN 주재 미국대사 앤디 영Andy Young은 흑인사회의 막강한 지지를 받고 있었는데도 불구하고, 야세르 아라파트를 만났다는 이유로 사표를 써야 했다.

실제로 오랫동안 미국의 언론과 전문가들은 이스라엘인들의 사고 방식을 기준 삼아 팔레스타인인들을 평가해 왔다. 바로 그런 이유로 미국은 오슬로협정이 진전되기 전까지는 팔레스타인인들에게 비우호 적이다가, 협정이 체결된 1993년 이후가 되어서야 마침내 대화상대로 여기게 된다. 마찬가지로 2000년 여름 미국 캠프데이비드에서 열린 정상회담의 실패와 인티파다 재개의 책임은 전적으로 야세르 아라파 트에게로 돌려졌는데, 그건 에후드 바라크Ehud Barak[당시 이스라엘 총리] 와 슐로모 벤 아미Shlomo Ben Ami[당시 이스라엘 외무장관]가 펼친 술책이며, 그걸 그대로 미국이 수긍한 결과다. 일부 전략문제 전문가들이 이런 식의 의견에 이의를 제기하려는 움직임을 보이고 있긴 하지만 미국정 계와 언론에선 여전히 이런 의견에 거의 동조하는 분위기가 지배적이 다. 몇몇 정치인이 이를 바로잡아 보려는 시도를 하기도 하는데, 사실 그런 경우 그들은 일반적으로 선거적 야심을 모두 포기한 이들이다.[10]

워싱턴의 정치가 지나치게 친이스라엘적인 데서 벗어나 진정으로 어떤 타결책을 모색할 수 있기를 바라는 미국 내의 기류에는 크게 세 가지가 있다고 할 수 있다. 인권을 내거는 측, 현실정치를 지향하는 측, 국수주의자들이 그들이다.

미국의 전 대통령 지미 카터는 이 부류 중 인권을 중시하는 측에 속하는데, 2003년 12월 1일 제네바협정 기념식 때 그는 다음과 같이 표명했다. "워싱턴의 행정부는 잘못을 저지르고 있다. 거리낌 없이

---

10 정치인들의 이런 입장이 유대계 로비를 반격할 만한 어떤 아랍계 미국인 로비의 영향이나 지시를 받는 것은 아니다. 물론 미국의 아랍인들이 조직되기 시작하고는 있지만, 정치적 결정에 실질적인 압박을 가할 수 있는 정도는 아니다.

이스라엘 정부를 지원하면서 팔레스타인 민족의 고통을 무시하고 있다. 이건 부당하다. 이런 정치가 세계에 반미주의를 만드는 원천 중 하나다."[11]

2004년 10월, 미국의 주요 인권보호단체인 '휴먼라이츠워치Human Rights Watch'의 케네스 로스Kenneth Roth 사무총장은 『파괴되는 라파[12]Razing Rafah』라는 제목의 135쪽 분량의 보고서를 예루살렘 측에 제시하면서 이스라엘의 군사적인 태도를 맹비난했다.

1961년부터 1983년까지 일리노이주 하원의원을 지낸 폴 핀들리Paul Findley는 이런 상황을 분명히 파악하고 있는 것 같다. 세계무역센터 테러 후, 한 아랍신문에 그의 냉혹한 기고문이 실린 적이 있었다. "이스라엘이 팔레스타인 사회를 파괴하고 굴복시키는 데 미국이 돕지 않았다면 9·11 사태는 일어나지 않았을 것이다. 극히 소수만 이런 결론을 받아들이는 것 같아도 실제는 다수가 그렇게 여기고 있다. 그렇다면 진실은 어떠한가? 이스라엘이 1967년 6일전쟁 동안 점령한 아랍 땅에 남도록 지난 35년간 미국이 이어 온 원조를 중단할 용기와 예지를 가진 대통령만 미국에 있었어도 이런 재난을 피할 수 있었을 것으로 믿는다. 지난 35년 동안, 중동문제에 관한 토론을 주도했어야 할 하원 외무위원회는 이와 관련해 단 한마디의 언급도 하지 않았다. 20년 전

---

11 *Le Monde*, Dec. 3, 2003.

12 라파는 가자지구 남단의 이집트 접경 지역의 도시로, 2004년 5월 팔레스타인 지하세력의 무기밀반출용 지하터널을 파괴시킨다는 명목으로 이스라엘이 이곳을 무차별 공격했다. 무수한 팔레스타인 난민 사상자가 발생한 것은 물론, 지역 전체가 황폐화되었다. 2000년 인티파다 때도 공격을 받아 피해가 막심했으나, 2004년의 피해에는 미치지 못했다고 할 만큼 그 양상이 처참했다. '무지개작전'으로 불린 이스라엘의 이 공격작전을 일러 외신들은 지난 1967년의 3차 중동전 이후 최대 규모의 군사작전이라고 보도한 바 있다 — 옮긴이.

이래 이스라엘에 대한 원조를 제한한다든지 금지시키는, 어떠한 개정안도 발의한 적이 없었다. 국회의사당 안에서는 사석에서조차도 이스라엘에 대한 비판이 반유대주의 아니면 반애국주의로 몰려 철저하게 봉쇄되고 있다. …… 그러는 와중에도 드물게 이와 관련해 언급을 했던 사람들, 즉 나를 비롯해 상원의원 아들레이 스티븐슨Adlai Stevenson, 찰스 퍼시Charles Percy, 공화당의 맥 클로스키Mac Closkey, 신시아 맥 키니 Cynthia Mac Kiney, 얼 힐리아Earl Hilia는 선거에서 결국 친이스라엘 세력으로부터 충분한 재정을 지원받은 후보들에게 패배하고 말았다. 이런 상황은 중동문제와 연관된 법률제정에서 나날이 더 팔레스타인이나 다른 아랍인들은 배제한 채 이스라엘만 옹호하는 결과를 낳게 된다. 국회가 마치 이스라엘 국회의 하위기관인 듯이 처신하고 있는 것이다. …… 미국 국민들에게는 교묘하게 은폐되고 있지만, 세계의 대다수 사람들에게는 분명하게 보이는, 이런 비극적인 현실을 어떤 권력기관도 인정하려 들지 않을 것이다. 근본적으로 미국의 대중동 정책은 워싱턴이 아닌 이스라엘에서 정해지므로, 미국은 9·11 사태와 그 결과들을 모질게 겪었으며, 이라크전쟁에서도 마찬가지로 겪게 될 것이다. 우리 대통령은 팔레스타인의 비참을 증폭시키고 있는 아리엘 샤론을 돕기보다는 모든 지원을 중단시켜서 1967년 이래 이스라엘이 수탈하고 있는 아랍 영토의 점령상태를 종식시켜야 한다. 이렇게 지원이 중단되어야만 샤론이 그것을 수긍하게 되거나 권좌에서 물러나게 될 것이다. 이스라엘의 유권자들이 백악관과 문제가 있는 총리를 지지하진 않을 테니까."13

13 "Removing the Blind Fall", Al Ahram Weekly, Oct. 3~9, 2002.

굳이 강경한 논리를 펼치지 않고도 여러 전략문제 전문가들은 대이스라엘 정책이 문제를 야기하고 있다고 평가하고 있다.

친이스라엘 입장을 고수해 오다가 테러리즘 때문에 약해졌다고 평가되는 한편, 지정학적 현실주의자로 간주되어 온 즈비그뉴 브레진스키는 최근에 이런 글을 쓴 바 있다. "사실상 중동지역의 안전은 이스라엘과 팔레스타인의 평화에 달려 있다. 팔레스타인의 테러리즘은 당연히 거부되고 지탄받아야 하지만, 그렇다고 (이스라엘) 지원정책이나 끔찍한 탄압, 식민 이식, 새 장벽축조로 반응해선 안 된다."[14] 그에 따르면, 미국의 주요한 정치적 난국은 "미국이 이스라엘을 지원함으로써 야기된 아랍의 원한에 있으며, 이런 원한은 이란과 파키스탄의 비아랍계 무슬림들에게로 점차 퍼져 갔다."[15] 그러면서 덧붙이기를 "가장 시급하게 요청되는 것은 이스라엘과 아랍 간의 평화다. 왜냐하면 적어도 다른 두 가지 목표를 이루는 데 결정적인 역할을 하기 때문이다.[16] 무엇보다도 우선적인 것은 이-팔 분쟁에 관한 결의안이 즉시 실행되어야 한다는 점이다"[17]라고 했다. 그는 계속해서 이렇게 표명했다. "2002년 봄, 이스라엘이 테러와 싸운다는 명목으로 팔레스타인인들을 제거하기 위해 가했던 극단적인 조처에 미국이 보여주었던 동조는 시사하는 바가 크다. 이런 태도는 테러리즘에 효율적으로 대처하는

●

14 "To Lead, US Must Give Up Paranoiac Policy", *International Herald Tribune*, Nov. 15~16, 2003.

15 Zbigniew Brzezinski, *Le vrai choix*, Odile Jacob, pp.79-80. (영문판 원제는 *The Choice: Global Domination or Global Leadership* (Basic Books, 2004), 국역 『제국의 선택: 지배인가 리더십인가』(황금가지, 2004) ― 옮긴이).

16 여기서 상정되는 두 가지 목표는, 한편으론 유전지역의 전략적 구도의 변화를 가져오는 것이고, 다른 한편으론 대량살상무기와 같은 장비와 테러활동을 제한하는 것이다.

17 앞 브레진스키(Zbigniew Brzezinski)의 같은 책, p.101.

전략수립을 더 어렵게 만든다."[18]

한편, 자본가 조지 소로스George Soros는 최근에 펴낸 저서에 이렇게 썼다. "조지 부시 행정부가 영향력을 행사할 수단을 가진 상황이 있다면, 그건 바로 이-팔 분쟁이다. 가능한 타결책의 주요 윤곽은 이미 알려져 있다. 두 민족 대다수가 평화 속에서 생활하기를 강력히 원하고 있지만, 이 분쟁이 오랜 시간을 끌며 격랑을 겪어 왔기 때문에 외부의 압력 없이는 어떠한 사태진전도 가능해 보이지 않는다."[19]

테러리스트와 맞서 싸우기 위해 근 10여 년간, 백악관 테러담당보좌관 등 중책을 맡은 바 있는 리처드 클라크Richard Clarke도 비슷한 논지를 보이고 있다. "만일 우리가 중동에 평화를 심을 수 있다면, 미국에 대한 증오의 원천을 없앨 수 있을 테고, 그 결과 알카에다는 그들을 지지하고 있는 꽤 많은 대중을 잃게 될 것이다.[20] …… 그 결정(이스라엘과 군사적 관계를 발전시키기 위해 취해진 레이건Ronald W. Reagan의 결정)은 군사적인 것은 물론, 도덕적인 관점에서도 정당화되었다. 하지만 텔아비브와 긴밀한 관계를 맺는 것은 아랍의 극단주의자들에게 미국에 대항한다는 명목으로 테러리스트들을 모집할 구실을 제공하게 되면서, 결국 그들을 더 열광하게 만든다."[21]

미국의 시사주간지 ≪뉴스위크Newsweek≫의 편집장, 파리드 자카리아

18 앞 브레진스키(Zbigniew Brzezinski)의 같은 책, p.53.

19 George Soros, *Pour l'Amérique, sans Bush*, Dunod, p.77.

20 Richard Clarke, *Contre tous les ennemis*, Albin Michel, 2004, p.280. (영문판 원제는 *Against All Enemies : Inside America's War on Terror* (Free Press, 2004), 국역 『모든 적들에 맞서: 이라크전쟁의 숨겨진 진실』(휴먼앤북스, 2004) — 옮긴이).

21 위 클라크(Richard Clarke)의 같은 책, p.75.

Fareed Zakaria는 이렇게 썼다. "이스라엘의 요르단강 서안지역과 가자지구 점령은 아랍세계에 대의명분을 가져다주었다. 파렴치한 아랍 지도자들이 이 점령상황을 악용하고 있기도 하지만, 이 명분은 무시할 수 없는 하나의 현실이 돼버렸다."[22]

유명한 논설가 토머스 프리드먼Thomas Friedman[23]이 미국 CBS 프로그램 '60분'의 사회자인 스콧 펠릿Scott Pellet에게, 베트남전쟁 때 미군이 베트남인들에게 붙였던 별명 '찰리'[24]에 버금가는 별명을 만일 이라크인들이 미국인들에게 붙인다면 그게 뭐겠냐는 질문을 던진 적이 있었다. 대답은 이랬다. "수많은 이라크인들이 미국인들을 극도로 경계하는데, 그들도 실제 찾아낸 별명이 있다. 바로 '유대인들'이다. 그러면서 '유대인들이 바리케이드를 치고 있으니 이 길로 가지마라!'는 식으로 얘기한다." 프리드먼에 따르면, 아랍세계에서 이슬람의 가장 큰 적은 '유대인, 이스라엘, 아메리카'의 약칭인 '지아JIA'라고 말하는 습성이 생겨나고 있다고 한다.[25]

---

22 Fareed Zakaria, *L'avenir de la liberté*, Odile Jacob, 2003, p.188. 저자는 평가하길, 알자지라와 웹 공개토론장으로 꾸며진 '아랍의 새로운 거리'에는 모든 대화가 팔레스타인 문제와 연관돼 이루어지고 있어서 "이 문제가 미국과 무슬림세계의 관계를 부식시키고 있다. …… 따라서 미국은 자신과 이스라엘의 이익을 위해서라도 어떤 타결이 이루어지도록 중간역할을 해야만 한다"고 했다. 그래서 이스라엘과 팔레스타인 간에 이루어지는 평화가 비록 아랍세계의 기능적인 위기까지 해결하지는 못한다 해도, 서구와 유지되고 있는 긴장은 그나마 완화될 것이다.

23 ≪뉴욕타임스≫의 국제정세 전문 논설가 ― 옮긴이.

24 당시 베트콩(Viet Cong)을 VC로 약칭하면서, 미군 내에서 사용하는 약어 중 C가 찰리(Charlie)를 뜻한 데서 비롯되었다. 또한 찰리는 속어로 '얼간이'라는 뜻도 있다 ― 옮긴이.

25 토머스 프리드먼은 이-팔 분쟁 문제를 다루는 부시 행정부의 방식이 이런 반응을 더욱 심화시키게 만들었다고 판단한다. 진실은 아라파트에게만 요구하고, 도대체 미국의 정책이 어디서 끝나고, 샤론의 정책은 어디서 시작되는지도 분간할 수 없을 정도로 샤론만 감싸고돌면서 말이다. "Jews, Israel and America", *International Herald Tribune*, Oct. 25, 2004.

또 다른 전문가에 따르면, "중동에서 반미주의가 확산된 가장 큰 원인은 이라크 침공 때문이 아니다. 게다가 흔히 말하듯 이스라엘에 대한 미국의 지원 때문도 아니다. 그건 바로 미국이 팔레스타인 민족의 권리와 요구들을 무시해 버린다는 느낌이 널리 퍼져가고 있기 때문이다."[26]

2004년에는 대부분 친공화당 성향을 가지고 있는 퇴역장교 및 은퇴한 외교관, 26명이 미국의 대이라크 정책을 비판하기도 했다. "이스라엘 정부의 정책과 행태에 무한지지를 보내고 있다는 이미지와 함께 무슬림세계의 독재체제와 동일시되면서 미국이 고통 받고 있다. 무슬림대중 사이에서 우리의 신뢰를 증대시키기 위해서는 팔레스타인과 이스라엘 간에 평화를 구축할 수 있도록, 과감하며 활력 있고 균형 잡힌 노력을 경주해야 한다. 아울러 책임 있는 민주적 개혁을 고무하는 정책을 추진해야 한다."[27]

2004년 4월 29일, 영국의 전직 외교관 52명은 토니 블레어의 대중동 정책을 비판하고, 나아가 영국이 미국을 상대로 보다 많은 영향력을 행사할 것을 촉구하는 글을 토니 블레어에게 보냈다.[28] 이어 5월 4일에는 미국의 전직 외교관 50명이 그런 영국 측의 개입에 화를 내기보다는 오히려 환영하는 뜻을 밝혔다. 그들은 2004년 4월 14일에 미국이 아리엘 샤론 이스라엘 총리의 일방주의적 계획에 지지를 보낸 것에 대해 깊이 우려한다고 선언했다. 그들에 따르면 이 계획은 위법적일 뿐 아니라, 팔레스타인인들의 권리를 부인하고, UN 결의안들을 무시

---

26 Walter Russel Mead, "The US doesn't care about Palestinians", *International Herald Tribune*, Apr. 22, 2004.
27 "L'heure du changement a sonné, George Bush", *Le Monde*, Jun. 17, 2004.
28 "Ambassadors' letter to Blair", *BBC News, World Edition*, Apr. 29, 2004. (http://news.bbc.co.uk).

하는 처사며, 식민지의 불법적인 성격을 묵살한 채 덮어두면서 '평화 로드맵' 내용의 신뢰감을 상실하게 만드는 것이다. 또한 부시가 "해외에서 일하고 있는 외교관·시민·군인들을 괴롭고 위험하기까지 한 상황에 처하도록 만든다"고 비난하곤 이렇게 덧붙였다. "재판도 거치지 않고 샤론에 의해 결정된 암살과 베를린장벽을 연상시키는 이스라엘 분리장벽에 대한 부적절한 지원, 점령지에서 자행되고 있는 아주 무자비한 군사작전과 샤론의 일방주의적 계획에 대한 당신의 언어도단적인 지지는 미국의 위신과 신뢰를 흔들어 놓고 미국의 친구들을 멀어지게 하고 있다." 그들의 편지는 이렇게 끝을 맺고 있다. "이-팔 분쟁은 중동 분쟁의 핵심이므로 살상을 멈추고 평화를 확립할 때라야 이스라엘, 팔레스타인인들과 더불어 중동 전역과 세계가 기뻐할 것이다."

브레진스키, 소로스, 이 모든 미국의 전직 외교관과 군인들은 명백한 애국주의로 불타오르고 있다. 현실정치를 부르짖는 측의 책임감의 표시라는 데는 의심의 여지가 없으며, 그들은 그런 책임감으로 편향(오히려 사명이라고 해야겠지만)도 마다하지 않는다.

이들보다 더 우파 성향인, 국수주의자들은 훨씬 더 힘주어 얘기하고 있다.

1992년 아버지 부시에 맞선 공화당 예비후보이기도 했던, 기자출신 팻 뷰캐넌Pat Buchanan은 미국과 이스라엘의 이해관계는 서로 일치하는 것이 아니라, 대립한다고 평가한다. 흔히 국수주의자로 간주되는(반유대주의자로 의심받기도 함) 그는 이라크전 발발 직전, 흔히 인용되는 기사는 아니지만 아주 신랄한 어조의 기사를 쓴 적이 있다.

그는 한창 준비되고 있는 이라크전쟁이 미국의 이익을 위해서가 아니라, 이스라엘을 위해 강행되고 있다고 평가했다. 자신의 논리를 뒷받침하기 위해 그는 자유주의 성향의 대학 교수인 스탠리 호프만 Stanley Hoffmann의 다음과 같은 말을 인용했다. "유대인 국가와 미국의 이익이 동일하다고 믿으려는 이스라엘 친구집단이 사실상 존재한다. 이런 식의 분석을 하는 이들은 대외정책을 기본적으로 편견에 사로잡힌 프리즘을 통해 바라보는데, 그것은 바로 '이스라엘에 좋은가, 나쁜가?'라는 프리즘이다."

뷰캐넌은 이런 식의 평가를 내리기도 했다. "미 행정부와 리쿠드 정부[29]는 동일한 정책들을 추구하고 있다. 여기서 제기될 수 있는 적절한 질문은 다음과 같아야 한다. 분명 샤론에게는 이익이지만, 과연 미국에게도 이익일 수 있는가?"

또한 그는 네오콘들(단지 그들이 유대인이라서가 아니라, 전쟁을 하려 하기 때문이라고 덧붙이면서, 뷰캐넌은 이걸 밝힐 필요가 있다고 했다)을 공격하면서, 미국을 자신의 전쟁이 아닌 남의 전쟁으로 몰아서 아랍세계와의 관계에 위험을 유발하고 있다고 맹비난했다. "그렇지만 미국과 이스라엘의 이해관계는 동일하지 않다. 대개 상반되고 있는데, 그런 경우엔 미국의 이익을 우선시해야 한다."

2004년 5월에는 이런 일도 있었다. 사우스캐롤라이나주 민주당 상원의원인 어네스트 홀링스Ernest Hollings가 의사당 단상에 올라가 "중동에

---

29 아리엘 샤론 총리의 당시 소속당인 리쿠드당을 빗대서 쓴 표현이다. 리쿠드(Likud, 히브리어로 '합동', '연합'을 뜻함)당의 뿌리는 시오니즘을 주창하며 1973년에 결성된 민족주의적 우익연합정당이다. 샤론 총리 시절에는 중도좌파인 노동당과 연정을 하기도 했다. 2005년 가자지구 철수문제로 여론의 반감을 사게 되자, 아리엘 샤론은 다가 올 2006년 총선을 염두에 두고 2005년 말 탈당하여 '카디마당'을 창당했다. 2006년 1월, 샤론이 뇌졸중으로 쓰러진 후 에후드 올메르트(Ehud Olmert)가 총리대행과 함께 카디마당 당수자리를 맡았다. 2006년 3월 총선에서는 카디마당이 총 120개 의석 중 28석을 차지, 집권당이 되어 5월 초에 내각을 구성하고 올메르트가 총리로 취임했다 — 옮긴이.

서 이스라엘의 안전을 보장하려는 목적만으로 이라크를 침공했다"고 조지 부시를 비난했다. 그의 발언은 그 즉시 집단적 항의사태를 야기했고, 홀링스는 반유대주의자라는 비난을 피할 수 없었다. 이 상원의원은 유대인 조직들에게 어떠한 사과도 하지 않겠다고 선언하면서 다음과 같이 응수했다. "사과를 해야 하는 쪽은 오히려 나를 반유대주의자라고 비난한 바로 그들이다."[30] 홀링스는 82살의 나이라서 이런 식의 과감한 표현을 할 수 있었을 것이다. 만일 그가 인생의 황혼기에 있지 않았다면 얘기는 달라졌을 것이다.

비록 착상의 근원이 다르다 해도, 위이 세 가지 기류는 공통석으로 이스라엘 정치에 대한 미국의 모든 지원정책을 아주 혹독하게 비판하고 있다는 걸 보게 된다. 이들이 함께 뭔가 공통적인 의제를 설정한다든가 상황에 걸맞는 결속을 할 수 있을까? 몇몇 미국의 진보적 유대인 조직들은 자칫 이스라엘에 대한 지원이 워싱턴 당국의 불안정성이나 전략적 어려움을 불러들이는 원인 그 자체로 취급되면서 미국에서 반유대주의가 재현될 가능성이 있음을 우려하고 있다. 이상의 내용에서 파악할 수 있는 것은 당분간 미국 정치에서는 이스라엘에 대한 무조건적인 지원이 깊숙이 뿌리를 박고 있을 거라는 점이다.

---

30 *Proche-orinet. info*, May. 2004.

5장

미국과 이스라엘, 대단한 동맹관계

미
국이 이스라엘을 무조건 지원하는 것 같은 상황은 이 두 나라 밖에서 보자면 퍽 야릇해 보인다. 워싱턴 당국이 자신의 동맹국 이스라엘을 보호하는 것은 이치에 맞고, 강대국 정치의 전통적인 태도로 여겨져 왔다. 그런데 보다 이해하기 어려워 보이는 것은 이 전략적인 보장이, 일반적인 경우처럼 보호자가 피보호자에게 영향력을 행사하는 관계가 아니라는 점이다. 대개 자신의 생존이 보호자에게 달려 있는 나라들은 완전히 독자적인 독립성을 가지는 사치를 부릴 수 없다.

독일을 위시한 유럽 국가들의 안전을 미국이 보장할 때, 유럽 국가들은 전략적이라고 판단되는 사안에서 감히 미국을 거스를 수는 없었다. 독일이 워싱턴에 감히 'No'라고 할 수 있었던 건 1990년대 중반경으로, 통일되고 난 후, 특히 소련의 위협에서 벗어난 이후다. 그 이전까지만 해도 역대 독일 정부는 미국의 급한 요구들에 늘 응해 왔다. 게다가 서베를린의 자유와 서독의 안전에 대한 대가로도 그럴 수밖에 없었다. 한편, 프랑스는 핵무기를 보유하게 된 후에야 미국에 대한 의존성에서 벗어날 수 있었다.[1]

이스라엘과 미국의 경우, 워싱턴이 이스라엘의 안전을 돕는 만큼 그에 상당한 영향력을 이스라엘에 행사할 수 있다는 느낌을 주지는 않는다. 알려진 바에 따르면, 양국 간의 대립(물론 대립도 있다)이 생길 때는 흔히 이스라엘의 뜻대로 타결되는 듯하다. 그렇다면 어떻게 최강대국 미국이 이스라엘에게 서비스를 제공해주는 느낌을 주는 것일까? 보호자가 오히려 피보호자에 의해 결정되는 정책을 따른다는 얘기인가?

미국의 이스라엘에 대한 지지는 일반적으로 세계에서 미국의 인기가 떨어지는 주요인들 중 하나로 간주된다. 그런 지원이 중동 분쟁의 해결을 막는 주요원인이거나, 적어도 그런 원인들 중 하나라고 널리 판단되고 있기 때문이다. 이런 논리가 아랍 무슬림세계에서는 두드러지고 있으며, 유럽에서도 마찬가지다. 미국의 두 기관, '미국 독일마셜기금GMF, German Marshall Fund of the United States'과 '시카고외교협회CCFR, Chicago Council on Foreign Relations'가 합동으로 유럽 6개국 국민 6천 명을 대상으로 실시한 한 여론조사결과에 따르면, 그 중 74%가 미국의 이-팔 정책이

---

1 물론 이스라엘도 핵무기를 보유하고 있는데, 그 덕분에 재래식 군사적 위협에 맞서 자신의 영토를 성역화하고 있다. 이런 특성이 이스라엘을 냉전시절 분단국이었던 독일과 차별화시켜 이스라엘이 전략적 독립성을 갖게 된 것으로 보인다. 그렇다면 그처럼 대단한 미국의 군사적 지원이 어떤 척도에서 합리화되는 것인가?(뒷부분 참조) 또한 무엇에 기반해서 이스라엘을 주변의 적대적인 환경으로 위협받고 있는 나라로 소개하는 걸까?

'나쁘다'고 여기거나 '겨우 통과될 정도의 수준'이라고 대답했다.[2] 미국은 이런 비판적 검토가 보여주는 원리에 따르는 게 자신에게도 이익이 아닐까? 그런데도 한결같은 성격으로 지속되고 있는 미국의 정책을 어떻게 설명할 수 있을까?

미국 의회조사국CRS, Congressional Research Service의 한 보고서에 따르면, 이스라엘-미국의 관계는 여느 파트너와의 그것과 다르다고 한다. 그러면서 "혹자는 이스라엘을 위한 원조의 수준과 일반적인 개입에 대해 의문을 제기하고 있으며, 친이스라엘적 편견이 다수의 아랍 국가들과의 우호적인 관계를 방해한다고 판난하고 있다. 또 혹자는 민주국가인 이스라엘은 전략적 동맹국이며, 이스라엘-미국의 관계는 중동에서 미국의 입지를 강화시킨다고 본다"[3]는 내용도 담고 있다. 이 보고서는 형평성을 지향하고 있다. 상대적으로 이스라엘 측보다 미국 측에서 보자면 벌써 비판이 나왔을 수 있다. 사실상 이 두 나라는 완전히 독특한 동맹의 차원을 보이고 있다.

상황을 한 번 요약해보도록 하자. 이스라엘에게 매년 30억 달러 이상의 민수 및 군수 지원을 하고 있는 미국은 이스라엘의 주요 군사적 보호자다. 이스라엘은 저개발국도 아닌데 미국의 가장 많은 원조를 받고 있는 것이다. 이런 재정적 기여와 무제한적인 군수물자 지원을 넘어서, 미국은 이스라엘의 안전을 보장하며 국제적인 각종 소송에서 계속 지지를 보내고 있다. 게다가 피보호자가 보호자로부터 독립적이

2 German Marshall Fund of the United States, *Vision du monde 2002 — L'opinion publique européenne et la politique étrangère*, Washington. (원제는 *Worldviews 2002 — European Public Opinion on Foreign Policy* — 옮긴이), Rashid Khalidi, *L'Empire aveuglé*, Actes Sud, 2004, p.249에서 재인용.

3 Clyde R. Mark, "Israeli-United States Relations", *CRS Issue Brief for Congress*, Jun. 28, 2003.

라고 여기는, 전략 역사상 전례가 없는 상황을 보여준다. 미국이 이스라엘에 대하여 어떠한 압력을 가하려 하지도 않고, 보호의 대가나 정치적인 양보를 요구하지도 않는 상황이니 이스라엘 정부가 워싱턴 측에게 어떤 몸짓을 보이려 한다는 게 오히려 놀라울 판국이다. 아리엘 샤론Ariel Sharon은 미국을 방문(결국 자살테러 때문에 취소되긴 했지만)하기 직전에 이렇게 말하기도 했다. "우리에게 압력을 가하는 곳은 방문하지 않겠다."4 ?

이스라엘과의 상황은 미국에겐 유례가 없는 상황이다. 미국 정부가 전체 대외원조 규모(미 의회에선 아주 인기가 없는 사안)를 줄이려 할 때도, 이 히브리 국가에 대한 원조는 왈가왈부하는 것조차 금기시되고 있다. 오히려 이 원조는 매년 자동적으로 연기준에서 증액, 갱신된다. 미국 측에서 보자면 터무니없다고 할는지 몰라도, 조지 W. 볼George W. Ball은 그 비용을 연간 50억 달러로 추산하기도 했다.5 즈비그뉴 브레진스키Zbigniew Brzezinski에 따르면, "1960년대 중반 이래 편애하는 고객의 나라가 된 이스라엘은 미국의 전례 없는 재정적 원조의 혜택을 누렸다(1974년 이래 800억 달러)"고 한다.6 이 액수를 더 폭넓게 산정해야 한다고 보는 이들도 있다. 이스라엘과의 동맹 비용까지 포함시키면 총액이 완전히 다른 차원으로 늘어난다는 것이다. 이 액수에다 상

---

4 *The Economist*, May. 17, 2003.

5 George W. Ball & Douglas B. Ball, *The passionate attachment America's involvement with Israel, 1947 to present*, New York, W. W. Norton & Company, 1992.(조지 W. 볼은 1961~1966년 미 국무차관을 지낸 바 있고, 1968년 UN 주재 미국대사를 역임했다. 카터 정부 때는 대걸프지역 정책구상작업에 참여했다).

6 Zbigniew Brzezinski, *Le vrai choix*, Odile Jacob, p.94.(영문판 원제는 *The Choice: Global Domination or Global Leadership* (Basic Books, 2004), 국역 『제국의 선택: 지배인가 리더십인가』(황금가지, 2004) — 옮긴이).

환 받지 못할 차관의 위험비용까지 고려하고 유가 상승, 이스라엘 적대국가들에게 무기를 팔아서 생기는 기회비용, 경제제재…… 등을 보태서, 미 육군전쟁대학United States Army War College은 이 동맹의 총유지비용을 1973년부터 기산해 무려 1조 6천억 달러로 산정했다!

엄청난 재정비용이 아닐 수 없는데, 그렇다고 이게 가장 심각한 문제는 아니다. 대이스라엘 지원으로 미국이 감당해야 하는 적대감, 나아가 증오까지를 언급하지 않더라도, 이러면서 미국이 인기를 잃어가는 것은 의심할 것 없이 치명적인 일이며, 전략적인 결과로 보자면 더 심각성을 띤다고 하겠다. 그런데도 이렇게 비싼 대가를 치르면서까지 미국이 이스라엘을 지원하는 건 어떻게 설명해야 하는가?

가장 잘 알려져 있는 설명은 물론 미국에서 막강하고도 기막히게 조직된 유대인 로비의 존재에 대한 것이다. 혹자는 국제관계에 대해 반유대인적인 해석을 성급히 해대면서 미국의 정치가 유대인들의 손아귀에 넘어갔다고 말하는 것도 서슴지 않는다. 그러면서 소수의 시민들이 그들의 이익대로 세계 최강대국의 외교에 영향을 미친다고까지 얘기한다. 유대인 로비의 존재는 미국에선 금기가 아니며, 오히려 있는 그대로 드러내며 알려져 있는 만큼 이런 설명들은 충분히 경계해야만 한다. 미국과 이스라엘 간의 동맹을 단지 로비문제로 일축해버리면, 워싱턴과 텔아비브 관계의 복잡한 성격을 제대로 이해하지 못하게 된다. 유대인 로비가 존재하고, 그것도 아주 효율적으로 작동하고 있긴 하지만, 미국의 대이스라엘 지원과 양국 간의 극도로 밀접한 관계에서 그것만이 유일한 요인은 아니다. 사실상 그것과는 거리가 멀다. 이걸 좀 더 이해해보기 위해서 이쯤에서 미국과 이스라엘 관계에 대하여 간략하게 역사적인 고찰을 해볼 만하겠다.

미국이 1948년 이스라엘 국가를 공식적으로 인정한 첫 번째 나라긴 했지만, 애초에 두 나라의 관계가 전략적 동맹의 성격만 띠고 있었던 것은 아니다. 아랍 국가들에 주재하던 미국대사들은 미국의 이스라엘 국가 승인을 해리 트루먼Harry Truman 대통령에게 항의하기도 했다. 그들에 따르면, 이스라엘 국가의 승인은 이 지역을 뜨겁게 달구어 아랍체제들을 워싱턴으로부터 멀어지게 만들 수 있다는 것이었다. 1948년 11월 대선 재출마를 염두에 두고 있었던 트루먼은 그들에게 이렇게 대답했다. "유감스럽다 …… 하지만 그럼으로써 나는 시오니즘의 승리를 바라며 우려하고 있는 수십만 명의 미국인들에게 대답할 거리가 생겼다. 반면 내 아랍인 유권자들은 수십만 명이 못 된다."

처음에 미국은 대중동 무기 수출에 대해 전면 통상금지를 선언했다. 따라서 이스라엘에게도 적용되는 통상금지였다. 그러나 이스라엘은 소련이 그들의 건국을 지지했음에도 불구하고(모스크바는 이스라엘의 건국이 중동지역에서 전략적인 균형을 그들에게 이롭게 조절하는 수단이 될 수 있다고 보았던 것이다), 1950년부터 서구진영을 택했다. 그러면서 미국과의 정보서비스 협조체계가 구축되었다.

드와이트 아이젠하워Dwight Eisenhower(1953~1961년 미 대통령 재임)에게 '중동'은 무엇보다도 '석유'를 의미했다. 그는 이스라엘에 대한 지나친 지원은 아랍 국가들과 동맹을 맺는 데 장애가 된다고 여겼다. 아랍 국가들의 여론은 미국에 대해 우호적인 선입견을 가지고 있는데다, 그 지도자들이 선호해서 맺는 동맹들은 유럽 식민강국들에 대항하는 믿을 만한 방책으로 인식되고 있었다.

1953년 이스라엘은 요르단강의 물길을 변경하기 위해 독자적인 계획을 진행하는데, 요르단의 자연자원을 침해한다고 미국으로부터 추궁을 받았다. 아이젠하워는 강제로 이스라엘이 이 계획을 포기하도록 만들기 위해 2,600만 달러의 경제원조금 지불을 은밀하게 중단시켰다. 1953년 10월 14일, 15일에 아리엘 샤론의 명령에 따라 101부대가 키비야[7] 마을에서 53명의 팔레스타인 양민들을 학살하자, 급기야 워싱턴은 이스라엘에 대한 원조를 중단한다는 결정을 공포하기로 결심했다.

1956년에는 이스라엘이 수에즈에 군대를 파견하자[8] 워싱턴과 텔아비브 간에 긴장감이 고조되었다. 미국은 나세르[G. A. Nasser]의 수에즈 운하 국유화 결정에 경악하여 프랑스와 영국이 실행하는 군사작전에 이스라엘은 참여하지 말기를 권유한 바 있었다. 이후 미국은 이스라엘이 이 전쟁으로 확보한 영토에서 철수하게 만들려고 이스라엘에 대한 원조를 중단하겠다고 위협했다. 1957년 2월 2일의 UN 투표와 2월 11일에 행한 아이젠하워의 강경한 요구에도 불구하고 벤 구리온[Ben Gourion][9]은 철수를 거부했다. 이에 미 상원의원 윌리엄 노랜드[William Knowland]는 텔아비브를 상대로 지나치게 가혹한 내정간섭을 하고 있다고 항의하며 당시 국무장관 존 포스터 덜레스[John Foster Dulles]를 경계했다. 덜레스는 이렇게 응수했다. "우리의 정책이 예루살렘에서 결정되게 놔둘 수는 없다."[10] 결국 1957년 3월 이스라엘은 포기를 하고 말았다. 그 대가로 이 히브리 국가는 에일라트를 통한 타이란 해협 통과권을

---

7 요르단강 서안지역의 마을로 당시에는 요르단 치하에 있었다 — 옮긴이.

8 이집트의 초대 대통령 나세르가 수에즈 운하를 국유화한다는 선포를 하자 그걸 반대하며 영국과 프랑스가 이집트를 공격하면서 수에즈전쟁이 일어나는데, 이스라엘은 영국과 프랑스 공격 이틀 전에 먼저 시나이반도를 공격했다. 이 수에즈전쟁을 2차 중동전쟁이라고 부른다 — 옮긴이.

9 시오니스트로 이스라엘 국가수립의 주요인물이기도 한 그는 당시 이스라엘 총리였다 — 옮긴이.

10 Donald Nef, *Warriors at Suez*, Simon & Shuster, 1981, p.432.

얻게 되고, 미국이 그들의 안전을 보장한다는 아이젠하워의 개인적인 확약을 받았다.

그런데 이스라엘로부터 양보를 얻어내면서 이 대결에서 미 행정부가 승리했다는 평가를 내릴 수 있는 반면, 이 일화를 발판으로 더 강해지는 것은 바로 히브리 국가였다. 이스라엘의 지도자들은 미국 정부가 그들에게 제재를 가한다고 협박을 할 때도 미 의회로부터는 원조를 얻을 수 있다는 것을 파악하게 된 것이다. 정보 분야에서 미국과 이스라엘 간에 진정한 협조가 시작되는 것도 바로 이 때부터다. 첫 번째 상징적인 정보 협조는 이집트 원정 때 이스라엘 군대가 이집트에서 압수한 소련의 자재를 미국으로 수송하면서 이루어졌다.

동-서의 분열이 중동에 개입된 것이다. 모스크바의 지원을 받는 아랍민족주의의 리더인 나세르를 워싱턴 측은 그 지역에서 가장 위험한 인물로 간주했다. 1957년 1월 드와이트 아이젠하워는 중동지역에 대한 자신의 독트린을 선언했다. 그는 중동지역에서 체제 전복이 발생하거나 외부의 공격을 받을 때 중동의 모든 나라에 대해 지원을 한다고 약속했는데, 거기엔 이스라엘도 포함되었다. 1958년 여름 레바논에 미군을 파견한 것이 그 첫 사례인데, 파견 이유를 레바논 측 관계자들에게 설명하기를, 위기 시에 미국이 동원될 수 있으며 그들을 보호하기 위해서라고 했다. 중동지역의 전략적 관계에서 새롭게 나타난 또 다른 결과는 대중동 무기 수출 금지조치가 이전보다 완화되었다는 점이다. 그건 소련제 무기가 이집트에 반입된 데 대한 반작용이었다.

존 F. 케네디John Fitzgerald Kennedy는 이스라엘과 미국 간의 관계를 규정 짓기 위해 '동맹'이라는 용어를 처음으로 사용했다. 그는 이스라엘이 공격당하면 미국이 개입한다는 걸 확약하면서 1962년에 내려졌던 무기금수조치를 완전히 해제했다. 11월에 있을 중간선서에 앞서 미국 유대인 유권자들의 환심을 사는 동시에 소련이 이집트에 공급한 군사 장비를 통해 파악된 소련제 장비의 우수성에 맞불을 놓기 위해서였다. 미 대통령 측근들은 이런 군사적 협력 덕에 이스라엘 정치에 더 많은 영향력을 행사할 수 있다고 생각했다. 양국 간의 이런 협력은 군사적 성격 이상의 진정한 우정의 관계로 연장된다. 그렇지만 특기할 만한 것은 이런 지원이 미 행정부가 추구하는 자국이익 논리를 초월하지는 않았다는 점이다.

린든 존슨Lyndon Johnson은 전임자들의 전철을 밟았나. 이스라엘을 위해 그는 1966년 스카이 호크 전폭기들을 제공함으로써 인근 아랍국들이 대적할 수 없을 정도로 이스라엘이 제공권을 장악할 수 있게 해주었다. 그의 지원은 1967년 6일전쟁[3차 중동전]에서 진가를 발휘한다. 이렇게 해서 미국은 세 가지 이유로 이스라엘을 지원했다. 첫째, 중동에서 소련의 영향력을 줄이고, 둘째, 미국에 대해 적의를 가지는 아랍체제들을 와해시키며, 셋째, 이스라엘에 유리한 평화를 촉진시키는 것. 따라서 미국의 주된 고민은 그런 이유들을 어떻게 그럴싸하게 보이도록 만드냐는 것이었다. 아랍체제들이 미국에게 가지는 신뢰를 유지하기 위해서 미국의 지도자들은 이스라엘이 선제공격을 할 때는 대이스라엘 지원을 자제했다. 계속 아랍의 동맹자 역할을 하면서도 이스라엘에 대해서는 조절자로서의 영향력을 행사할 수 있기를 원했다. 따지고 보면 이스라엘은 이집트의 나세르가 타이란 해협을 봉쇄한 데 대하여 예방 차원에서 적대감을 표출한 것이었다. 게다가 이스라엘의 그런 태도가 외관상으로는 지나친 것도 아니었다. 왜냐하면 적대감을 과연 누가 먼저 유발했느냐는 책임소재에 대한 토의는 가능했으니까.

이스라엘이 전쟁을 해도 좋다며 워싱턴 당국이 암암리에 청신호를 보냈음에도 불구하고, 전쟁 당시 미국의 지원은 비밀스럽고도 제한적이었다. 단지 병참술과 정보에 관한 것뿐이었다.

잘 알려진 얘기는 아니지만, 미국과 이스라엘의 관계가 얼마나 대단한지를 잘 보여주는 다른 일화가 있다. 6일전쟁 중에 이스라엘 측은 군사적 목적을 달성하기 위해 미국의 첩보 선박, 리버티호를 침몰시키기까지 했다. 이 선박은 이스라엘 및 이집트의 내부교신 내용을 도청하는 임무를 띠고서 미국 국기를 달고 이집트 근처 공해 상을 항해하고 있었다. 전쟁 발발 나흘째, 이스라엘의 거물급 지휘관이 시리아의 골란고원에 관심을 두기 시작했다. 하지만 UN에 의해 공격 중단명령이 내려지자, 골란고원에 대한 이스라엘의 군사행동을 워싱턴에 감추기 위해 전투기로 리버티호를 침몰시켰던 것이다. 이 공격으로 미국 측에서 34명의 사망자와 75명의 부상자가 나왔다. 이 사건의 여파가 더 확대되지 않도록 워싱턴은 리버티호를 이집트 선박으로 오인해 생긴 '유감스런 실수'라는 이스라엘의 공식발표를 그대로 받아들였다. 이 일화는 이스라엘 지도자들에게 잘못을 뉘우치게 하기보다는 하나의 가르침을 안겨다주었다. 이스라엘 군사력에 의해 미군들의 사망이 야기된 건 당연히 위기상황이 될 텐데도, 그렇지 않았다. 그로써 당연히 이스라엘은 미국과의 관계에서 폭넓은 전략적 운신의 여지가 있다는 결론을 내리게 된다.

이로 인해 미국과의 동맹이 느슨해진 것도 아니었다. 1968년 선거운동 과정에서는 이스라엘에 F-4 전투기를 판매하는 문제가 하나의 쟁점이 되었다. 린든 존슨 대통령은 그 문제에 대해 망설였던 반면, 리처드 닉슨Richard Nixon 후보는 긍정적인 반응을 보였다. 존슨은 중동에서 무장 경쟁이 일어날 것을 우려했고(이후 일어난 사건들을 통해 그가 옳았다는 것을 알게 된다), 이스라엘에 제공되는 모든 군사적인 원조에 대하여 정치적 반대급부(점령지에서의 철수와 핵확산금지조약NPT 가입, 아니면 둘 중 하나라도)를 얻어내려 했다. 그때까지만 해도 이런 종류의 전투기를 공급받는 것은 영국이나 독일(서독)같이 아주 가까운 동맹국들만이 누리던 혜택이었는데, 마침내 이스라엘이 정치적 양보를 하지 않고도 그런 혜택을 받게 된 것이다.

1973년 전쟁[4차 중동전쟁] 초기에 미국은 이집트와 시리아의 놀라운 초반 공격을 지켜보고는 히브리 국가를 결정적으로 유리하게 만들 공중폭격작전을 구상하게 된다. 일단 군사적인 상황이 차할[이스라엘군의 총칭]에게 유리해지고 나면, 미국은 이스라엘에 압력을 가하려고 했다. 모스크바의 전면개입을 피하는 한편, 카이로 측은 군사적인 선택이 무용했다는 걸 깨달을 테니, 그렇게 함으로써 이집트군의 항복을 계속 강요하면서 카이로 측과의 협상 가능성도 열어놓기 위해서였다.

이 전쟁 후 미국은 이스라엘과의 관계를 유지하면서도 이 지역의 아랍 국가들에 대해서 더 적극적인 자세를 취하게 되었다.

1977년 1월 백악관에 입성한 지미 카터Jimmy Carter는 이스라엘에 대하여 보다 까다로운 입장을 취한다. "나는 우리의 대외정책의 주요 원칙 중 하나를 인권에 둘 것이라고 표명한 만큼, 요르단강 서안지역의 심각한 문제들을 무시할 수가 없다. 계속해서 팔레스타인인들에게 가해지고 있는 인권유린 상황은 반이스라엘 세력을 키우는 지렛대나 마찬가지일 뿐 아니라, 우리 두 나라의 근본적인 도의와 윤리적 원칙들에 위배된다"고 표명했다.[11] 이런 정신으로 미 행정부는 확실한 정치적인 양보를 받아내는 대신 진정한 군사적 동맹을 맺는 것으로 이스라엘에게 보상하려 했다. 이에 이스라엘 총리, 메나헴 베긴Menahem Begin은 이스라엘은 미국에게 아무것도 갚을 게 없다며 "이스라엘에 대한 원조는 자선이 아니라, 나중에 더 큰 대가를 가져다주는 정당한 투자기 때문이다"[12]라고 응수했다.

이스라엘과 미국 간의 동맹이, 아랍인들의 눈에 미국이야말로 이스라엘에 실제로 압력을 가할 수 있는 유일한 나라라는 신뢰감을 잃게 만들지는 않았다. 이집트는 미국과 동맹관계를 맺음으로써 1978년 캠프데이비드협정[13] 이후 시나이 반도를 회수하게 되고, 실질적인 경제 및 군사적인 원조를 얻게 된다.

로널드 레이건Ronald Reagan은 이스라엘에 대한 미국의 지지를 강조했다. 그는 팔레스타인 문제에 대해서는 무관심하면서 식민지를 불법적이라고 간주하지도 않았다. 그런데 이스라엘은 1981년 12월 레이건의 허를 찌른다. 야루젤스키Wojciech W. Jaruzelski가 폴란드에서 비상사태를 선포하면서 모두의 관심이 폴란드로 쏠려 있을 때, 이스라엘 총리는 골란고원 지역을 병합할 것을 국회에서 표결에 부쳤다. 그는 미국하고 협의가 없었다는 걸 인정하면서 이렇게 선언했다. "아무도 우리의 행동을 지시할 수 없다. 그것이 미국이라 하더라도." 이어서 토로하길, 만일 미국 측에 알렸다면 미국은 이 병합에 반대할 것이라는 걸 알기

---

11 Camille Mansour, *Israël et les États-Unis*, Armand Colin, 1995, p.96에서 재인용.

12 위 만수르(Camille Mansour)의 같은 책, p.97.

13 1978년 9월, 중동지역의 평화정착을 위해 이스라엘과 이집트가 체결한 협정. 이 협정에 기초하여 1979년 양국 간 평화협상이 개최되었는데 이는 이스라엘과 아랍 국가가 벌인 최초의 회담이었다. 이스라엘의 베긴 총리와 이집트의 사다트(Muhammad Anwar el-Sadat) 대통령이 카터 대통령의 중재로 메릴랜드주에 있는 미 대통령의 캠프데이비드 별장에서 협상했기 때문에 이런 이름이 붙여졌다. 이후 서방 측에서는 이집트를 중동지역의 평화를 이끌 수 있는 나라로 흔히 언급하게 된다 — 옮긴이.

에 미국을 성가시게 만들지 않기 위해서 그랬다는 것이다. 세심한 배려가 아닐 수 없다!

1981년 12월 17일, 미국은 UN 안보리에서 이 병합이 불법적이므로 무효라고 선언하는 결의안에 찬성표를 던진다. 그러나 1982년 1월, 이스라엘이 이 병합을 포기하지 않을 경우 가해질 구체적인 제재조치를 제시한 결의안에 대해서는 거부권을 행사하면서 반대했다.

레이건은 이런 태도를 다음과 같이 합리화했다. "우리가 이스라엘과 단지 도덕적인 관계를 맺고 있기 때문만이 아니라, 이스라엘은 전투에서 실력을 쌓은 군사력을 겸비해서 우리의 이상과 민주주의의 발전을 공유하고 있는 나라기 때문에 우리에게 으뜸가는 방패며 중동에서는 하나의 힘이다. 만일 역량을 갖춘 이런 이스라엘이 없다면, 우리 스스로 이를 감당해야 할 판이니, 이는 우리 측의 이타심만으로 논할 게 못된다."[14]

이 두 나라 간에 존재했던 긴장의 순간들은 아득해져 가고, 완벽한 조화의 길을 가고 있었다. 예를 들어 이스라엘은 미국이 사우디아라비아에 레이더가 장착된 공중조기경보관제기AWACS를 파는 것에 반대했다. 이 경보기로 말할 것 같으면, 전투기는 아니지만 대공관제와 감시기능을 갖추고 있어서 군사적으로 사우디 왕국에게 결정적인 이점을 가져다 줄 수 있었다. 판매반대에 대해 미국 하원은 찬성 301표, 반대 111표로 이를 가결했다. 당시 미국 군수산업계의 가장 중요한 주문사항[15]이었으며, 걸프지역에서 이란에게 위협받고 있다고 여기는 나라

---

14 Nasser H. Arvi, *The dishonest broker. The US role in Israel and Palestine*, 2003, p.39에서 재인용.

15 85억 달러로 추정되는 계약이었다.

[사우디]의 유전을 최적으로 보호하는 동시에 미국의 정치적·전략적 입장을 강화할 수 있는 주문이었는데도 말이다. 그런데 이스라엘이 이 경보기 판매로 인해 그 지역에서 군사적인 균형이 역전될 것을 두려워했던, 아니 두려워하는 척했던 것이다. 이스라엘 측에서 보면, 사우디아라비아가 AWACS를 보유하느냐 마느냐의 문제를 떠나, 미국 정책결정권자 집단 내에서의 그들의 영향력을 시험해본 것이었다. 결국 이 판매는 공고하게 유보되는 것으로 결론이 났고, 그로써 1981년 11월 미국과 이스라엘 동맹의 진정한 조약이라고 할 수 있는 전략적 협조 협정이 탄생했다.

또 다른 대단한 일화가 있다. 미 행정부는 이스라엘이 오시라크라는 곳에 자리한 이라크의 핵시설을 파괴하기 위해서 미국 무기들을 사용한 것을 묵과했다. 대외군사공격에서 미국산 무기들을 사용하는 것을 금지한다는 협정을 이스라엘과 체결했는데도 말이다. 하긴 이라크의 핵시설을 파괴하는 것은 긍정적으로 평가한다는 합의가 있긴 했다. 이후 워싱턴이 골란고원의 병합에 대해 이의를 제기하게 되지만, 아무런 효과가 없었다. 워싱턴은 1982년 여름 이스라엘의 베이루트 폭격 이후에도 형식상으로만 이의를 제기했다.

폴라드사건이 일어난 것도 레이건 재임 때였다. 미 해군에서 일하고 있던 유대인 출신 미국인인 조나단 폴라드Jonathan Pollard가 이스라엘의 스파이 활동을 해왔다는 게 밝혀졌다. 다수의 이스라엘인들이 그의 석방을 요구했지만 종신형을 선고받게 된다. 그런데 여기서도 역설적인 게, 특별히 민감한 이 사건이 백일하에 드러난 이후에도 미국-이스라엘 관계에 금이 가는 조짐은 나타나지 않았다는 점이다.

그러나 1987년 인티파다 초기의 상황은 미국에서 이스라엘에 대한 도덕적 신뢰도에 약간의 동요를 일으킨다. 이스라엘 군인들에 맞서서 돌로 무장한 어린아이들의 이미지는 미국의 여론에게 점령의 현실과 결과에 대하여 인식하게 했다. 미국의 언론매체들은 처음으로 이스라엘의 관점이 아닌, 팔레스타인의 중동에 대한 뉴스에 관심을 보이기 시작했다. 더욱이 이런 변화는 미-이의 전략적인 동맹의 쓸모가 줄어든 냉전의 종식과 때를 같이하며 나타났다. 1991년 미국인들의 58%가 미국이 소련을 돕는 것에 찬성한 반면, 이스라엘을 돕는 데는 44%만 찬성했다. 1990~1991년 걸프전 때 미국은 이스라엘에게 이라크가 이스라엘을 향해 발사하는 스커드미사일에 맞대응하는 것을 금지시켰다. 대신 적절한 군사적 원조(미사일요격 미사일인 패트리엇 미사일 발사기지를 이스라엘 영토에 설치)를 제공하는 한편, 군사적·경제적 보상(부채 탕감)을 약속했다. 사담 후세인Saddam Hussein은 이스라엘의 개입을 원했는데, 그렇게 되면 워싱턴 측에 가담하고 있는 아랍체제들이 이스라엘 쪽에 서는 것만은 막을 수 있을 것이라 여겼던 것이다. 그러니 히브리 국가는 어떤 대응도 하지 않은 채, 미사일이 자국의 영토에 떨어지는 것을 괴롭게 지켜봐야만 했다. 결국 워싱턴이 이스라엘의 개입을 막았던 것이다. 이라크 측의 이런 미사일 발사의 파생효과들을 전략적으로 분석해보면, 팔레스타인 땅을 소유해야만 이스라엘 영토를 방어하는 데 전략적 깊이를 줄 수 있다는 식의 주장이 탄도미사일 시대에는 진부한 얘기일 수밖에 없다는 것을 보여준다.

걸프전 후, 아버지 부시는 대이스라엘 차관이 점령지역을 식민지화하는 데(이스라엘은 소련에서 이주해 오는 유대인들을 정착시키기 위해 식민지역을 확장하고 있었다) 사용되지 않도록 이스라엘에 압력을 가했다. 부시는 또한 두 나라 관계에서 미국의 특정 권한을 재정립하고, 미국의 국익에 유익하도록 이스라엘을 새로운 평화 프로세스에 돌입하는 쪽으로 유도했다. 이런 긴장은 두 나라 정부에게 해롭게 작용했다. 차기 선거에서, 미국의 부시가 패배하듯이 이츠하크 샤미르 Yitzhak Shamir[당시 이스라엘 총리]도 이스라엘에서 패배하게 된다. 1988년 선거에서 부시는 미국 유대인 표의 35%를 획득했는데, 1992년 대선에서는 그 득표율이 10%나 떨어졌다. 1992년 9월 12일 방송된 한 TV 대담프로그램에서 부시는 자신의 입장을 합리화하기 위해 이렇게 표명했다. "나는 고립돼 있다. …… 나는 막강한 정치세력에 대항하고 있는 것이다. …… 거의 천여 명에 달하는 로비스트들이 반대편을 위해 의회에서 활동 중이다."[16] 그런 중에도 그는 중동문제를 다뤘던 국제회담(마드리드 중동평화회담)[17]의 원칙을 이스라엘이 받아들이게 하는 데는 성공한다. 하지만 이조차도 이스라엘 측의 강요 때문에 일정이 지연된다(예를 들어, 팔레스타인 측 대표를 직접 받아들이지 않음으로써, 팔레스타인인들은 요르단 대표 측에 포함되었다).

빌 클린턴 Bill Clinton(1993~2001년 미 대통령 재임)은 이스라엘 측에 중요한 양보를 하면서 임기를 시작했다. 이스라엘 군인 4명이 사망한 것을 빌미로, 1992년 12월 히브리 국가는 413명의 팔레스타인인들을 레바논으로 추방했다. 이츠하크 라빈 Yitzhak Rabin과 빌 클린턴은 1993년 2월 1일 첫 번째 합의를 한다. 클린턴의 표현에 따르자면, 이스라엘이 강제추방자 중 101명을 즉시 귀국시키고 1년 안에 나머지 사람 중

---

16 Matthew Frankel, "The 10 billions questions", *The fletcher forum of world affaires winter spring*, 1995, p.159에서 재인용.

17 1991년 스페인 마드리드에서 개최된 회담으로, 걸프전 이후로 더욱더 부각되고 있던 중동의 평화 문제를 미국과 소련이 주축이 되어 다원주의적으로 다루었다 ― 옮긴이.

295명을 귀국시키는 조건을 수용한다면, 미국은 UN에서 이스라엘에 가해지는 제재로부터 보호를 해주겠다는 것이었다. 이렇게 함으로써 미국은 그때까지는 불법으로 간주했던 점령지에서의 추방을 처음으로 인정했던 것이다.

첫 임기 동안 빌 클린턴은 오슬로협정들이 추진되도록 힘쓴다. 백악관의 잔디밭에서 클린턴이 지켜보는 가운데 이츠하크 라빈과 야세르 아라파트Yasser Arafat가 악수를 함으로써, 평화 프로세스가 진행되고 있으며 미국의 개입이 유용하다는 걸 보여주었다.[18] 이런 진전 단계에서 백악관이 긍정적인 역할을 수행했다는 걸 인정한다 하더라도, 그것은 클린턴의 주도 아래 이루어졌다기보다는 라빈의 명석한 정책을 더 따른 결과였다. 그래서 또 한 번 미국이 이스라엘 정치를 후원한 것이지, 이스라엘에게 영향을 미친 게 아닌 격이 되었다. 다만 이번에는 팔레스타인과 정치협상을 벌였던 것이다. 당시 이스라엘은 전직 군인이었던 이츠하크 라빈이 다스리고 있었는데, 그는 국가안보 측면에서 늘 이스라엘의 이권을 염두에 두고 있었다. 인티파다 초기에 돌을 던지는 팔레스타인 어린이들의 뼈를 분질러 놓으라고 이스라엘 군대에 명령했던 바로 그가, 이스라엘이 양보를 하면서 얻을 수 있는 이익들을 깨달았던 것이다. 그는 '평화에 대한 대가로 영토'를 교환해야 한다는 걸 인정했다. 그걸 나중에 이런 식으로 표현했다. "마치 테러리즘이 존재하지 않는 듯이 협상하고, 평화에 대한 협상이 없었던 듯이 테러

---

18 1993년 9월 13일, 중동평화협정이 체결된 사건을 말하고 있다. 이날 이스라엘과 팔레스타인 양측은 상호 실체를 인정했다. 흔히 '오슬로협정'이나 '제1 오슬로협정'으로 알려져 있는데, 요르단강 서안의 예리코시와 가자지구에서 팔레스타인 자치를 실시한다는 내용을 담고 있어서 예리코/가자협정이라고도 한다. 아-팔 간에 이루어진 다양한 평화협정들을 흔히 '오슬로협정들'로 부르기도 한다 ─ 옮긴이.

리즘에 대항한다." 클린턴은 라빈을 지원하는 영리한 정책을 펼쳤지만, 다시 한 번 텔아비브의 정책에 의해 견인된 셈이었다.

2000년 여름 캠프데이비드에서 이루어진 정상회담에서는 이스라엘과 팔레스타인 사이에 포괄 협정을 성사시키게 되는, 역사에 남는 대통령이 되려고 한 빌 클린턴이었다. 그런데 그는 당시 이스라엘 총리였던 에후드 바라크Ehud Barak가 이스라엘 내부정세에 따라 요청한 내용은 고려했지만 야세르 아라파트에 대해서는 그러지 않았다. 그는 특히이 협상 과정에서 어떤 긍정적인 이슈를 진전시키려 한 아라파트에게정상회담 실패의 책임이 돌아갈 것을 우려하기보다는 바라크의 통신정책에 더 관심을 보이며 의견을 교환했다.19

이후 아라파트가 '너그러운 제안'을 거절했다고 도처에서 듣게 되는데, 바라크야말로 팔레스타인에게 양보하는 문제에선 그의 전임자들로부터 훨씬 멀어져 갔다. 그러면서 오히려 팔레스타인이 거의 양보를 하지 않았다고 해댔다! 물론 바라크는 예루살렘 분할문제를 거론하는 데는 응했다. 그렇다 해도 예루살렘의 아랍지역 전체가 아니라 도시외곽의 아부 디스와 아나타 마을에 대한 주권만 팔레스타인에게인정하고, 이슬람사원의 주권은 이스라엘이 보유한다는 내용이었다.더구나 이스라엘은 요르단강 서안지역의 9%를 차지함으로써 팔레스타인 영토를 축소시켰다. 팔레스타인 측에선 1947년 영토분할 계획뿐만 아니라, 1948년 전쟁 동안 이스라엘에게 점령당한 땅도 포기한 채전부 그대로 받아들였는데, 그 이상 무엇을 더 용납한단 말인가?

---

19 이스라엘 측 협상 참석자 중 한 사람은 만일 바라크가 클린턴의 정보보좌관인 가온(Gaon)과 시간을 보내기보다는 아라파트와 토론 시간을 더 가졌더라면 어떤 합의가 가능했을 수 있다고까지 말했다. Charles Enderlin, Le rêve brisé, Fayard, 2002, p.218에서 인용.

바라크는 예루살렘을 거론한 것이 그 동안의 이스라엘의 금기를 깬 것이라고 여기면서 이를 중요한 양보로 생각한 것이다. 하지만 이렇듯 극히 부분적인 양보는 아라파트가 받아들이기에 충분치 못했다. 예루살렘의 이슬람사원은 팔레스타인인들뿐 아니라 모든 무슬림들에게 신성한 장소라서 아라파트가 독단적으로 예루살렘 일부와 이슬람사원을 포기할 수는 없는 노릇이었다. 이 제안을 거절한 것은 물론 그의 오류지만, 이는 그 제안을 현저하게 진척된 제안으로 받아들이지 않아서 그런 게 아니라 그 상태로는 불충분했던 만큼 양 진영이 용납할 수 있는 협정에 도달하도록 더 협상을 했어야 한다는 점에서 그렇다. 팔레스타인 측으로서는 미 민주당이 이스라엘과 아주 가깝다고 판단하고 있었기에 아라파트는 공화당 정부와 협상하는 게 더 많은 것을 얻을 수 있으리라고 잘못 생각했던 것이다. 한편 바라크는 자신은 정작 회담의 실패를 피하려 했지만 팔레스타인자치정부 수반 때문에 일을 그르쳤다며 실패의 책임이 아라파트에게 있다는 걸 보여주려고 기를 썼다. 또 중동에서 '평화의 대통령'으로 역사에 길이 남을 역할을 해내지 못하게 되어 실망한 클린턴은 이를 억지로 끼워 맞추기까지 했다.

백악관을 떠나기 직전인 2001년 1월 클린턴은 협정을 이끌어내기 위해 마지막 시도를 하면서 다섯 항목으로 구성된 계획안을 제시한다.

- 분리된 두 나라를 인정하여 양국 간 영토 교환을 가능하게 한다.
- 새로운 국가에 팔레스타인인들이 귀국할 수 있는 권리를 보장하고 귀국을 돕기 위해 국제사회가 (재정적) 보상을 한다.
- 이스라엘의 안전 및 무장을 해제한 팔레스타인 국가수립을 위해

국제적인 보증을 한다.

● 예루살렘을 개방해서 두 나라의 수도로 인정한다.

● 다양한 임시협정 체결 : 모든 새 협정은 분쟁의 종식을 위한 것이
  어야 한다.

이 다섯 가지 항목은 '클린턴의 매개변수'로 불린다. 이 변수들은
확실히 캠프데이비드에서 제시된 것보다 팔레스타인인들이 수용할
만한 협정의 토대를 갖추고 있다. 그런가 하면 '클린턴의 매개변수'에
기반한 제안을 소개하면서 캠프데이비드에서 아라파트가 '너그러운
제안'을 거절했다고 비난을 함으로써 교묘히 책임을 아라파트에게 돌
리도록 혼동을 주는 역할을 하는 논자들도 있다.

2001년 1월 임기를 시작한 조지 부시George W. Bush는 이-팔 분쟁에
개입하려 하지 않았다. 그는 전임자 빌 클린턴이 그랬던 것과는 달리
미국이 세상사에 집착해서는 안 된다고 생각한다. 국제 사안에 대한
그의 안목은 아주 소박한 미국의 그것이었다. 그는 1992년 자신의 아
버지가 패배한 것은 유대인 유권자들을 잃은 탓이 크다는 생각을 했
다. 백악관의 이 새로운 점령자를 단적으로 소개해본다면, 석유산업계
의 측근들 때문에 잠재적인 친아랍계로 간주된 적도 있었다.

이스라엘 총리, 아리엘 샤론이 조지 부시 대통령을 처음 방문한 것
은 2001년 3월이었다. 이 두 수뇌는 그들이 직면하고 있는 위협을 동일
하게 해석하는데, 그건 바로 이슬람의 테러리즘 및 이라크와 이란 같
은 나라들의 핵무기 확산이었다.

9월 11일은 전환점이 된다. 9·11 사태는 이스라엘에게 횡재를 안겨
다주었다. 그때부터 미국은 이스라엘을 테러와의 전쟁에서 전략적 요

충지며 주요한 동맹국으로 간주했다. 콜린 파월Colin Powell은 '테러와의 전쟁에서' 미국과 이스라엘이 '같은 편'이라고 선언했다.[20]

이런 사건들로 인해 팔레스타인자치정부의 외교 기반은 역설적 상황에 처하게 된다. 사담 후세인 측에 서곤 하던 아라파트였지만, 걸프전 이후에는 마드리드평화회담과 오슬로 평화 프로세스 진행에 호응을 했다. 아버지 부시와 이스라엘인들이 깨달은 것은 무슬림 대중이 자신들에게 대항해 연대하는 걸 바라지 않는다면(사담 후세인이 이스라엘로 스커드미사일을 발사한 후 생겨난 그들의 강박관념), 팔레스타인 문제에 대한 해결책을 더 적극적으로 모색한다는 길 보여주어야 한다는 점이다. 한편 미국의 파트너 역할을 하길 원했던 아라파트는 9·11 사태 직후 주저하지 않고 테러를 규탄하며 오사마 빈 라덴Osama bin Laden이 팔레스타인인들을 방패로 삼고 있다고 공개적으로 분노를 드러냈다. "빈 라덴은 이제껏 우리를 한 번도 도운 적이 없으면서 왜 하필이면 지금 팔레스타인을 들먹이는가? 그는 완전히 다른 사안들을 거론하고 있을 뿐 아니라, 우리의 이익을 방해하고 있다. 나는 그에게 팔레스타인 뒤에 숨지 말 것을 요청한다."[21] 아라파트는 세계무역센터의 희생자들에게 헌혈까지 했다. 그렇지만 형세는 그에게 불리해졌다. 아리엘 샤론은 방금 미국을 공격한 테러리스트들의 테러와 오랫동안 이스라엘이 피를 흘리게 한 이들을 성공적으로 같은 대열에 올려놓았다. 불현듯 이스라엘과 샤론의 정치가 더는 아랍이 가지는 원한의 원천이 아니라, 반테러리즘을 외치는 자유세계의 전쟁에서 선두주자가

20 앞 아르비(Nasser H. Arvi)의 같은 책, p.202..

21 *Sunday Times*, Dec. 15, 2003.

돼버린 것이다.

2001년 12월 1일과 2일, 30명 이상의 이스라엘 시민 사망자를 내게 한 팔레스타인의 자살테러는 팔레스타인인들에게 가졌던 미국인들의 동정심을 삭혀버렸다. 이스라엘군의 보복공격을 두고 워싱턴은 단 한마디만 했다. "이스라엘에겐 스스로 방어할 권리가 있다." 그래서 샤론은 어려움 없이 자신의 메시지를 전달하게 된다. "우리에게도 빈 라덴이 있다. 바로 아라파트다." 샤론에 따르면, 아라파트는 테러리즘을 퇴치하기엔 너무 무력하거나, 그게 아니라면 그들과 공범이라는 것이었다. 이 두 경우 모두 그와 협상할 필요가 없는 것이다. 애초에 하마스는 비종교단체인 팔레스타인해방기구PLO의 영향력을 줄일 수 있어서 이스라엘이 반겼다는 걸 미국 시민들에게 굳이 밝히진 않을 것이다. 마찬가지로 이스라엘이 용의주도하게 경찰력까지 포함하여 팔레스타인의 사회기반시설을 파괴해놓고 아라파트에게 테러와의 전쟁에 가담하라고 요구하고 있다는 것도 밝히진 않을 것이다. 이제껏 자국의 영토에선 한 번도 공격당한 적이 없던 미국인들은 사이먼 서파티Simon Serfaty가 '영토의 강간'22이라고 규정한 9·11 사태의 충격으로 이스라엘인들에게 감정이입을 하게 된다.

그 이후 조지 부시는 이스라엘의 군사작전에 무조건 눈감아버린다. 미국 대외정책의 알파와 오메가이자 세계적으로 벌어진 테러와의 전쟁 속에서 충분히 기여하고 있는 것으로 소개하면서 말이다. 테러에 맞서 싸우는 최선책이 무엇인지 숙고해보지도 않고, 어떤 정책들은 테러리즘을 퇴치하기보다는 오히려 키워가는 위험한 결과를 초래한

22 아르투르 페흐트(Arthur Paecht) 주관아래 출간된 *Les relations transatlantiques*, IRIS-PUF, p.265에서 인용.

다는 걸 헤아려보지도 않으면서…….

2001년 이래 사실상 미국은 안보리에서 중동에 대해 논의하는 것을 일절 거부하고 있다.[23] UN 주재 미국대사의 이름을 딴, 니그로폰테 독트린이 UN에서 발표되는데, 미국은 중동에 대한 안보리 결의안 중에서 팔레스타인의 테러리즘을 규탄하는 것만 고려하겠다고 표명했다. 조지 부시가 백악관에 들어선 직후, 미국은 팔레스타인인들을 보호하기 위해 국제사찰단 파견을 요구하는 안보리의 결의안에 이미 거부권을 행사한 바 있었다. 이 결의안을 유럽 국가들이 지지했고 거기엔 영국도 포함되어 있었다. 이후 미국은 거부권을 행사하지 않는다는 조건으로 네 가지 사항을 제시했다. 이스라엘 식민지에 대한 감찰 금지, 이스라엘의 행동을 '봉쇄'로 규정하지 말 것, 점령자의 의무에 대한 제네바조약을 들먹이지 말 것, 안보리 242결의안을 들먹이지 말 것. 미국이 전략을 바꾼 것이다. 냉전 시절 미국은 히브리 국가의 처벌을 초래하는 결의안들은 모두 거부했어도 이 국가를 규탄하는 결의안들은 그나마 허용했었는데 말이다.

2002년 3월, 사우디아라비아를 통치하는 압달라Abdallah 왕자가 이스라엘-아랍 분쟁에 대한 포괄적인 타결안을 제시했다. 그는 1967년 이스라엘에 의해 점령된 영토에 팔레스타인 국가를 수립하고, 이스라엘과 아랍 국가들 간에 평화조약을 체결할 것을 제안했다. 2002년 3월 베이루트에서 열렸던 아랍연맹[24] 정상회담에서 아랍 국가들은 이 계

---

23 지난 대선 때의 유세과정 속에서는 조지 부시나 존 케리(John Kerry) 모두 이스라엘을 규탄하는 UN 안보리의 모든 결의안에 거부권을 행사하겠다고 약속했다.

24 1945년 3월에 창설된 아랍세계의 주요정치기구. 21개 아랍 국가와 팔레스타인자치정부로 구성된다 — 옮긴이.

획을 만장일치로 받아들였다. 그건 이스라엘 국가가 수립된 이래 이스라엘의 공식적 목적, 즉 국경을 가진 이스라엘 국가를 모든 아랍 국가가 인정한다는 내용을 충족시켰다. 따라서 그것은 전쟁논리를 이젠 종결시킨다는 의미였다. 그런데 아리엘 샤론은 반대의 선택을 했다. 그 다음날 제닌을 향해 '방어의 장막'이라는 작전을 감행하여 그 팔레스타인 도시를 거의 초토화시켰던 것이다. 워싱턴은 크게 격분하지도 않았다. 모든 아랍 국가가 총체적인 평화의 가능성을 거론한 상태였는데도 말이다!

2002년 6월 24일, 조지 부시는 대중동 정책을 발표했다. 그는 팔레스타인자치정부가 테러리즘과 싸우기보다는 부추기고 있다고 규탄했다. 조지 부시는 미국의 역대 대통령 중에서 처음으로 팔레스타인 국가수립을 거론함과 동시에 팔레스타인 영토를 식민지화한 사실을 인정한 대통령이다. 2004년 4월, 그는 궁극적으로는 요르단강 서안지역의 인구 상황을 고려해야 한다고 선언하면서, 샤론의 가자지구 철수 계획을 지지한다고 표명했다. 따라서 그는 팔레스타인 영토 중에서 이스라엘의 식민지가 된 구역들이 있음을 은연중에 처음 인정한 미국의 대통령이기도 하다(2003년 미국 측에서 제시한 '로드맵'의 내용을 스스로 무용지물로 만들면서).

이런 정치적인 변화를 더 분명하게 짚어보기 위해 미국의 젊은 평화주의자, 레이첼 코리Rachel Corrie 얘기를 상기해보자. 그는 팔레스타인인의 집들을 파괴하는 이스라엘의 불도저를 막기 위해 인간방패 역할을 하다가 2003년 3월에 사망했다. 이와 관련 미국에서는 아무런 공식적인 반응도 보이지 않았다. 평소 같으면 서둘러 재외 국민들을 보호하려 했을 텐데도 말이다.[25]

2004년 5월 '미국 이스라엘공공문제위원회AIPAC, American Israeli Public Affairs Committee'에서 부시는 이렇게 선언했다. "우리 두 나라는 종교적 박해를 피해서 온 젊은 이주민들에 의해 건설되었다. 우리는 근본적인 신앙을 토대로 나라들을 건설했다. 부디 신이 인간사를 지켜주시고, 각자의 삶을 돌봐주시기를. 이런 인연이 우리를 자연스런 동맹관계로 만든다."[26] 이런 관점으로 두 나라 간의 동맹은 이제 신성한 성격을 띠게 되었다.

첫 임기 동안, 조지 부시는 임기가 시작된 지 한 달 후부터 만나기 시작한 샤론을 8번이나 만났다. 게다가 샤론을 '평화를 위하는 사람'이라고 평가했다. 그런가 하면 아라파트는 백악관에서 한 번도 만나지 않았다. 아라파트가 부시와 접촉을 한 계기는 2002년 1월에 벌어진 카린-에이Karin-a 사건[27](팔레스타인자치정부의 짓으로 돌려진 무기운송 사건, 팔레스타인자치정부는 이를 늘 부인했다) 때문이었다. 팔레스타인의 장관, 카두라 파레스Qaddoura Fares에 따르면, 부시로부터 전화가 걸려와 팔레스타인자치정부 수반의 사건 연루 여부를 물어서 수반이 '아니다'라고 대답을 했는데도, 부시가 이를 거꾸로 받아들이고는 납득할 수 없다며 이내 전화를 끊어버렸다고 한다. 마치 두말할 것도 없이 확실하다는 듯이.[28] 부시는 아라파트를 축출해야 팔레스타인 국

25 Elisabeth Corrie, "A Year of silence since Rachel Corrie Died", International Herald Tribune, Mar. 4, 2004.

26 Le Monde, Oct. 28, 2004.

27 무기가 가득 실린 카린-에이라는 선박이 홍해에서 발견된 사건으로, 이 선박을 나포한 이스라엘 측은 팔레스타인자치정부가 무기를 밀수한 것이라고 주장하면서 아라파트를 맹비난했다. 팔레스타인 당국의 관련 여부는 정확히 밝혀지지 않았다 — 옮긴이.

28 앞 ≪르몽드 Le Monde≫지 같은 기사.

가를 건설할 수 있다고 공개적으로 조건을 달았다.[29]

부시 조직의 네오콘(신보수주의자)들은 9·11 사태 이후 미국의 대외정책 통제권을 갖게 되는데, 그들은 이스라엘 리쿠드당과 밀접한 관계를 맺고 있다. 샤론의 측근 보좌관인 도브 바이스글라스Dov Weissglass 와 당시 미 대통령의 국가안보보좌관인 콘돌리자 라이스Condoleezza Rice 는 일상적으로 늘 전화 통화를 하고, 평균 한 달에 한 번 꼴로 만나는 사이였다.[30] 라이스는 식민지 문제를 거론하기 전에 폭력(즉, 팔레스타인의 폭력)을 종식시킬 필요가 있다는 걸 깨달았다고 여러 차례 표명한 바 있는데, 이는 무엇이 우선순위를 다투고 있는지를 명확히 보여준다. 부시 측근들은 테러리즘은 점령이 낳은 결과지 그 반대가 아니라는 걸 외면하면서 팔레스타인의 태도가 문제의 원천이라고 여긴다.

가자지구와 요르단강 서안지역에서 펼쳐진 이스라엘군의 여러 가지 군사작전, 그로 인해 살해당한 팔레스타인 지도자들과 사람들이 입은 피해야 어찌 되었건, 그래서 야기된 인간적·정치적 대가(특히 '부차적 피해'가 동반될 땐 더 중요한)가 어찌 되었건, 부시는 분리장벽 건설을 테러리즘에 맞선 이스라엘의 자위권이라는 명분으로 (비판도 않은 채) 인정했다.

히브리 국가가 수립된 이래 미국의 대이스라엘 지원은 그렇게 점점 더 확고해졌다. 그런 와중에 몇 차례 정체(아이젠하워, 포드, 카터, 아버지 부시 때)를 겪긴 했어도 분명히 가속을 하며 계속 진척되었다. 조지 부시는 이 분야에서 제동을 걸지 않았다. 그는 임기를 시작하면

---

29 "나는 팔레스타인 사람들에게 새 지도자들을 구상해보라고 호소한다. …… 그들이 새 지도자들을 갖게 될 때 …… 미국은 팔레스타인 국가를 지원할 것이다."

30 앞 ≪르몽드≫지 같은 기사.

서 이미 증폭되고 있던 움직임을 9·11 사태 이후, 극단으로 밀어붙였다. 그는 이스라엘을 지원하는 데도 미국의 일방주의적 방식을 그대로 적용했다. 이런 정치는 그가 정권을 잡으면서 탄생한 것이 아니며, 9·11 사태의 산물도 아니다. 그건 단지 이 두 계기가 맞물려 가속된 것일 뿐이다. 그렇다면 이런 요소가 뒤섞인 동맹을 어떻게 설명할 것인가?

무엇보다도 거의 설명하기 불가능하다고 봐야 하는데, 그래도 설명해보겠다고 미국에서 극히 가중되고 있는 유대인 공동체의 활동을 들먹이곤 한다. 흔히 말하기를, 정치적 중요성을 가시는 법률에 도전하는 이 공동체의 구성원들은 "미국의 극빈층과 똑같이 투표권을 행사하면서도 미국 상류층에 맞먹는 수입"을 가진다.[31] 정당들은 왜 그토록 그들의 표를 얻으려고 안달하는 걸까?

미국의 유대인들은 투표 및 선거운동의 재정에 아주 밀접하게 연결되어 있는 시민들이다. 평등권과 소수집단을 존중하는 경향이 있는데다, 우익 진영의 반유대주의적 성향 때문에 미국의 유대인들은 전통적으로 민주당에 표를 던졌다. 그들은 미국에서 흑인공동체의 권리 인정을 위해 투쟁해 온 선구자들이기도 했다.

미국에서 유대인 로비의 영향은 원론적으로 유대인 유권자의 본질에 의해 설명될 수 있다. 이들은 응집력이 높으며 대도시와 '부동층 밀집 주'[32]들에 퍼져 있다. 미국 유대인은 전체인구의 3%, 유권자의 4%를 차지하고 있으며, 펜실베이니아, 일리노이, 오하이오주에서 그

---

31 Jonathan D. Sarna, "Why they're fighting for the Jewish vote", *International Herald Tribune*, Oct. 26, 2004.

32 대선에서 열쇠 구실을 할 수 있는 주다. 거기서도 어떤 당의 승리를 미리 예견할 수 없는 건 아니지만, 어떤 후보 쪽으로 기우느냐에 따라 최종결과가 결정된다.

들의 영향력은 대단하다. 특히 플로리다와 뉴욕에서는 그들의 표가 결정적인 역할을 한다. 그곳 전체인구의 9%에 불과하지만 민주당 유권자들의 15%가 유대인인데다가 그들의 동원력을 고려해보면, 1차 투표[대통령 선거인단 선출 투표]에서 유권자 30%의 표심을 좌우할 수 있기 때문이다.[33] 또한 유대인 유권자들은 유세과정에서 막강한 자금력을 가지고 선거의 승리에 결정적인 역할을 하며, 민주당 후보에게 특히 그렇다. 득표수나 자금 면에서, 민주당의 최종후보에게 이 집단이 행사하는 특별한 역할을 이해할 수 있다. 그러면 공화당에서는 득표(와 자금) 면에서 어느 정도의 중요성을 가지는 걸까?

부시는 친이스라엘 정책을 펴면서 유대인 공동체의 표를 얻을 수 있기를 갈망했다. 그런 모든 노력에도 불구하고 2004년 선거에서 그는 유대인 지지의 25%만 얻을 수 있었다. 그러니 문제가 그리 간단치 않다. 캐나다의 모 대학교수, 야코프 랩킨Yakov Rabkin은 이런 결론을 내렸다. "미국의 유대인들이 시오니즘의 국가에 절대적 충성을 하면서 똘똘 뭉쳐선 무조건 이스라엘을 편든다는 식으로 묘사하는 것은 현실을 왜곡할 뿐만 아니라, 반유대 감정을 촉발하는 데 일조하게 된다."[34] 사실 중동에도 톨레랑스, 평화, 평등을 위해 활동하는 여러 종류의 유대인 조직들이 존재한다. 그 밖에 이스라엘의 정책에 반대하는 유대인 조직도 있는데, 그 중 하나가 바로 '우리 이름으로는 안 돼Not in My Name'라는 명칭의 단체다. 이 단체는 시오니즘에 반대하는 유대인들의 시위에서 유대교 신봉자들의 투명성을 강조하며 이렇게 선언하기

33 Pierre Melandri & Justin Vaïsse, *L'Empire du milieu*, Odile Jacob, 2001, p.361.

34 *Le devoir*, Nov. 17, 2004.

도 했다. "우리는 미국인이지 이스라엘인이 아니다."**35**

그렇다 하더라도 미국의 주요 유대인 조직들이 이스라엘의 이익을 위해 활동하고 있다는 점은 인정해야 한다. 가장 큰 영향력을 행사하면서도 은밀하게 활동하는 조직 중 하나가 '유대인 국가안보연구소 JINSA, Jewish Institute for National Security Affairs'다. 이 기관의 공식적인 목적은 "이스라엘이 지중해와 중동지역에서 민주주의의 이익을 촉진할 수 있도록, 더 나아가 그렇게 해야만 하도록 전략 및 안보 관련 집단(즉 다양한 분야의 전문가, 기자, 주요공직자 등 이 주제와 관련된 일에 종사하는 모든 사람)에게 이스라엘의 중요한 역할에 대해 알리는 것"이다.

공공분야에서는 '미국 이스라엘공공문제위원회AIPAC'가 중요한 역할을 한다. 이 기관은 1954년 미국의 대이스라엘 원조를 촉진하기 위해서 창설되었다. 조지 W. 볼George W. Ball에 따르면, 이 기관은 미국의 이해관계에 따라 이스라엘 정책에 영향력을 행사하기보다는 이스라엘 정부가 무엇을 어떻게 하든지 간에 오로지 지원만 하려 한다. 1984년 AIPAC의 대변인 중 한 명인 케네디 브랄킨Kennedy Blalkin은 ≪예루살렘 포스트*Jerusalem Post*≫지를 통해 이렇게 선언했다. "만일 야당이 선거에 이겨서 이스라엘의 정치가 바뀐다 해도 우리는 그 정치를 지지할 것이다. 만일 리쿠드당이 계속 집권해 요르단강 서안지역에 대해 강경노선을 고수한다면, 그 역시 지지할 것이다."**36** 이를 두고 볼은 다음과 같이 말했다. "브랄킨에게는 아마 무의식적으로 '옳건 그르건, 내 조국

---

35 www.acjna.org, www.jewsnotzionists.org, www.jewsagainsttheoccupation.org.

36 앞 조지 W. 볼(George W. Ball)의 같은 책, p.211.

이다'라는 스테판 두카터Stephan Ducatur의 표현이 떠올랐을 것이다. 하지만 두카터는 그의 모국을 언급하고 있었고, 그건 바로 미국이다. 브랄킨은 요르단강 서안에 대한 강경책이 미국의 명료한 정치적 목적과 상충된다는 걸 깨닫지 못했다."[37]

AIPAC은 이스라엘에 우호적인 후보들에게 자금을 지원하는 동시에 이스라엘에 적대적인(혹은 내세우는 지원책이 미약하다고 판단되는) 후보들을 몰아내기 위해 활동한다.

1992년 거스 새비지Gus Savage는 일리노이주에서 자신의 의석을 잃게 되는데, 그 이유가 당시 이스라엘에 도착한 소련 출신 유대인들의 식민지 정착을 위한 재정지원에 반대했기 때문이었다(앞 내용 참고). 이와 마찬가지로 상원의원 찰스 퍼시Charles Percy는 사우디아라비아에 AWACS 경보기를 판매하는 것에 지지를 보낸 데다 이스라엘 측에 팔레스타인해방기구PLO와 접촉할 것을 권유하는 바람에 1984년 선거에서 패한 바 있었다. 이와 관련 AIPAC 대표 톰 파인Tom Pine은 이런 말을 했다. "미국의 동쪽에서 서쪽 해안까지 모든 유대인들이 퍼시를 쫓아내기 위해 동원되었다. 현재 정치활동을 하고 있거나 앞으로 정치를 하려는 미국의 모든 정치인은 이 사건이 전하는 메시지를 제대로 이해했다."[38]

폴 핀들리Paul Findley는 일리노이주 유권자들에 의해 9차례나 당선된 의원이었다. 1980년 그는 과감하게도 야세르 아라파트를 만나 팔레스타인해방기구를 인정하려 했다. 그는 "미 의회 역사상 이스라엘과 유

37 앞 조지 W. 볼(George W. Ball)의 같은 책, p.211.
38 앞 조지 W. 볼(George W. Ball)의 같은 책, p.122.

대인들이 만난 최악의 적 가운데 한 명"으로 취급되었다. 그러다 1982년 토머스 다인Thomas Dine에 의해 밀려나게 되었는데, 그에 대해선 이렇게 묘사되었다. "유대인 로비가 어떤 것인지 잘 보여주고 있다. 우리는 예상을 엎고(핀들리는 56%의 득표율을 예상하고 있었다) 핀들리를 이겼다."[39] 이런 활동이 과연 결실을 맺을 것인가? 1982년 AIPAC이 회원들에게 보낸 편지에는 이렇게 쓰여 있었다. "180만 달러의 예산으로 AIPAC은 무려 22억 달러 상당의 이스라엘 원조금을 획득하는 데 성공했다. 다시 말해 AIPAC에 들어오는 개별 후원금 35달러가 간접적으로 미국의 대이스라엘 원조금 42,777달러를 만들어냈다."[40]

2004년 12월, 어느 미 연방검사는 FBI의 AIPAC 수사결과를 한 대법원 판사 앞에 제시할 것을 결정했다. 거기에는 펜타곤[국방부]의 '안보 기밀' 서류가 이스라엘로 유출된 사건이 2004년 8월 공개되면서 그와 관련된 주장의 배후를 밝히는 내용을 담고 있었다. AIPAC 관계자들은 이를 반유대 성향의 FBI 요원들이 함정수사로 무고한 사람들을 잡는 일이라며 부인했었다. AIPAC은 친이스라엘계 미국인들을 대표하지 이스라엘 자체를 대표하는 것은 아니라고 강조했다.[41]

전직 FBI 수사요원이었고, 이젠 다양한 유대인 단체들의 고문직을 담당하고 있는 스티브 포머랜츠Steve Pomerantz는 이 사건의 논쟁적인 성격을 인정했다. "FBI 요원들은 자살행위를 하지 않는다. AIPAC을 가볍게 다루지 않으며, 그 조직이 아주 막강하다는 것, 실질적으로 미 행정

---

39 앞 조지 W. 볼(George W. Ball)의 같은 책, p.222.

40 앞 조지 W. 볼(George W. Ball)의 같은 책, p.215.

41 미국의 외국기관등록법(Foreign Agent Registration Act)에 따르면, 외국정부의 감독 하에 일하는 모든 그룹이나 개인은 외국기관으로 간주된다.

부가 뒤를 봐주고 있다는 것을 모르지 않는다."[42] 또 하나의 폴라드 사건인가?

그렇지만 유대인 로비가 전부는 아니며, 그것과는 거리가 멀다. 미국이 이스라엘을 지원하는 이유들 중에는 유대인 학살에 대한 집단적 죄책감, 중동의 유일한 민주주의 국가라는 인식, 종교적인 동질감 및 가치 있는 공동체라는 인식, 선교자이자 개척자적인 민족에 속한다는 공감, 윤리적으로 격리된 국민으로 보는 점, 아랍 및 팔레스타인 현실에 대한 무시 등을 보태야 할 것이다.

기독교 복음주의 쪽에서는 팔레스타인 영토 내에 건설된 이스라엘 식민지 열 군데 정도를 재정 보조하고 있다. 그들에 따르면, 성경의 예언은 유대인이 그들에게 약속된 땅을 모두 소유하게 될 때에야 완결된다. 그래야만 그리스도의 재림이 가능하고, 이번엔 이스라엘 국민이 스스로 회개하게 된다. 바르바라 빅토르Barbara Victor라는 기자에 따르면, 그들 중 60%가 아마겟돈 전쟁에서 예수가 사탄과 맞서 싸우고 지구는 종말을 맞이하는 걸로 믿고 있다고 한다(성경의 요한계시록에서 예시하듯이).[43] 부시와 샤론을 구별할 수 없는 시대가 되고 있는 만큼, 어떤 논평가들은 '부샤론Busharon' 정치학이라는 신조어를 만들어내기도 했다.[44]

2004년 10월, 이스라엘을 전혀 알지도 못하는 사람들이 수두룩하게

<hr>

42 AIPAC 소송에서 재차 언급되었다. ≪볼티모어 주이시 타임스 Baltimore Jewish Times≫의 2004년 12월 7일자 기사를 마르셀 샤르보니에(Marcel Charbonnier)가 번역, 2005년 1월 8일자 ≪플라트포름 팔레스틴 Plateforme Palestine≫지(250호)에 게재됨.

43 Barbara Victor, La dernière croisade, Plon, 2004.

44 앞 ≪르 드보아 Le devoir≫(Nov. 17, 2004.)지 같은 기사에서 야코프 랩킨(Yakov Rabkin)이 한 말.

섞인 시오니스트 기독교인들 수천여 명이 아리엘 샤론이 가자지구에서 철수하는 것을 반대하며 이스라엘 극우파를 지지하는 시위를 벌였다. 미국에서 이런 복음주의 기독교인들의 수는 4천만에서 8천만 명을 헤아리는 것으로 추산된다. 2002년 그들 중 몇몇은 '이스라엘을 지지하자Stand for Israel'라는 이름의 단체를 만들어 AIPAC의 기독교판을 연출하기도 했다. 그 중에서도 '국제예루살렘교회 기독교도연맹International Christian Church of Jerusalem'과 '이스라엘을 위한 기독교도모임Christian for Israel'은 아주 역동적으로 활동하고 있다. 여기에 9·11 사태는 이스라엘과의 관계를 더욱 긴밀하게 만들었다.

엠마뉴엘 토드Emmanuel Todd에 따르면, "이스라엘을 미국의 정신적 체계에 포함시키는 것은 미국의 내부뿐 아니라 외부에서도 그러하며, 아랍인들을 축출하는 것은 흑인과 멕시코인들을 축출하는 것에 상응한다."[45]

미국의 대이스라엘 지원은 이스라엘이 미국을 위해 제공하는 것에 대한 보상일 뿐이라고 이스라엘은 판단한다. 과거에는 아랍 민족주의와 공산주의의 위험에 대항했고, 이제는 이슬람 테러와의 전쟁에서 최전선을 지키고 있다는 것이다. 이런 위협에 직면해서 이스라엘과 미국은 동일한 방식으로 응수한다. 예방 차원의 공격이자 정당한 방어며, 위험의 규모에 비해 충분한 보호를 제공해주지 못하는 법보다 무력이 더 나을 수 있고 또 나아야만 한다는 것이다.

---

45 Emmanuel Todd, *Après l'Empire*, Gallimard, 2002, p.133. (국역 『제국의 몰락』(까치글방, 2003) ― 옮긴이). 토드에 따르면, 이스라엘을 선택한 것은 미국에서 보편주의의 퇴조와 차별화주의의 고조를 가장 잘 보여주는 양상이다. 이것이 국외차원에서는 아랍인들을 거부하는 것으로 표출되고, 국내차원에서는 멕시코인들의 통합을 어렵게 만들거나 흑인들에 대한 지속적인 인종차별로 표출되고 있다.

똑같이 불안에 사로잡혀 있는(이스라엘은 없어질까 두렵고, 미국은 9·11 사태 이후 더는 성역화될 수 없다는 걸 느끼고) 이 두 나라는 힘이 가장 중요하고, 국제법이나 다자간 제도들을 존중하는 것은 국가 안보라는 목적 달성을 실현하는 데 하나의 장애일 뿐이며, 대화와 정치적 양보는 마치 죄책감까지 보탠 나약함을 자백하는 것과 같다는 세계관을 공유하고 있다.

두 나라 다 근본적으로 자신을 중심에 놓고 자신에게 가해지는 비판 속에서도 자신에게 유리한 권리와 자신의 확신을 강화해줄 수 있는 이유들만 찾아낸다. 정치적·외교적 고립은 결코 용납될 수 없는 처신을 하는 그들이 마땅히 치러야 하는 대가다. 다른 국가의 인간 생명은 자국민들에 비해 거의 고려할 가치도 없다는 그들이다.

중요한 문제는 미국과 이스라엘이 전략적 의제에 제휴를 한다는 점이다. 그건 바로 진짜의 위험을 부인한 채, 위험을 격퇴한다고 주장하면서 강경 일변도의 정치로 치달아 오히려 위험을 조장하는 짓이다. 이슬람의 테러리즘은 정말로 고민거리다. 워싱턴과 텔아비브는 그걸 비난할 만한 이유가 있다. 그렇더라도 그들이 싸우는 방식은 우려하지 않을 수 없다. 그 방식은 테러리즘을 줄이기보다는 간접적으로 더 강화시키는, 개탄스런 결과를 가져온다. 더욱이 부시와 샤론이 권력을 잡으면서, 2001년보다 위협이 덜 하다고 과연 어느 누가 확언할 수 있겠는가?

장

Vers la 4^e Guerre mondiale?

테러와의 전쟁 : 끝없는 싸움?

테러리즘에 맞서 싸우는 것이 '제4차 세계대전'일까? 지구 전역에서 펼쳐지는 새로운 국제분쟁이 흔히 '제3차 세계대전'으로 규정되었던 동-서 분쟁을 계승하는 것인가? 이런 비교가 더욱 더 잦아지고 있지만 전략적인 관점에선 별다른 의미를 갖지 못한다. 흔히 작금의 테러와의 전쟁에 비교되는 냉전시대의 미-소 경쟁은 잔혹하긴 했지만, 당시 내건 개념들은 동-서 양측에 동일하게 작용했다. '핵 견제', '테러에는 테러로', '영향권', '무력 통제', '데탕트[긴장완화]'는 모스크바만큼이나 워싱턴에서도 통용되던 개념들이었다. 그런데 오늘날은 그렇지 않다.

정의에 따르자면, 테러리즘은 그것이 공격하는 적들과 동일한 싸움판에 있지 않다. 테러리즘에 호소하는 상황에서는 재래식 격돌에서 차용된 방법들로는 승리할 가능성이 없는 게 확실하다. 미국과 소련은 동일한 무기, 아니 적어도 견줄 만한 무기로 서로 대항했다. 강하게 중앙집권화되고 위계관계가 뚜렷했던 소련 진영은 식별되면서도 일관된 구조를 갖추고 있었다. 그런데 알카에다는 그 반대다. 테러리즘에 관한 UN의 보고서에는 이렇게 적혀 있다. "…… 알카에다는 조직적인 구조로 연계되어 있는 게 아니라, 일련의 목적에 의거하여 부분적으로 서로 연관을 맺으면서 결합되는 그룹들로 구성된 국제적인 조직이다."[1]

그러니 알카에다는 소련을 그대로 대체하지 못하지 않는가? 이런 비교가 아주 불분명하긴 하더라도 전혀 근거도 없이 생겨난 것은 아니다. 전략적 분석의 견지에서 보면 틀렸지만, 여론은 그렇게 수긍하고 있으며, 상황을 그런 식으로 조건화해서 표현하고 있다. 예전에 대중은 소련의 위협을 우려했다. 당시 소련의 위협은 주요한 위험요인으로 비쳤다. 오늘날 서구인들의 뇌리에서 오데르-나이세 선[2]이나 동쪽의 탄탄한 재래식 병력 위협은 사라졌다. 이제 그들을 두렵게 하는 것은 테러리즘이다.

우리와 다를 바 없는 희생자들을 다치게 하고 불구로 만들고 죽이는 진짜 테러를 조장함에 따라 점점 더 공포에 휩싸이면서 이런 상황을 일상적 현실에선 받아들일 수 없다는 감정이 퍼져가고 있다. 소련의 위협이 위험하긴 했어도 결코 동서 간 직접적인 군사대결을 야기하지

---

1 알카에다, 탈레반 및 이들 조직과 연계돼 있는 개인 및 단체에 대한 UN 안보리 결의안 1526(2004년)에 의거해 설치된 '분석지원 및 제재 감시 팀(Analytical Support and Sanctions Monitoring Team)'의 첫 보고서에서 인용.

2 오데르강과 그 지류인 나이세강을 잇는 독일과 폴란드 간의 국경선이다. 1945년 나치 독일의 패망과 함께 포츠담회담을 통해 이 오데르-나이세 선이 독일과 폴란드의 잠정적 경계선으로 획정되었다가 이후 국경으로 굳어졌다. 상징적으로 냉전시대 동서 간 경계선을 의미한다 ― 옮긴이.

는 않았다. 하지만 세계적이라고 규정되고 있는 테러리즘은 바르샤바조약[3]으로 탄생했던 수직적이고 구조적인 기구는 갖고 있지 않다. 유일무이하고 신비스럽기까지 한 오케스트라 지휘자 같은 국제적 이슬람주의자가 1990년대 초만 해도 일각의 비난을 샀다면, 이제는 그런 지도자에게 복종하는 국제테러리스트는 더 이상 없다.

테러리스트들의 테러는 여론을 격분하게 만든다. 이런 위협에 직면해서 이를 분석하고 깊이 생각해보는 시도를 일절 단념해야 하는 것인가? 그렇다고 말하는 이들이 있다. 9·11 사태 직후 파스칼 브뤼크네르 Pascal Bruckner[4]는 이렇게 썼다. "바로 그때시 원인에 얼팡해 시작한 연구는 그 의도가 좋았다 하더라도 잘못된 길로 간다. 변명의 문화, 절망이나 굴욕에 사로잡혀 해내는 설명은 끔찍한 행위를 용서해주고는 너그러운 경향으로 나가게 된다."[5] 설명하는 것이 변명하는 것과 동질일까?

앙드레 글뤽스만 André Glucksmann[6]에 따르면 모든 것은 분명하다. 이해하려들면 안 된다. 이해하는 것은 용서하는 것이기 때문이다. 비록 정신적 충격, 부당함, 굴욕에서 비롯된 게 아니더라도 무조건 증오와 맞서 싸워야 하는데, 그 이유는 역사와 인간본성에 이미 내재하고 있

---

3 1955년 5월, 소련 및 동구권 사회주의국가 7개국이 폴란드 바르샤바에서 체결한 군사동맹조약이다. 여기서 만들어진 게 바르샤바조약기구인데, 동구권이 붕괴되면서 1991년 이 기구도 해체되었다 — 옮긴이.

4 철학과 문학을 전공한 프랑스 지식인. 미국과 프랑스에서 교수로 지낸 바 있으며, 현재 진보적 시사주간지 ≪르 누벨 옵세르바퇴르 Le Nouvel Observateur≫에 몸담고 있다 — 옮긴이.

5 "Tous coupables? Non", Le Monde, Sep. 25, 2001.

6 유대인 출신의 프랑스 철학자이자 작가. 한때 마오주의 운동가이기도 했다. 이라크전쟁 때 친미성의 글을 쓰기도 했는데, 프랑스 지식인계에서 일반적으로 친이스라엘 지식인으로 평가된다 — 옮긴이.

기 때문이라고 한다. 마이크 타이슨Mike Tyson과 다를 바 없는 어투를 구사하는[7] 글뤽스만에게는 테러리즘을 이해하려는 이들은 곧 테러리즘을 정당화하는 게 된다. 이 성인군자에 따르면, 9·11 사태는 미국인들의 제국주의적 교만의 결실이며, 3·11 사태[8]는 이라크 전쟁에 스페인이 참전했기 때문이고, 반유대주의적 행위들은 유대인들이 샤론을 지지한다고 여기기 때문이고, 기타 등등이다. 그는 정당화될 수 없는 것을 정당화하려는 목적을 가지는 변명의 문화를 비난한다.[9]

이걸 어떻게 봐야 할까? 심사숙고하지 말라고 강변하는 지식인들을 보는 것은 좀 야릇하지 않은가. 소위 지성적으로 말해서 그들의 역할은 오히려 분석을 제공하고, 지지하고, 보충하면서 국제 테러리즘이라는 이 중요한 현상을 제압하도록 하는 것일 텐데 말이다. 이해하는 것이 거기에 동의한다는 의미는 아니며, 설명하는 것이 그것에 정당성을 부여하는 것도 아니다. 제2차 세계대전의 승전국들은 다행히도 1차 대전에서 그들이 저지른 오류들을 심사숙고했었다. 1945년 이후 독일인들과 손을 잡은 게 나치즘을 정당화한 것인가? 그와는 반대로, 미국과 유럽인들은 독일이 히틀러의 수중에 떨어지게 된 뿌리 깊은 원인들에 대해 숙고했고, 그러면서 그런 일이 다시는 일어나지 않도록 나름

---

7 글뤽스만은 이런 수사에 능란하다. 그는 30여 년 전, 공장·감옥·경찰서에서 "마치 온실의 식물처럼 고문관들이 늘어나면서" 도처에 만연해 있던 파시즘을 규탄했던 것과 비슷한 논조로 오늘 녹색파시즘 [이슬람주의를 칭함]을 규탄한다. 당시 노조들은 식민권력 행정부의 "공조자들"이었다. 그는 "경찰에 대항하는 투쟁"을 선언했었다. 왜냐하면 의기양양한 파시즘과 국가를 뒤엎으려는 무장투쟁 중에서 선택을 해야 했기 때문이다. 1972년 5월(310호) 간행된 ≪Les temps modernes≫에 실린 내용을 Emmanuel Lemieux, *Pouvoir intellectual*, Denoel, 2003, p.462에서 재인용.

8 2004년 3월 11일에 발생한 스페인 마드리드역 열차폭탄테러. 알카에다가 자신들이 감행했다고 주장한 바 있다 — 옮긴이.

9 André Glucksmann, *Discours de la haine*, Plon, 2004.

대로 힘썼다. 이렇게 한 게 나치즘을 정당화한 것도 고양한 것도 아니었다. 오히려 나치즘의 재출현을 막을 수 있도록 한 것이다.

탈나치즘은 독일을 서구에 재통합하는 작업과 병행되었던 것이다. 마찬가지로 범죄의 뿌리를 고찰하는 것이 범죄자들을 포용하는 태도를 취한다는 의미는 아니다. 토니 블레어Tony Blair는 범죄에 강경하면서, 동시에 범죄의 원인에 대해서도 강경해야 한다고 강력히 표명한 바 있다. 국내 안전문제에 적용되는 그의 논리를 국제적인 차원으로 확장시킬 수도 있을 것이다. 테러리즘에 강경하면서 테러리즘의 이유들에 대해서도 강경해야만 할 것이다. 그 근원을 다루지 않고 결과만을 비난하는 것은 이 문제를 해결하지 못하게 한다. 어떤 현상을 효율적인 방법으로 퇴치하려면, 그걸 정확히 분석해보면서 시작하는 게 바람직할 것이다. 테러리즘에 맞서 싸우려면 우선 테러리즘의 메커니즘을 보여주어야만 한다. 감정을 가지는 것은 당연하고, 규탄도 필요하다. 하지만 그것만 가지고는 어떤 해답을 찾아내지 못한다. 그런데도 왜 이해조차 하지 말라고 하는 것인가? 어떤 답변들은 성가시게 만들 수 있기 때문에?

하긴 글뤽스만은 이해하려들지 말라고 권장할 때조차도 일관성을 가지기는 한다. 그가 자신과 관계되는 것에 대해 단념하는 듯한 태도를 보이는 것은 꽤 오래된 일이다. 반면 자신이 규정한 잣대들을 선별해서 적용할 때는 오히려 일관성이 모자란다. 체첸의 저항군들에게 우호적인 그의 현실참여 태도는 존중할 만하다. 그렇다면 그는 왜 이 분쟁만큼은 역사적인 예외로 보는 것인가? 체첸의 경우에선 테러리즘이 정치적 조건들이 만들어낸 산물이라고 하면서, 왜 팔레스타인인들을 판단할 때는 그러지 않는가? 러시아 베슬란의 한 학교에서 일어난 유혈 인질사건[10] 후, 그는 이렇게 썼다. "체첸의 시련은 두 가지 잣대를 보여준다. 3세기 동안 지속된 압제가 반란을 불러온 것이며, 양측 간에 일어난 마지막 전쟁의 야만성이 테러리즘을 부추긴 것이다……."[11] 팔레스타인의 테러리즘에 대해서도 비슷한 맥락의 추론을 적용할 수 있을 텐데 왜 그러지 않을까?[12]

테러리즘은 숙명론을 따르는 걸까? 어떤 개인들(혹은 국민들)은 태어날 때부터 테러리스트로 예정돼 있을까? 만일 그렇다면, 테러리즘의 원인 따윈 숙고할 필요도 없을 것이다. 그런데 테러리즘은 무슬림의 전유물이라고 한계를 긋는 조건에서, 그렇게 오랜 세월 동안 이슬람이 어떠한 테러행위도 하지 않았던 건 어떻게 봐야 하는가? 만일 팔레스타인인들이 본질적으로 테러리스트들이라면 한때 이해를 받아보려고 테러를 일으키지 않았던 기간들은 어떻게 설명할 것인가?

테러리즘을 용서해줄 우려가 있으니 테러리즘을 이해하지도 말라는 이들은 순전히 군사적인 해결만 가능한, 막다른 길로 우리를 이끈다. 만일 어떤 국민들이 근본적으로 폭력적인 테러리스트의 운명을 타고 났으며, 테러라는 방법을 통해 호소하게 된 것이 정치적 환경 탓이 아니라면, 그에 대한 정치적인 해결책을 가져오거나 그 이유들을

---

10 2004년 9월 1일부터 3일간 체첸 반군이 러시아 일반인들을 인질로 잡아 대형참사로 이어진 사건. 9월 3일 폭발과 총격 후 344명의 사망자(그 중 절반이 어린이)를 내면서 끝났다 — 옮긴이.

11 André Glucksmann, "La route de l'apocalypse passe par Beslan", *Le Monde*, Sep. 16, 2004. 동일한 기사에서 그는 이렇게 이어간다. "아프간의 시나리오를 그렇게 빨리 잊어버렸단 말인가? 10년 동안 군대는 아프가니스탄에서 그 가공할 파괴력을 발휘했다. 붕괴된 사회구조, 정신적·도덕적 황폐화, 죽은 거나 다름없는 국민, 초토화된 영토의 아프가니스탄. 그런 혼돈 속에 가장 기이한 악당들이 자리했던 것이다. 그래서 탈레반이, 빈 라덴이, 불타는 맨해튼이 생기는 것이다."

12 글뤽스만은 비난을 지적 배반에 결부시키면서, 이런 식의 모순을 서슴없이 드러내는 이들을 일찌감치 반유대적이라고 취급했었다.

찾아보는 것은 무용하다. 이 경우 가능한 전망이라곤 오로지 군사적으로 승리하는 것뿐이다.

그런데 선의와 이성을 가지고 본다면, 강력하게 시사하는 바는 이렇다. 테러리스트로 태어나는 게 아니라 테러리스트가 되는 것이며, 이건 어디서든 사실이라고. 이렇게 말하는 게 '뮌헨'의 망령[들어가는 글, 각주2(역주) 참고—17쪽]과 연관된다거나 테러리즘에 어떤 호의를 베풀게 되는 것은 아니다. 우리는 팔레스타인인들이 저지르는 자살테러들을 규탄해야 한다. 하지만 그와 동시에 테러를 종식시키기 위해서는 그들에게 정치적인 전망을 제공해야 한다. 그 반대의 길을 가고 있는 무력 점령과 탄압은 중단되어야 한다. 그런데 오히려 늘 일관성을 가지는 것은 바로 이 이중적 태도다. 평화를 위한다는 이들이 무력 점령과 군대의 탄압에 대한 규탄을 거부하고 있다. 하긴 자신의 모순이 대중 토론에서 훤히 밝혀지는 위험을 스스로 피하면서 설명을 하지도 않고 비난이나 일삼는 것이 훨씬 더 편한 법이다. 우리가 여론매체를 통해 그들로 인해 당연히 분노로 폭발할 것을 사전에 막아주니 우리를 (모든 악으로부터) 벗어나게 해주고, 결정적으로 비난을 받아야 할 그들도 보편적인 사상가의 이미지를 훼손당하지도 않으니 말이다.

서방국가들은 자신의 군사력을 그들의 독립성이나 온전성을 해치려는 이런 식의 위협들로부터 자신을 보호하기 위한 보루라고 한다. 그렇지만 테러리스트들의 음모 앞에서는 자국영토의 아주 큰 취약점 때문에 고민한다. 가장 교훈적이면서도 확고부동한 예가 바로 9·11 테러다. 미국이 자국영토 안에서 공격을 당한 때는 역사상 비교될 수 없을 만큼 막강한 힘을 갖게 된 바로 그 시점이었다. 그때까지만 해도 테러로 야기되는 인적·물적 피해는 상대적으로 한계가 있었다. 그런데 9·11 테러는 엄청난 규모에다, 수천 명의 사람이 죽을 수 있고, 모든 위협으로부터 보호되고 있다고 판단한 표적도 공격받을 수 있다는 것을 보여주었다. 완전한 보호를 받고 있다고 믿는 일상생활의 영역(백화점·사무실·대중교통)에서 시민들이 맹목적으로 공격을 당함으로써, 엄청난 심리적 파급효과로 걷잡을 수 없이 충격이 확대되었다. 그러니 정보기관들의 노고에도 불구하고 여전히 수많은 점이 예측불가능한 상태다.

테러리즘은 몇몇 압제 치하의 국가에서 활용되는 하나의 전략적 도구다. 전통적인 의미에서 테러의 목적은 이기거나 정복하기 위한 것이 아니며, 상대의 일반적인 태도를 바꾸게 하는 데 있다. 무엇보다도 테러리즘이 약자들의 무기라고 하는 이들도 있다. 그런가 하면 처벌받지 않는 특권을 누리는 강대국들만이 테러리즘이라는 수단을 이용할 수 있다고 하는 이들도 있다. 예를 들어, 막강한 공군에 대항하기 불가능한 나라들에서 시민들을 공중폭격하는 것과 같은 식이다.[13] 한번 더 말하지만, 테러리즘을 언급하는 것이 테러리즘이라는 수단을 이용하는 이들을 용서하는 것은 아니다. 더욱이 도덕적으로나 정치적으로 방어할 수 없는 어떤 행위가 왜 그 행위를 하는 자의 정체에 따라 용인되어야 하는지 이해하기 힘들다.

13 프랑스에서 이 사안에 대해 처음으로 관심을 가진 사람 중 한 사람인 제라르 샤이앙(Gerard Chailliand)에 따르면, "오늘날 우리가 테러리즘으로 이해하는 것은 전문가들이 '아래로부터의 테러리즘'이라고 칭한 것으로 구성된다." 그에 반해 '위로부터의 테러리즘'은 역사 속에서 침략국가의 조직이 실행하는 것이다. 20세기 다양한 독재체제 하에서 한창이었던 위로부터의 테러는 희생자의 수로 따지면 아래로부터의 테러보다 훨씬 많은 피해를 냈을 것이다. 테러리즘은 서구, 특히 미국이 패권을 위해 지불하고 있는 극히 보잘 것 없는 액수의 대가라는 이론을 저자는 주장하고 있다. *Histoire du terrorisme*, Bayard, 2004, p.17, 22.

강대국을 정면에서 공격할 수 없는 이들은 강대국 내에서나 세계 곳곳에서 강대국이 의지를 접도록 만들기 위해 강대국의 이익에 반하는 테러들을 구상할 것이다. 여기서 최대의 난점은 테러리즘이 야기하는 공포가 적어도 서방세계에선 테러의 주동자와 선동자들을 정치적으로나 도덕적으로 지탄하게 만든다는 것이다. 하지만 특기할 만한 것은 이런 상황이 늘 지탄만 받은 것은 아니라는 점이다. 1970년대 팔레스타인인들에 의해 저질러졌던 정기노선 취항기들의 납치나 아르메니아 단체들의 무력행위는 오히려 잘 알려지지 않은 저항활동들을 세간에 알리는 결과를 초래했다. 물론 이런 행위들은 긱각 이스라엘과 터키의 이익에 치명타를 가하기 위해 저지른 것이었다. 오늘날 테러리즘은 맹목적으로 되었으며, 서구인들은 일반적으로 테러에서 놓여날 수 없다고 여기고 있다.

그렇지만 테러가 야기하는 공포는 지역에 따라 다양하게 나타난다는 걸 인식해야 한다. 서방세계의 여론과 정부들은 한결같이 9·11 테러를 비난했다. 그러나 세계 다른 지역에서 느끼는 충격이나 반감은 그보다 덜했다. 이라크를 제외한 모든 정부가 그 범죄를 지탄하긴 했어도 국제여론을 살펴보면, 지역에 따라서는 별로 지탄하지 않았던 곳이 있었는가 하면 심지어 어떤 지역에서는 반기기까지 했다. 이는 단지 아랍인들에게만 해당하는 얘기가 아니다.[14] 서방세계 내에서도 충격의 성격은 다양했다. 2004년 3월 11일 마드리드 테러가 스페인 국민들에게 미국과의 연대 움직임을 야기하지는 않았다. 제3세계에서

---

[14] 민주국가이자 친서방 국가인 세네갈의 다카르 거리에서 빈 라덴의 초상화가 그려진 티셔츠들이 진열된 채 팔리기도 했던 걸 나는 기억한다.

일어나는 살인적인 테러에 대한 연민은 서구의 도시에서 일어나는 테러에 대한 것보다 덜할 것이다.

테러리즘을 어떻게 정의할 수 있을까? 간략하게 쓰면, 테러리즘이 란 늘 내가 아닌 타인들과 결부된다. 자신에게 테러리스트라는 꼬리표 가 붙는 걸 원하는 사람은 없다. 하지만 적에게는 재빨리 딱지를 붙인 다. 좀 더 쉽게 말하자면, 테러리즘의 도덕적 정의는 존재하지 않으며, 그런 행위를 하는 것을 '테러리스트'의 행위로 규정하는 것은 그걸 부당하게 판단해서거나, 부당하게 평가되도록 하기 위해서다. 이런 상황을 이해하려면, 과거 및 현재의 테러사건들을 훑어보면 된다.

우리에게 가까운 기억 중에 지난 전쟁에서 독일의 프랑스 점령상황 이 참고할 만하다. 한쪽에선 테러라 하고 다른 쪽에선 저항행위라고 한다. 이런 근본적인 상대성을 상기하면서, 그 시대와 현대의 테러 음모를 구별하게 만드는 주요한 역사적 특성 하나에 주목해보자. 프랑 스의 레지스탕스들은 시민들을 겨냥하지 않았고, 대중 속에서 폭탄을 터트리지도 않았다. 그들은 군대와 경찰력, 사회기반시설을 공격했다. 그런 와중에 발생한 시민의 희생은 의도하지 않은 오류의 산물이었다. 그런데 오늘날 시민 살상은 의도된 목표다. 최근에 탈식민화의 여파로 일어난 민족해방운동들은 흔히 테러리스트들의 활동처럼 소개되었 다. 그들 자신은 오히려 '자유의 전사'로 여기고 있는데도 말이다.[15] 반대의 예로 로널드 레이건Ronald Reagan의 표현이 있다. 그는 아프간과 니카라과 당국이 각각 테러리스트로 간주하던 무자헤딘과 콘트라반

---

15 UN의 여러 결의안을 보면, 독립투쟁에 대해서는 국제관계에서 무력을 동원한 대응을 금지한다는 예외를 두고 있다.

군을 '자유의 전사'라고 표현했다.

테러리즘에 적용되는 도덕적 잣대의 극히 상대적인 특성을 보여줄 수 있는 예가 있다. 1947년 8월 26일자 《르 포퓔레르_Le Populaire_》지에 실렸던 레옹 블룸Léon Blum[16]의 논평이다. 그는 테러리즘을 비판함과 동시에 유대인 테러와 관련해서 이렇게 썼다. "나는 책임의 대부분이 영국 자신에게 있다고 본다. …… 희망이 없는 상황을 만들어버려 광신자들이 적절한 이유를 찾아 테러를 저지르도록 부추기고 있으니까."[17] 이스라엘 국가가 수립되기 전, 영국에 맞선 유대인들의 항거에 적용된 논리에 동의하는 이들이 이스라엘에 맞서 싸우는 팔레스타인 인들에게는 같은 논리의 적용을 거부하고 있다.

테러리즘과 레지스탕스 간에 도덕적인 경계선을 확실히 그을 수 없으니, 또 다른 잣대가 필요하다. 하지만 어떤 잣대를 가져온단 말인가? 그런 입장을 지지하는 이들은 테러리즘은 그 이유가 어떻든지 간에 용납할 수 없다는 데 만장일치를 보인다. 그렇다면 무엇을 받아들일 수 없고, 무엇 때문에 그런지를 알아보기 위해서는 여전히 테러리즘을 정의하는 일이 남는다. 테러리즘에 대한 정치적, 혹은 법적인 관점에 따른 정의는 어떻게 다를까?

다른 나라들보다도 훨씬 앞서서 유일하게 아랍 국가들만이 하나의 지역적인 조약으로써 테러리즘을 없애기 위한 아랍협정을 가지고 있다. 1998년 4월 22일에 체결된 이 협정문은 테러리즘을 이렇게 정의한다. "그 이유나 목적이 어떠하든, 시민의 생명 및 자유와 안전을 위험

---

16 1872~1959년, 유대인출신의 프랑스 사회주의 운동가 출신으로 총리를 역임했다 — 옮긴이.

17 Denis Sieffert, _Israël-Palestine, une passion française_, La Découverte, 2004, p.99에서 재인용.

에 노출시키면서 국민들에게 공포를 심으려 하거나, 공적·사적 재산, 환경 및 사회기반시설에 해를 입히려 하거나, 국가자원 중 하나라도 위험에 노출시키거나 탈취하거나 점령하려 하면서 개인이나 집단적으로 범죄적 계획을 실행하기 위해 행해진 모든 폭력행위나 폭력의 위협을 말한다." 국제법의 관점에서 보면 모호하고 불분명한 정의인데, 어쨌든 여기에서 출발하여 아랍협정은 서약 국가들에서 실행할 여러 가지 대책까지 규정했다. 즉 '테러리스트 그룹들'에 대한 정보의 토대를 구축하고, 각국 경찰들 간에 정보를 교환하고, '테러 그룹들'의 움직임을 감시하고, '테러활동'에 법적으로 연루되어 있는 사람들과 여타의 아랍 국가에서 망명하는 이들을 (국제법에 따라) 본국으로 인도한다, 등이 그것이다.

미국에는 테러리즘에 대한 여러 가지 정의가 있다. 국방부에 따르자면, "일반적으로 정치적·종교적·이데올로기적 목적을 가지고 공권력이나 사회를 압박하거나 위협하기 위해 공포를 야기하는 폭력적인 방책"[18]이다. FBI에서는 "정치적·사회적 목적 때문에 정부와 시민 대중, 또는 그 일부를 위협하고 압박하기 위해 사람이나 물적 자산을 겨냥해 불법적인 무력과 폭력을 사용하는 것"[19]이라고 정의한다.

마지막으로 국무부에 따를 것 같으면, "일반적으로 여론에 영향을 미칠 목적으로 비전투원을 대상 삼아 국가 하부 그룹이나 비밀조직이

---

[18] United States Department of Defense, Office of Joint Chiefs of Staff, Joint Publication 1–02 : *Department of Defense Dictionary of Military and Associated Terms*.

[19] Counterterrorism Threat Assessment and Warning Unit, National Security Division, Federal Bureau of Investigation, *Terrorism in the United States 1999 : 30 Years of Terrorism — A Special Retrospective Edition*, Washington, DC : United States Department of Justice, 1999.(http://www.fbi.gov/filelink.html?file=/publications/terror/terror99.pdf).

계획적이면서 정치적 의도를 가지고 폭력을 자행하는 것"[20]이다.

최근 프랑스에서는 새로운 형법으로 테러 범죄를 다른 범법행위에 통합했다(421-1항과 421-2항). 거기서 테러리즘은 다음과 같이 정의된다. "위협이나 테러를 통해 공공질서를 심각하게 동요시키려는 목적을 가지고 실행되는 개인적이거나 집단적인 기도." 또한 어떤 행위가 테러로 규정되려면, 다음의 두 가지 기준에 부합해야 한다.

● 한편으로는 어떤 특정한 범법행위에 연루되고("사람의 온전한 상태나 생명을 의도적으로 침해, 납치아 감금, 항공기·선박 혹은 다른 교통수단을 탈취하는 것 등과 같은")
● 다른 한편으론 위에서 명기한 범법행위 중 적어도 하나에 해당되고, 그것이 개인 또는 집단적인 기획 하에 저질러졌다는 인과관계가 성립될 것.

테러리즘의 정의에 대한 마지막 예는 2000년 1월 10일 유럽협정이 테러리스트들의 자금조달을 억제하기 위해 제시한 것으로 내용은 다음과 같다. "어떤 무력분쟁 상황에서 야기되는 적대감에 직접적으로 연루되지 않은 시민이나 여타 모든 사람을 심하게 다치게 하거나 살해하려는 모든 행위를 칭한다. 그 본질이나 상황에 비춰볼 때 주민들에

---

20 Office of the Coordinator for Counterterrorism, *Patterns of Global Terrorism 2002*, US Department of State Publication 11038, Washington, DC : State Department, Apr. 2003.(http://www.state.gov/documents/organization/20177.pdf 참고). 이 서류에서는 다음의 내용도 읽을 수 있다. "이 정의에 부합하는 '비전투원'의 뜻은 일반시민을 포함해 사건 당시 비무장상태의 비번이었든, 비무장 또는 비번이었든 이에 해당하는 군인을 말한다."

6장 테러와의 전쟁 : 끝없는 싸움? 141

게 위압감을 주거나, 어떤 정부나 국제조직을 위협해서 어떤 활동의 목적을 성취하거나 막으려는 행위다."

분석단계가 이쯤 되면 다음의 정의에 아주 쉽게 의견일치를 보이게 될 것이다. 즉 테러리즘이란 폭력적이고도 무차별적인 방법으로 시민을 공격하는 것이다.

CIA 반테러센터의 전직 부소장이었던 폴 필러Paul Pillar는 테러행위를 규정하는 네 가지 요소를 열거하고 있다.

- 충동적인 행위가 아닌, 미리 계획한 행위
- 기존질서를 바꾸려는 목적으로, 범죄적 동기가 아닌 정치적 동기에서 비롯한 행위
- 무장한 전투원을 겨냥하지 않고 시민을 표적으로 삼는 행위
- 정식 군대가 아닌, 국가 하부 그룹들이 저지르는 행위[21]

전략문제를 다룬 문서에서는 국가 내부 그룹들의 테러리즘을 그 국가보다는 특정 조직들과 연관시키려는 경향이 점점 더 강해지고 있다. 적어도 서구의 전략문서에는 그렇다고 할 수 있으며, 다른 데서는 여전히 국가의 테러리즘에 대한 의문이 더 제기되고 있다. 만일 시민들을 겨냥해 무차별적인 방법으로 자행되는 모든 행위를 테러로 정의한다면, 국력에 힘 입어 자행되는 무력 진압(예를 들어 공중폭격) 같은 것도 테러행위라고 말할 수 있지 않을까? 왜 국가 하부 그룹들에

---

21 요르단총리를 역임한 압델 살람 마잘리(Abdel Salam Majali)가 2004년 10월 22~23일 세계정치포럼 (World Political Forum)에서 발표한 내용 인용.

게만 그런 명칭을 한정하고 있을까? 시위자들에게 미사일을 발사하고, 테러리스트가 숨어 있는 것으로 추정된다고 다른 가족들이 살고 있는 건물을 파괴하는 것은 테러로 규정할 수 없다는 얘기인가? 앞에서 보았듯이 테러리즘에 대한 최소한의 정의에 따르면, 무고한 시민들을 겨냥하고 있으니 그것도 의심의 여지가 없는 테러다.

그렇다면 이스라엘이 팔레스타인인들을 테러리즘에 연루되었다고 재판도 없이 처벌하는 것은 엄밀한 의미에서 테러행위가 아닌가? 이라크전쟁 동안 미군들이 감행한 몇몇 작전은 테러가 아닌 건가? 미군과 그들의 동맹국들은 분명 테러를 저질렀다. 그들이 자행한 무모한 폭격, 경고도 없이 가한 총격, 사형집행(그 중 몇 건은 언론에 의해 폭로되기도 했다)은 테러행위가 아니란 말인가? 그렇다면 과연 어떤 명분으로 아랍이든 서구든 간에 우선적으로 국가엔 면죄부를 주고 단지 국가 하부 그룹들에게만 그런 명칭을 덧씌우는 것인가?

이런 검토는 논리적으로 우리를 다음의 의문으로 이끈다. 그동안의 전쟁 행위와 테러리즘 간의 경계선이 이런 식으로 없어져 버린다면, 전쟁 자체의 본질도 바뀌었기 때문이 아닐까? 우리는 정말 경계도 한계도 없는 새로운 전쟁 환경에 처해 있는 걸까? 9·11 사태는 사실상 '테러와의 전쟁'이라는 용어를 사용하게 된 시발점이다. 다른 인용을 길게 할 것도 없이 이런 표현은 국가와 영토가 아닌(따라서 약하고도 희미한) 요소를 어떻게 중요한 적 대열에 세울 수 있는지를 보여주며, 따라서 이 새로운 유형의 전쟁이 어떻게 정의하기조차 불가능한 승리를 전쟁목표로 정할 수 있는지도 보여준다(국가적인 요소는 되갚거나 파괴시켜 버릴 수 있고, 영토는 점령할 수도 있다. 반면 테러리즘은 정치적 폭력이 종결돼야만 사라질 수 있다). 결국 이런 표현들은 머지 않아 파괴적인 힘이 동원될 것임을 예고한다. 테러와 맞서 싸우는 새로운 전쟁은 테러리즘을 보편적인 힘으로 자리매김시켜 지구 전체에 지속적인 전쟁 상태를 제도화한다. 바로 이게 제4차 세계대전이다.

프랑수아-베르나르 위그François-Bernard Huygue[프랑스 정치학자]에 따르면, '제4차 세계대전'이라는 표현은 잡지 《코멘터리Commentary》 2001년 10월호에 실린 기사에서 비롯된 신보수주의 용어다. 엘리엇 코헨Eliot Cohen이 '테러와의 전쟁'이라는 표현을 쓰지 말자고 제안했던 것이다. "더 명확한 명칭은 제4차 세계대전일 것이다. …… 이 전쟁에서 적은 '테러리즘'이 아니라 …… 호전적인 이슬람이다."[22] 이슬람을 조준선에 두고 있는 문명의 충돌인 것이다.

이 표현은 전임 CIA 국장이었던 제임스 우드슬리James Woodsley 때문에 특히 유명해졌다. 2002년에 큰 파문을 일으켰고 《르몽드Le Monde》지에 번역되어 소개된 바 있는 기사에서 그는 이렇게 선언했다. "우리는 '제4차 세계대전'에서 승리할 것이다." 만일 세 번째가 냉전이었다면, 네 번째는 "테러리스트, 독재자와 전제주의자들"[23]을 겨냥하는 게 될 것이다. 여기서 우리는 네오콘들에게는 더 없이 소중한 표현 하나를 보게 된다. 미국은 여전히 역사 속에 깨어 있고, 자유와 민주주의를 보급하는 임무를 다시 수행하고 있다는 것이다. 이미 정해진 제국은 결정적인 대결에 참여하기 위해 21세기에 다시 네 번째 눈을 뜨고 있다는 것이다.

2003년 4월 3일, 제임스 우드슬리는 자신의 논법을 다시 들먹이며

---

22 François-Bernard Huygue, *4ᵉ Guerre mondiale, l'art de la guerre*, Éditions du Rocher, 2004, p.31.
23 물론 진짜 독재자와 전제주의자들을 겨냥했다. 다시 말해 미국의 원조나 지지를 받아들이는 이들 말고, 미국에 맞서는 이들 말이다!

이렇게 말했다. "내가 보기에 우리에게 이 네 번째 전쟁은 1, 2차 세계 대전들보다 훨씬 더 길 것이다. 하지만 40년 이상이나 지속된 냉전보다는 더 오래가지 않기를 기대해보자."[24] 제4차 세계대전이 2001년에 시작되었다고 본다면, 이 대전이 냉전보다 길지 않기를 기원할 수는 있다. 그런데 냉전은 적어도 직접 연관된 전쟁 주역들 간에도 희생자들을 내지 않은 장점이 있었던 반면, 이 네 번째 전쟁은 이미 그렇지가 않다.

2004년 9월, 네오콘의 주요 사상가로 꼽히는 노먼 포드호레츠Norman Podhoretz는 신보수주의 사상을 대변하는 잡지인 ≪코멘터리≫에 제4차 세계대전에 대한 강한 주장을 담은 기사를 실었다.[25] 그에 따르면, 만일 이 전쟁을 제4차 세계대전으로 여기지 않는다면, 미국이 도대체 어떤 전쟁을 하고 있는지 이해할 수 없다는 것이다. 그는 우리에게 대뜸 경고한다. 지금은 아주 기나긴 전쟁의 초기일 뿐이며, 이라크는 테러리즘과 급진이슬람주의에 맞서 싸우는 수많은 전쟁터 중에서 두 번째 전장일 뿐이라는 것이다. 테러와의 전쟁을 다른 세계대전과 비교하면서 생기는 장점은 이라크에서의 미국의 엄청난 실패를 가릴 수 있다는 점이다. 이라크에서 미국이 실패했다고 판단하는 얼간이들은 간단히 말해 역사적 관점이 부족하다는 것이다. 다른 세계대전들에서도 궁극적인 승리에 도달하기까지는 수많은 일시적 패배들이 있었으며, 그 중 하나는 오랫동안 불분명하기까지 했다. 포드호레츠에 의하면, 세계무역센터 테러 후 2001년 9월 20일에 있었던 연설은 조지

---

[24] Karolyne Postel Vinay, *L'Occident et sa bonne parole*, Flammarion, 2005, p.149에서 재인용.

[25] Norman Podhoretz, "World War IV: How it started, what it means and why we have to win", *Commentary*, Sep. 2004, p.56.

부시가 이 전쟁에서 승리하는 수단들을 공고히 하는 새로운 독트린을 규정했던 것이라 한다. 이 독트린은 네 기둥이 받치고 있는데 그 하나가 도덕적 상대주의의 거부다. 포드호레츠는 부시가 미국의 가치들을 들먹이면서 이를 명백히 하려 한 점에 찬사를 보낸다. 그런데 "선/악", "우리와 함께하지 않는 자들은 곧 우리의 적"이라는 등의 구절을 담고 있는 부시의 연설은 상황을 단순화하고, 미국의 고립을 자초할 성질을 띠는 것으로 판단되었고, 수많은 미국인들도 그렇게 여겼다. 두 번째 기둥은 분명하게 규정된 적과 그 동기다. 즉 적은 바로 테러리즘인데, 사실 이는 경제적 조건의 산물이 아니라 정치적 억압의 산물이다. 따라서 이라크에 적용한 것처럼 '체제 변화' 전략은 당연한 노선이다. 세 번째 기둥은 선제공격권이다. 다시 말해 공격당하기 전에 공격할 수 있다는 것이다. 봉쇄나 억제라는 냉전의 독트린들이 이제 땅에 묻혀버린 것이다. 그런데 이 선제공격권을 제대로 풀이하면 침략할 권리라는 뜻이 된다. 위협을 받고 있다고 여기는 모든 이들이 공격받는 걸 피하기 위해 먼저 공격할 수 있게 되는 격이니, 신나는 일 아닌가. 단지 19세기만 돌아보더라도 전쟁은 국제관계에 개입할 수 있는 합법적이고도 공정한 하나의 수단이었다. 그러나 20세기의 인류는 국제관계의 대책을 전쟁에 의존하지 못하도록 ─ 두 차례의 전쟁을 겪은 대가로 ─ 대단한 노력을 해 왔다. 마지막으로 네 번째 기둥은 팔레스타인 국가의 수립을 허용하지 않는다는 것으로, 미국이 테러와의 전쟁을 벌이고 있는 바로 이 순간에 팔레스타인이 테러리즘의 은신처가 되고 있는 한 그렇다는 것이다. 이로써 고리는 엮인 셈이다. 미국이 팔레스타인 국가수립을 반대하는 건 이스라엘의 비위를 맞추기 위해서가 아니라, 미국의 목표에 도달하기 위해서며, 그 목표란 바로 제4차 세계대전에서 승리하는 것이다. 굉장한 도전을 하고 있는 그들은 쟁쟁한 테러리스트들이 다스리는 나라가 서는 위험을 지켜볼 수 없다는 것이다. 상황은 확실해진다. 미국은 있는 그대로의 팔레스타인 국가가 수립되는 건 반대하지 않지만(현재까지의 태도로 볼 때 원칙은 받아들이고 있으니까) 테러리즘이 은신처로 삼을 수 있는 나라를 갖게 되는 것은 용납할 수 없는 것이다. 그러니 해결책 마련은 테러와 무관한 팔레스타인 정부에 의해서만 가능해진다. 다시 말해 이스라엘과 미국이 함께 정하는 기준에 적합한 정부 말이다.

네오콘 및 자신의 영향력을 행사하는 데 성공한 이들 외에도 제4차 세계대전 이론을 믿는 두 번째 무리들이 있는데, 바로 알카에다의 열렬한 옹호자들이다. 역사의 아이러니가 바로 여기에 있다. 오사마 빈 라덴Osama bin Laden은 '유대인들과 십자군들'이 신에 맞서 세계대전을 벌이고 있다고 평가한다. 내적 토대를 넓히는 데 필요불가결한 이데올로기 체계 속에서 각 진영이 상대방보다 더 든든한 이데올로기적 버팀목을 가지지 못한 상태에서는 이런 개념이 양 극단 간에 일종의 동맹을 구축해낸다. 빈 라덴과 미국의 네오콘들은 서로 궤멸시키고자 하는 상대의 담론을 강화시켜주고 있으니 서로에게 축복인 셈이다. 만일 그들이 위험천만한 회오리에 휩싸이기라도 한다면, 자칫 우리도 그 속으로 끌려들어갈지 모르니, 애석하지만 이 잔혹한 역설을 냉정하게 분석하는 것으로 만족하기로 하자. 아무튼 9·11위원회는 미국의 이 새로운 적에게 '이슬람 테러리즘'이라는 공식명칭을 부여했다.

2002년 9월 6일, 위베르 베드린Hubert Védrine[26]은 그런 상황을 이런 식으

26 외무장관을 역임한 프랑스 좌파 정치인 — 옮긴이.

로 경고했다. "오늘날 우리는 새로운 단순주의의 위협을 받고 있다. 이 단순주의는 세상 모든 문제를 테러와의 전쟁으로만 귀결시키고 있다."[27] 이 말이 당시 미 국무장관인 콜린 파월Colin Powell을 분노하게 만들어, 그는 프랑스 외무장관의 '히스테리' 운운하기까지 했다. 콜린 파월로 말할 것 같으면 온건파로 알려져 있는 인물이었는데도 말이다.[28] 그런데 문제는 바로 여기에 있다. 즉 테러리즘을 도덕적으로 지탄만 하는 것은 테러의 원인에 대한 이해를 방해하게 되고, 테러와 전쟁을 벌이는 방식이 오히려 테러리즘을 살찌우게 만든다.

그로부터 정치개혁을 권장하는 것보다 테러와의 전쟁이 우위에 서게 되었으며, 민주화를 촉진하기 위해 한 일이라곤 눈곱만큼에 불과했다(여기서 '눈곱만큼'도 어찌 보면 아주 큰 것인지 모르겠다. 이라크 경우처럼 테러리즘이 줄어들기는커녕 점점 더 자극할 위험을 만들면서 전쟁을 통해 민주주의를 장려하고 있으니 말이다.)

세월이 흐르면서 위베르 베드린의 목소리에다 다른 관찰자들의 목소리가 더해진다. 그들은 지금껏 테러와의 전쟁을 추진한 방식이 재앙을 부르고 있다고 판단하는데, 이를 두고 자신의 무능을 탓하기 위해 자학을 하고 있다거나 원초적인 반미주의에 사로잡혀 있다고 말하는 것은 온당치 못하다고 했다.[29]

●

27 한편 데니스 시페르트(Denis Sieffert)는 이렇게 설명한다. "아프가니스탄, 이라크, 팔레스타인, 체첸 등, 국제테러리즘의 광대한 이데올로기적 잡동사니창고 속에서 그 모든 것을 설명하려다보니 구분 짓지 못할 지역분쟁이 더는 없다. 더 심각한 것은 감히 다른 논리로 방어할 만한 민주주의도 더 이상 존재하지 않는다는 점이다." "Bush-Putine, même logique, même impasse", *Politis*, Sep. 9, 2004에서 인용.

28 *Le Figaro*, *Libération*, Jul. 7, 2002.

29 전략분석가인 패트릭 실(Patrick Seale)에 따르면 "블레어 총리와 샤론 총리 및 부시 대통령은 팔레스타인에서 그랬듯 이라크에서도 지역분쟁의 평화적 타결 가능성을 일축하고 무력에 의지하면서 의도적

유토피아를 지향하는 대안적 세계화주의자라고도 할 수 없는 조지 소로스George Soros는 다음과 같이 표명했다. "테러와의 전쟁을 선포하고 이라크를 침공함으로써 부시 대통령은 결국 테러리스트의 손아귀에 놀아난 꼴이 되고 말았다."[30] 클린턴과 부시 1기 행정부 시절 대테러리즘 실무책임자였던 리처드 클라크Richard Clarke도 같은 맥락으로 얘기한다. "부시는 선거의 승리를 좀 더 확실히 보장받기 위해 반테러리즘을 정치화했다."[31] 미국 '국가정보위원회NIC, National Intelligence Council'는 2005년 1월에 발간한 보고서에서 이라크전쟁이 테러리스트들의 훈련장을 만들어냈다고 평가했다.[32]

새뮤얼 헌팅턴Samuel Huntington은 직접 나서서 이라크전쟁이 테러와의 전쟁에서 얼마나 유용한지를 논하는 이론의 상자에 마지막 못을 박는다. "이라크 침공으로 인해 무슬림들은 반이슬람 전쟁을 체험했다. 미국이 이런 식으로 움직이면서 점점 더 테러리즘을 양산하리라는 건 분명했다. 오늘 우리는 분명히 종교전쟁에 참여하고 있는 것이며, 이 전쟁의 책임은 빈 라덴과 조지 부시에게 있다."[33]

전통적으로 미국의 동맹국인 이집트의 호스니 무바라크Hosni Moubarak 대통령도 이런 감정을 공유하고 있다. "테러리즘의 첫째 이유는 바로 부당함이다. 팔레스타인과 이라크에서 일어나는 일들을 보라. 거기엔

이든 아니든 간에 테러를 유발하고 정당화시켜 주었다……."

30 George Soros, *Pour l'Amérique, sans Bush*, Dunod, p.20.

31 Richard Clarke, *Contre tous les ennemis*, Albin Michel, 2004, p.11. (영문판 원제 *Against All Enemies: Inside America's War on Terror*(Free Press, 2004)의 프랑스어 번역판이다. 국역 『모든 적들에 맞서』(휴먼앤북스, 2004) ― 옮긴이).

32 "US panel sees Iraq War as a training for terrorists", *International Herald Tribune*, Jan. 12, 2005.

33 *Le Nouvel Observateur*, Jan. 27, 2005.

바로 억압과 부당함이 있고, 테러리즘과 테러가 있다. 사람들은 왜 자폭하는 것인가? 이 젊은 팔레스타인인을 예로 들어보자. 미국의 대학에서 갓 학위를 받은 그녀가 이스라엘의 압제, 부당함, 암울한 미래 때문에 이스라엘 군중 속으로 몸을 던져 폭사했던 것이다"[34]

UN의 테러리즘 전문가들은 이렇게 묘사했다. "알카에다는 현재 이슬람과 서방이 전쟁 중이라는 사고를 고무시킨다. …… 이 메시지는 세계 도처의 수많은 무슬림에게 과거의 상처를 되새기게 한다. 서방의 정치 및 경제적 패권 앞에서 일반적으로 느끼는 씁쓸함과 무력감을 촉발시킨다. 서방의 패권은 적지 않은 사람들에게 본질적으로나 결정적으로 그들의 이익에 반하는 것으로 받아들여지고 있다. 자원이 열악한 상황에서도 알카에다가 적을 공격하고 생존할 수 있는 역량을 가질 수 있는 것은 복수심으로 혼미한 욕구를 미끼로 신병을 모으고 자금을 모으기 때문이다."[35]

"미국이 동남아시아에서 테러리즘과 맞서 싸우기 위해 무력을 행사함으로써 오히려 이슬람 광신주의를 키우게 되고, 잠재적으로는 정치·사회적 불안정을 진전시키게 될 것이다."[36] 말레이시아의 국방장관, 나지브 라작Najib Razak의 말이다. 아시아에서 열린 국가안보와 관련된 한 회의에서 라작 장관은 역내 미군의 주둔은 제외하고 정보 분야에서는 반테러를 위한 협조가 가능하다고 했다.

테러리즘의 원인들을 다루지 않는다면, 테러리즘은 늘 번성할 것이

34 *Le Monde*, Apr. 21, 2004. (호스니 무바라크는 당시 자살폭탄테러를 행한 한 팔레스타인 여학생을 암시하고 있다).

35 앞의 알카에다에 대한 UN의 '분석지원 및 제재 감시 팀' 보고서, p.5.

36 "US Forces not wanted", *International Herald Tribune*, Jun. 7, 2004.

다. 빈 라덴이 감시 하에 있건 말건 그건 중요하지 않다. 그가 부각될 수 있는 여지가 생긴 게 전략적인 환경 때문이라고 해도 마찬가지다. 그가 아니라면 그의 후계자가 대신할 것이다.

물론 중동에 평화가 싹튼다 해도 테러리즘은 사라지지 않을 것이다. 빈 라덴과 그의 심복들이 하루아침에 법치주의와 대의민주주의의 수혜자가 되진 않을 것이다. 하지만 새 지원자들을 설득할 수 있는 그들의 논거가 빈약해지고, 무슬림세계에서 그들이 외치는 논리의 반향이 약화될 것이다. 한편 테러와의 전쟁, 더 엄밀하게 말해서 그 여파가 가져올 결과들과 관련해서 만일 이 전쟁이 테러리즘이라는 새앙의 원인들을 따져보지 않고 수행된다면 3중의 난국, 즉 정치적·군사적·경제적 난국을 불러오게 된다.

빈 라덴이 '십자군'과 '유대인'과의 전쟁에 정당성을 부여한 선언을 발표한 것은 1998년으로, 평화 진척과정에서 보자면 상대적으로 낙관론이 존재하던 때라는 걸 상기할 수 있다. 또한 세계무역센터에 대한 첫 테러가 조직된 게 1993년이었는데, 당시도 이-팔 분쟁을 놓고 낙관론이 팽배했던 기간으로 평화협정(오슬로협정)에 대한 희망이 싹트던 바로 그 직후였다는 점도 상기해볼 수 있다.[37] 그렇다고 해도 이-팔 분쟁과 이스라엘의 점령이 지속되고 있는 것이 '이중저울 및 이중잣

---

37 뉴욕에 소재한 '미국 대외관계위원회(Council on foreign relations)'의 막스 부트(Max Boot)는 "대중동 정책의 변화가 테러리스트들에게 충격을 줄 것으로 여기는 건 하나의 환상이다. 여러 해 동안 빌 클린턴은 레이저처럼 이-팔 사안의 해결에만 초점을 맞췄다. 이로써 빈 라덴이 우리를 파멸시키려는 음모를 거두게 만들었는가? 그들은 이스라엘이 사라지기만을 원하니 그들을 합리화시켜줄 방법은 전혀 없는 것이다"라고 했다. International Herald Tribune, Nov. 8, 2004. (1993년의 세계무역센터 테러는 2월 26일에 발생한 지하주차장 폭탄테러사건을 말한다. 이에 앞서 2월 1일에는 클린턴 대통령과 이스라엘 라빈 총리가 오슬로협정 체결(9월 13일)을 위한 초석을 놓았다(5장 참고) ― 옮긴이).

대'의 예로 인식되고 있다는 데는 변함이 없다. 그렇다면 어떤 길을 택해야 하는가? 끝없는 전쟁 상태로 진입하는 것뿐인가?[38] 이-팔 분쟁을 세계적 규모로 확대해 가면서? 그렇다면 우리는 이미 패배한 것이나 마찬가지다. 패배한 것이나 마찬가지인 이유는 패트리엇 법[애국법][39]에서 관타나모[40]까지, 아부 그라이브[41]에서 팔루자[42]에 이르기까지, 서방세계가 반영하고 있고 촉진시키길 원한다고 표명한 가치들을 서방세계 스스로 부인하고 있는 것일 테니까. 그래서 테러와의 전쟁은 승리할 수 없을 테니 이미 패배한 것이나 마찬가지다. 게다가 그렇게 해서 승리를 얻는다 한들 그걸 뭐라고 정의할 것인가? 도대체 무엇이 확실한 승리의 표지가 될 수 있겠는가?

만일 이스라엘이 점령지에서 하는 식으로 영국이 북아일랜드에서, 스페인이 바스크 지역에서 똑같은 짓을 저질렀다면,[43] 그런 정치가 그 지역과 연관된 테러리스트들의 활동을 줄이는 데 효과적이라는 말을 납득할 수 있을까? 그랬다면 인접국들이 묵묵히 그걸 받아들였

●

38 미국의 네오콘인 마이클 리든(Michael Ledeen)은 "평화가 비정상"이라고 했다. Bruno Tertrais, *La guerre sans fin*, Le Seuil, 2004, p.83에서 재인용.

39 테러리즘을 이유로 미국에서 공공의 자유를 제한시킨 법.

40 쿠바의 관타나모 미군기지 내 수용소를 일컫는 것으로, 미 정부가 극악한 범법행위를 저질렀다고 판단한 이들을 수용하는데, 주로 아프가니스탄과 이라크에서 잡혀 온 사람들이 갇혀 있다 ─ 옮긴이.

41 이라크 아부 그라이브의 군사감옥을 말한다 ─ 옮긴이.

42 '이슬람사원의 도시'라 불릴 만큼 이슬람 전통의 뿌리가 깊다. 사담 후세인 체제의 혜택을 받은 도시라 친후세인 세력의 근거지로도 알려져 있다. 따라서 이라크에서도 반미 저항세력의 활동이 두드러진 곳이다 ─ 옮긴이.

43 영국의 북아일랜드에서는 '아일랜드공화국군(IRA, Irish Republican Army)'이 북아일랜드를 분리, 아일랜드공화국과의 통일을 위해, 스페인 북부 바스크에서는 '바스크 조국과 자유(ETA, Euskadi ta Askatasuna)'라는 이름의 바스크해방군이 '분리독립'을 주창하며 활동하고 있다 ─ 옮긴이.

을까? 자살테러를 각오하는 이들을 대상으로 한 조사결과는 그들이 심리적으로 위축된 이들의 프로필을 대표하지 않는다는 점을 보여준다. 또한 그들의 그런 행동은 일반적으로 소중한 사람을 잃거나 심한 굴욕감을 느낀 후 유발된다는 걸 보여준다. 무조건 가옥들을 파괴하고 올리브나무들을 뿌리째 뽑아버리는 게 테러와 싸우는 것이라고, 정말 그렇게 믿는 걸까? 그건 되레 테러가 지속되게 만드는 방법이 아닌가? 민간아파트들을 공격해 난장판으로 만들고, 공공의 사회기반시설을 파괴하고, 탱크가 지나가는 길에 놓인 일반 차량들을 무조건 파괴하는 게 테러와의 전쟁을 위해 필요한 일인가? 게다가 물속의 고기처럼 테러리스트가 팔레스타인 사람들 속에 숨어 있다고 생각하는 것은 바로 그 사람들 전체가 테러리스트라고 하는 것이나 진배없다.

조지 부시는 완전히 모순되는 두 가지 표현으로 이중화법을 구사한다. 한편으로는 이라크전쟁 개전 이래, 또 사담 후세인Saddam Hussein을 권좌에서 몰아낸 후, 세계가 매우 안전해졌다고 계속 반복해댄다. 미국의 결단력에 힘입어 테러와의 전쟁에서 승리하고 있는 중이라고 주장하는 것이다. 그러나 다른 한편으로는 테러와 벌이는 이 전쟁은 끝이 없는 전쟁이라고 소개한다. 간단히 말해, 승리가 눈앞에 보이지만 그 지점에 닿으려고만 하면 재빨리 멀어져 가버리는 게 유일한 문제라는 것이다.

그의 연설들을 비교해보면 이런 모순은 명백히 드러난다. 2003년 1월에 행한 어느 연설에서 그는 이렇게 표명했다. "새로운 위협에 대한 소식을 접하지 않는 날이 없다. …… 전쟁은 지속되고 있으며 우리는 이기고 있다." 2002년 1월 29일에 발표한 연두교서에서는 아프가니스탄 전쟁을 언급하면서 이런 말을 했다. "…… 우리는 테러와의 전쟁에서 승리를 거두고 있다." 이 연장선상에서 2003년 5월 1일, 조지 부시는 미 항공모함에 착륙하여 세계가 지켜보는 카메라 렌즈 앞에서, '임무 완수'라고 적힌 커다란 현수막을 뒤로 한 채 승리의 연설을 했다.

그러다 2004년 선거유세 때도 여전히 승리하기 위해 이 전쟁을 계속할 필요가 있다고 피력했다. 그는 이런 모임 저런 모임에 다니면서 전쟁 중인 대통령으로 자처한다. 그러면서 아주 방심하고 있는 유권자들에게까지도 미국의 임무가 사실상 완수된 게 아니라고 여기게 만든다. 그런데 부시가 이끌고 있는 이 테러와의 전쟁은 불가능한 임무가 아닐까? 부시 대통령은 2003년 8월 30일, NBC방송의 '브렉퍼스트 쇼 Breakfast show'에서 이렇게 말했다. "테러와의 전쟁에서 이길 수 있다고 생각하지는 않는다. 하지만 세계의 일부에서라도 테러를 하나의 수단으로 이용하는 자들을 덜 용납하는 여건들을 조성하길 바랄 수는 있다고 생각한다."

부시는 2003년 9월 23일, UN총회에서 다음과 같이 선언한다. "테러의 동맹국 하나가 함락되었으니 전 세계 나라들이 보다 더 안전해졌다." 그러다가 두 달가량이 지난 후 이런 말을 했다. "사담 후세인의 체포가 이라크에서 폭력의 종말을 의미하지는 않는다. 우리는 여전히 테러리스트들에 맞서고 있으며, 그들은 중동의 심장부에서 자유가 고양되는 것을 받아들이기보다는 무고한 사람들을 계속해서 살해하는 걸 선호한다. 미국 국민에겐 이런 자들이 직접적인 위협이다. 그들은 패배하고 말 것이다."[44]

2004년 초에도 계속 이렇게 이어갔다. "위험이 저 멀리 있다고 믿는

---

44 2003년 12월 14일, 사담 후세인 체포 후 가진 연설.

것에 현혹되고 있다. 이런 희망이 이해할 만하고 위안이 되기도 하지만, 틀린 얘기다."[45] 그러곤 같은 교서에서 이렇게 안심시키기까지 한다. "테러와의 전쟁을 위해 세계 도처에 주둔하고 있는 수십만 명의 미군들 덕분에 미국은 더 안전해진다."

2002년 10월 7일에는 "어떤 사람들은 미국과 세계에 정말 심각한 위험이 닥쳤는지를 묻는다. 위험은 이미 의미심장할 정도며, 세월과 더불어 점점 더 커져갈 뿐이다"라고 했다. 2004년 3월 19일, 그는 또 한 번 테러리즘을 규탄하면서, 분리된 평화를 가질 수는 없으며 "자신을 보호하는 유인한 방법은 단호한 결의를 적절한 시기에 행동으로 보여주는 것"이라고 반복했다. 물론이다. 하지만 승리가 어디서 생기는지 언급하길 회피하면, 우리는 도널드 럼스펠드Donald Rumsfeld가 내린 정의에서 그 단서를 찾아볼 수밖에 없다. "더 이상 그 어느 누구도 미국인의 삶의 방식을 문제 삼으려 하지 않는 바로 그 날, 우리는 승리하는 것이다." ? 그렇게 전망은 점차 멀어져 간다…….

우리에게 테러리즘과의 전면전을 제시하고 있는 이 난국은 정치적일 뿐 아니라, 군사적이며 경제적이기도 하다. 테러리즘은 적과 동일한 전쟁판에 있지 않다. 표적과 시기를 자유롭게 선택하는 테러리즘이 늘 한발 앞서 공격하는 이점을 가진다. 따라서 방어는 보다 힘들어진다. 관공서·정부청사·대사관들은 보호를 받는다 해도, 테러리스트들은 학교나 고립된 개인들을 겨냥할 수 있다. 모든 게 표적이 될 수 있고, 무기도 될 수 있다. 9·11 사태는 여객기가 대량살상용 기기가 될 수 있다는 걸 보여주었다. 물론 공항의 감시를 더 강화할 수 있을

---

45 2004년 1월 20일에 발표한 연두교서.

것이다. 그렇다면 이젠 기차역·지하철역·버스들이 남는다. 여기서 보듯이 100% 효과 있는 방어는 불가능하다. 사회형태를 바꾼다면 모를까. 어차피 테러리스트들은 부차적인 것으로 간주돼 방어가 취약한 목표물을 겨냥하게 될 테고, 따라서 그런 것들이 오히려 주요 표적이 될 것이다.

미국 국토안보부에 따르면, 세계에는 적외선유도 미사일발사장치인 '맨패즈Manpads'(Man-Portable Air Defence Systems 휴대용대공방어시스템)가 약 75만 대 있다고 한다.[46] 무게는 20kg이 안 되고 길이는 1m를 넘지 않아 숨기기도 쉬운데, 이 중 6천 대가 정부의 통제권 밖에 있으며 암시장에도 나와 있다.[47] 이 무기는 사람 혼자서도 작동이 가능하며 4천 m의 거리에서 비행기를 쏘아 맞출 수 있다.

이런 무기 중 어떤 것은 25만 달러(그 중에서도 가장 복잡한 기능을 가진 것)를 줘야 구입할 수 있는 반면에, 5백 달러짜리도 있다. 평균가격은 5천 달러다. 세계의 민항기 전체를 보호하려면(레이저 빔으로 중화, 또는 교란시켜 피하거나 탐지하는 방법으로) 연간 100억 달러의 비용에다 20억 달러의 유지비가 든다. 그렇게 해도 효과를 100% 장담할 수 없다. 그런 미사일 중 하나가 민간 항공기를 파괴했을 때의 여파는 쉽게 짐작할 수 있다.

게다가 테러에 의한 피해금액과 함께 공격비용을 산출하는 데는 일반적인 잣대도 없다. 우리가 테러를 막는 방패는 결코 완벽하지 않을 뿐만 아니라, 항상 칼보다 훨씬 더 많은 비용이 든다. 이러한 관계로

---

[46] *L'Express*, Jul. 26, 2004.

[47] *International Herald Tribune*, Nov. 8, 2004.

테러와의 전쟁에서 세계의 안보시장 규모는 1천억 달러로 추산되고, 정보망에 보안체계를 갖추는 데도 5백억 달러가 든다.[48]

미국의 '랜드연구소Rand Corporation'가 2005년 1월에 발간한 연구보고서를 보면, 맨패즈는 당연히 테러리스트들의 구미를 당기게 되어 있다고 결론짓고 있다.[49]

UN 안전보장이사회의 테러리즘에 관한 한 보고서에 따르면, 9·11 테러를 실행하는 데는 약 10만 달러의 자금이 필요하고, 1998년 케냐와 탄자니아에서 발생한 미 대사관 테러나, 2002년 10월 발리 테러는 각각 5만 달러의 비용이 든다고 한다. 상대적으로 비용이 적게 든, 2002년 10월 예멘의 항구도시 아덴에서 미 해군의 초현대전용 구축함인 콜USS Cole호에 가해진 공격도(2004년 3월 스페인 마드리드에서 벌어진 열차테러 작전도) 1만 달러 정도는 든다고 한다. 이는 테러로 인한 피해액과 심리적·전략적 여파, 그리고 안보비용에 견주어보면 극히 적은 액수다. 테러가 성공하기 위해서는 약간의 돈과 죽음을 각오하는 몇 명의 남자(혹은 여자)만 있으면 되는 것이다. 거기에 드는 필요자금은 마련되어 있을 게 분명하다.

물론 미국의 군사장비기술의 고도화는 타의 추종을 불허하게 될 것이다. 하지만 알카에다 및 그 협력자들과 대적하기에는 미약한 방책이다. 장비들을 확보하고 유지하는 데는 돈이 든다. 초강대국 미국이라 해도 말이다. 이라크를 안정화시키는 작전에 투입된 미군 2개 사단 병력에 드는 비용만 1주에 10억 달러다. 1년치를 계산하면, 뉴질랜드

---

48 "L'antisémitisme, nouveau marché mondial", *Le Monde*, Oct. 21, 2004.

49 INT 28/1/2005, "Airliner antimissile shields too costly study finds".

의 국민총생산GNP에 해당하는 액수다! 물론 미국의 방위비 지출은
2001년 2,930억 달러에서 2005년에는 4,160억 달러로 늘어났다(여기
에다 테러와의 전쟁 비용이라는 명목으로 책정된 406억 달러, 정보비
명목의 400억 달러를 더해야 한다). 이렇게 함으로써 미국은 더 안전해
졌는가? 이 질문에 대한 대답은, 부정적이다.

미국의 군사비 지출

(단위 : 억 달러)

연 도	정보비	테러와의 전쟁 비용	방위비
2001	300	100	2,930
2002	320	220	3,450
2003	350	335	3,700
2004	400	362	3,900
2005		406	4,160

　　미국이 자국 내 비상통신체계를 갖추는 데 드는 비용은 620억 달러
다. 매일 미국의 항구에 도착하는 2만 개의 컨테이너를 감시(현재는
겨우 전체의 2%만 검색하고 있다)하기 위해 필요한 투자비만 200억
달러가 넘는다. 미국에 거주하는 800만에서 1,200만 명을 헤아리는
불법이민자들을 통제하는 데 드는 돈은 집계도 안 된다. 그들이 부르
짖은 대로 테러와의 전쟁을 벌이는 것은 지금도 바닥 모를 심연처럼
막대한 미국의 재정적자 폭을 더 확대시킬 것이며, 사회나 교육 분야
에 워싱턴이 개입할 수 있는 여력마저 축소시킬 것이다.
　　테러리즘과 효과적으로 싸우려면, 우리 앞에 놓인 함정에 빠져서는

안 된다. 그 함정은 바로 전면무력전을 선택하는 것이다. 이게 왜 함정이냐 하면, 이런 식으로 그것이 택한 장소, 즉 폭력과 압제의 악순환이 도사리는 곳으로 우리를 개입시키게 만들 것이기 때문이다.

냉전은 '자유세계'의 경제적 우월성 덕분에 (평화적으로) 승리를 거두었다. 당시의 경쟁에서 소련은 서구의 리듬을 따를 수가 없어서 몰락하고 말았다. 이제부터 상대방을 경제적으로 허덕이게 만들 수 있는 것은 바로 테러리즘이다. 군사력에만 의존하지 말아야 하는 또 다른 이유는 무력 대책은 테러리즘을 격퇴하기보다는 더 살찌울 것이기 때문이다. 이 전례 없는 분쟁에선 무엇보다도 정치적 해법을 모색하면서 도전해야만 한다. 그렇지 않으면 우리는 계속 악화되고 있는 국제 환경의 안전수위를 개선할 수 없게 될 뿐 아니라, 시민의 사회적 요구를 충족시킬 수 있는 역량도 감퇴하게 될 것이다. 외부의 어느 소수집단이 서방세계가 보편적이라고 주장하는 가치들에 반발한다고 해서, 갈수록 비난으로 일관하는 것은 보편적인 방식으로 가치를 적용하는 게 아니라는 점을 서방세계는 깨달아야 한다. 민주주의와 인권을 거부하는 소수가 그걸 외치는 다수를 오염시키는 걸 원치 않는다면, 무엇보다도 우리부터 일관성이 있어야 한다. 우리가 격찬하는 가치들을 우리 스스로 존중하지 않는다면, 다른 이들이 동조하기를 바랄 수도 없다.

Vers la 4^e Guerre mondiale?

7장

미국과 무슬림세계 : 비인기의 한계

아 랍 및 유럽 국가들은 이라크전쟁으로 위기가 분출된 초기부터 미국 지도자들에게 팔레스타인 문제의 해결을 구체적으로 진전시킬 필요가 있다고 꾸준히 경고해 왔다. 여론 속에 이미 확고하게 자리한, '이중저울, 이중잣대'에 대한 비난에서 벗어날 수 있는 방안을 미국이 제시하라는 얘기다. 이스라엘은 국제법을 존중하지 않아도 되고, 아랍 국가들은 동일한 국제법으로 제멋대로 제재를 받을 수 있다는 '이중저울, 이중잣대'는 이스라엘과 아랍 국가들을 충격적이고도 지속적으로 불공평하게 취급하고 있다. 그들은 이-팔 간 평화의 진전이 없는 상태에서 이라크전쟁을 감행한 것이 아랍세계 도처에 상존하는 부당함과 좌절을 증대시킬 것으로 보았던 것이다. 더 심각한 상황은 (미국의 지도자들이 이스라엘의 대량살상용 핵무기 보유에 대해서는 전혀 염려하지 않는다는 걸 굳이 언급하지 않더라도) 이스라엘이 이-

팔 분쟁에 대한 UN의 결의안들을 계속 무시하고 있는 데 반해, 대량살상무기의 보유나 생산을 금지했던 UN 결의안을 존중하지 않았다는 걸 이라크 침공의 동기로 삼은 것은 다수에게 아주 도발적으로 받아들여질 우려가 있다(사실 그렇게 받아들여지고 있다)는 점이다. 사실 1960년대 이스라엘의 핵무기 개발을 저지하려 했던 워싱턴 당국은 그 후 이를 그대로 용납해버렸다. 미국에게 뚜렷한 걱정거리를 전혀 야기하지 않는다는 이스라엘의 핵무기 보유가 엄연한 현실이라면, 미국에게 악몽이 되고 있다는 아랍과 무슬림의 핵무기개발 프로그램들은 가상에 불과하다. 히브리 국가는 핵무기확산금지조약NPT에 가입하지 않았기 때문에 법적인 의무를 어기지 않은 격이 되는 것이다.[1] 그렇지만 지나치게 두드러진 이런 불균형은 적개심을 부추기지 않을 수 없다.

그런데도 불구하고 오히려 미국인들(특히 네오콘들)은 먼저 중동의 지정학적 지도를 바꾸어 놓은 다음에 이-팔 간의 평화를 구축해야 한다고 판단했다. 그들이 드러낸 야심은 이라크에다 이스라엘에 유리한 친미정권을 수립하는 것이었다. 그런 다음 시리아와 이란의 공격까지 내다본 이들도 있었는데, 그렇게 해서 이스라엘에 가장 적대적인 다른 두 체제도 제거해버린다는 것이다. 그런가 하면 미국은 이라크에서 전쟁을 시작하면서 이스라엘의 전략적 목적달성을 도왔을 뿐이라고 말하는 논평가들도 있다. 미국은 히브리 국가에게 서비스하기 위해

---

1 핵무기확산금지조약(NPT)은 전 세계에 핵무기 개발·보유·생산·보급을 막기 위해 미국과 소련이 주축이 되어 1968년에 조인하고 1970년부터 발효시킨 조약이다. 결과적으로 그 이전까지 핵개발·실험을 한 나라들(미국 1945, 소련 1949, 영국 1952, 프랑스 1960, 중국 1964년)을 핵무기 '공식보유국'으로 만든 조약이기도 하다. 2006년 현재까지 핵무기를 보유하고도 이 조약에 가입하지 않은 나라로는 이스라엘, 인도, 파키스탄이 있다. 이들 국가는 조약에 가입하지 않아 '비공식 핵무기보유국'으로 불리기도 한다 ― 옮긴이.

그들 군인의 생명과 무력을 활용했다는 것이다.

또 혹자는 이스라엘의 방위를 이라크전쟁 유발 동기의 하나로 거론하는 것은 세계를 은밀하게 유대인이 통제하고 있다고 주장하는 반유대주의적 논리의 결과일 뿐이라고 지적한다. 요컨대 '시온현자의정서 Protcole des Sages de Sion'[2]에 상응하는 이론을 가져다대는 꼴이라는 것이다! 알렉상드르 아들레르 Alexandre Adler[3]에 따르면, 미 정부는 이스라엘을 광신적으로 신봉하는 유대인 무리의 지배하에 있으며 꼭두각시나 다름없는 대통령은 진짜 우두머리의 지시를 수행하기만 하면 된다는 논리가 실제 무슬림세계에서 유행하고 있다고 한다. 시온현자의정서와 너무나 흡사한 이 논리는 이념집단인 네오콘들을 고발하는 데 치중한 버전으로, 일관된 시각과 전략적 맹목성으로 이라크 침공 결정을 내린 장본인은 네오콘들이라는 것이다.[4]

이라크 침공을 결정하는 데 이스라엘의 이익이 고려되었다고 여기는 사람에 속하면서도 조지 소로스 George Soros는 시온현자의정서가 그렇게 애독서인지 의심스럽다면서(완곡어법이다), 그 이유를 밝히고 상식을 만회하겠다며 이렇게 쓰고 있다. "미 정부의 전략적 고찰에 석유와 이스라엘이 일정 비중을 차지했다는 것은 확실하다. 그렇지만 그것이 조지 부시와 그의 보좌관들이 이라크를 침공하기 위해 공식적으로 제기한 이유들은 아니다."[5]

---

2 제정 러시아 시대, 유대인의 세계지배 음모를 믿게 하려고 황제의 측근에 의해 작성된 위서.

3 프랑스의 역사학자이자 언론인, 지정학·역사학적 분석을 토대로 다양한 언론매체에 칼럼을 쓰고 있다 ─ 옮긴이.

4 Alexandre Adler, "Les néo-conservateurs sont-ils coupables?", *Le Figaro*, Sep. 29, 2004.

5 George Soros, *Pour l'Amérique, sans Bush*, Dunod, p.62.

미국이 그동안 진행해 온 테러와의 전쟁에서 실무책임을 맡은 바 있는 리처드 클라크Richard Clarke도 그런 판단을 공유하고 있다. "우리는 무슬림들이 근본주의로 이끌리는 걸 저지하기 위해 대부분의 이슬람 세계와 협조하기보다는, 알카에다가 예시한 그대로 해버렸다. 이-팔 문제를 무시한 채, 우리를 위협하지도 않는데 풍부한 석유자원을 가진 한 아랍 국가를 공격해서 점령했다. 그로써 알카에다가 신병을 모집하는 데 기막힌 구실을 제공한 것이며, 공공연하게 우리에게 동조하던 아랍 정부들은 더욱 힘들어져 버렸다."[6] 만일 어느 프랑스인이 이렇게 썼다면, 모르긴 해도 그 즉시 반미성향으로 평가되었을 것이다…….

이라크전은 도대체 어떤 전쟁인가? 요약하면 두 가지 가설이 나온다. 미국인들이 이스라엘을 이롭게 하려는 목적 하나로 실행한 전쟁? 아니면 이스라엘과는 전혀 무관한 분쟁? 이 두 가지 가설 중 어느 것도 사건의 실체와는 일치하지 않는다. 정도야 어떠하든 이라크전쟁 안팎에서 불거질 이스라엘의 이해관계를 살펴보길 거부하는 것은 순진하고도 무분별한 태도라고 봐야 하며, 만일 의도적으로 그런다면(이런 인식 형태는 이스라엘에 극도로 편향된 지지자들이 일반적으로 보이는 태도로 분명 쉽게 간과할 수 없다) 비난받아 마땅할 것이다. 하지만 이를 기초로 미국이 텔아비브의 하수인 역할을 한다고 주장하는 것도 잘못일 것이다. 항상 그렇듯 여기서도 정치적 결정이 유일무이한 동기에서만 비롯되지 않기 때문이다. 정치적 결정은 항상 복합적인 요인에서 기인한다. 이 문제와 관련해서는 석유, 9·11 사태, 위협의 과장과 위협감, 사담 후세인 체제에 대한 불용납, 미국의 국내정치,

---

6 Richard Clarke, *Contre tous les ennemis*, Albin Michel, 2004, p.328.

이 모든 것들이 복합적으로 사태진전에 제각기 한몫을 한 것이다.

2004년 미 대선 유세기간 동안 조지 부시는 이라크가 자유로워져야 이스라엘이 안전할 수 있다고 수도 없이 반복했다. 이와 관련, 존 케리 John Kerry 후보도 가만있지 않으면서, 백악관에 입성하면 이라크 문제를 해결하겠다고 장담했다. 왜냐하면 "그게 이스라엘에게 중요하고, 미국에게도 중요하며, 세계를 위해서도 중요하기 때문"이라고 했다. 케리가 부여한 우선순위는 감탄할 만하다……. 아무튼 이스라엘은 이라크전쟁을 긍정적으로 여긴, 보기 드문 나라 가운데 하나다. 2004년 9월과 10월, 전 세계 여러 나라에서 실시된 힌 여론조사[7]에서는 "미국이 이라크를 침공한 게 잘한 일인가?"라고 물은 적이 있는데, 그에 대한 답변은 다음과 같았다.

국 명	아니다	그렇다
멕 시 코	83%	10%
캐 나 다	67%	24%
프 랑 스	77%	18%
스 페 인	80%	13%
러 시 아	54%	39%
한 국	85%	11%
일 본	71%	16%
이스라엘	26%	68%

7 *Le Monde*, Oct. 16, 2004.

전쟁 상황이 악화된 때를 포함해서 이라크전쟁의 진전 상황에 대하여 이스라엘의 여론이 보인 반응은 다른 나라들의 그것과는 뚜렷하게 구별됨을 보게 된다.

이라크전쟁을 감행한 전략적 결정에서 네오콘들의 역할을 어떻게 부인할 수 있을까? 이스라엘의 집권 리쿠드당, 특히 그 우파와 네오콘들의 이데올로기의 유사성과 개인적 친분을 무시할 수 있을까? 미국 네오콘의 거두인(폴 월포위츠Paul Wolfowitz와 같은 반열에 놓이는) 리처드 펄Richard Perle이 1996년부터 이스라엘의 총리 벤야민 네탄야후Benyamin Netanyahou에게 오슬로협정을 포기하고 사담 후세인 체제를 해치우라는 조언을 했다는 사실을 무시할 수 있을까? 조지 부시가 권력을 잡기 전, 9·11 사태가 일어나기 훨씬 전부터 네오콘들은 사담 후세인을 강제로 몰아내려 했다는 걸 그냥 무시해버릴 수 있는가?[8]

물론 그들의 관점이 유독 이스라엘의 이익을 증진하는 데만 한정된 것은 아니었다. 그들은 아랍세계를 억지로 현대화하여 중동에서 새로운 전략적 질서를 재정립하고 새로운 정치모델을 도입하게 해서 불안정, 테러리즘, 대량살상무기 확산을 종식시킨다는, 보다 광대한 계획을 품고 있었다. 그런데 이런 논리의 중심에 이스라엘이 자리하고 있었다. 그 당시 계획은 이라크를 몰락시켜 도미노 효과로 중동에 친미와 친이스라엘의 민주주의를 수립하는 것이었으니까(이런 목표는 이-팔 분쟁이 해결되지 않는 한 전적으로 모순이라는 것을 지적해야만

---

8 친이스라엘계의 한 두뇌집단이 발표한 연구자료를 보면, 1996년에 이미 리처드 펄은 사담 후세인을 권좌에서 축출하는 것이 이스라엘에게도 하나의 중요한 전략적 목표가 된다고 평가했다. 그는 조지 부시 대통령 1기에 펜타곤의 국방정책위원장(2001~2003년 역임)을 지낸 바 있는데, 그 직전에는 그 반대당(민주당)에서 일을 했다.

한다). 이런 이상적인 전망 속에서는 이라크의 새로운 체제가 이스라엘을 인정하게 될 테고, 이스라엘에 송유관을 터주게 될 터였다!

그렇지만 이 계획의 목표를 상세히 들여다보면, 이라크에 민주주의를 심기 위해 전쟁을 감행했다는 주장은 거의 신빙성이 없다. 이라크 전쟁은 민주주의라는 명분으로 실행되었다. 그러나 난점이 하나 있다. 그것은 이라크인들과 아랍세계에서는 그런 식으로 받아들여지지 않는다는 점이다. 그들이 불신할 만한 이유가 있는 게 사실이다. 지난 수십 년간 외부세력이 순수한 의도인 양 치장하여 내정에 개입해 왔지만, 실상은 자신들의 잇속이나 치렀을 뿐이있다. 그런네노 미낙은 과연 그런 '선험적 관념'을 회피할 수 있다고 여긴 것일까? 민주주의가 수출될 수 있는 것인가? 그러기 위해서 폭탄을 동반해야 하는 건가? 최소한 10만여 명의 이라크인들을 사망하게 만든 전쟁을 하면서? 역사에 비춰볼 때, 이런 질문에 대해 우리는 부정적인 답변을 하게 될 뿐이다.[9]

새뮤얼 헌팅턴Samuel Huntington도 다음과 같이 인정하고 있다. "민주주의는 수출되는 게 아니다. 민주주의가 꽃을 피우기 위해서는 그 나라 땅에서 태어나야 한다."[10]

게다가 콘돌리자 라이스Condoleezza Rice는 전쟁 발발 전에 속셈을 드러냈다. 아랍의 여론에서 인기가 없는 것으로 알려진 그녀는 엄청난 논란에 휩싸이는 것을 피하기 위해 비민주적인 방법들에 확실히 기대고 있음을 보여주었다. "아랍의 지도자들은 우리 편이다. 바로 전제군주

---

9 라시드 카리디(Rashid Khalidi)가 지적했듯이 "침략과 점령은 중동에 민주주의를 가져다주기보다는 민주주의의 발전을 더디게 한다." Rashid Khalidi, *L'Empire aveugle*, Actes Sud, 2004, p.94.

10 *Le Nouvel Observateur*, Jan. 27, 2005.

들이다. 그들은 자국에서 위험할 수 있는 모든 반란자들을 섬멸할 권한을 충분히 보유하고 있다. 우리는 걱정하지 않는다."[11] 이보다 나은 민주주의 찬가가 얼마든지 있을 텐데도 말이다! 그야말로 "내가 말하는 대로만 하고, 내가 하는 대로는 하지마"라는 식이다! 2005년 1월 13일, 미국의 인권보호 단체 '휴먼라이츠워치Human rights watch'는 미국의 '끔찍한 대차대조표'를 규탄했다.[12] 이 단체에 따르면, 2004년 한해는 두 가지 주요 고민거리를 안은 채 저물었다. 하나는 다르푸르 지역[아프리카 수단]에서 일어나고 있는 인종청소를 종결시키지 못하고 있는 국제사회의 무능함이다. 두 번째는 세계에서 인권을 보호하겠다는 미국의 전통적 야망에 먹칠을 한 부시 행정부의 작태다. 감탄할 만한 비유인데, 여기서도 이를 평가절하하기 위해 마구 근본적 반미주의라고만 해대기는 어려워 보인다.

좀 더 살펴보면, 이런 영역에서 미국의 비일관성은 무수하고도 현저하게 드러나는데 특히 중동문제에서 그렇다. 미국이 말하는 민주적 국가란, 미국의 정치에 반발하지 않는 나라들이다. 어떤 체제가 그들의 국민들을 다루는 방법으로 민주성을 판단하지 않고, 그 체제가 미국에 대해 어떤 태도를 취하느냐로 판단한다. 이런 계산이다 보니 민주주의적 기구가 내세우는 잣대는 부차적으로 돼버리는 것이다.

리비아의 카다피Muammar al-Qaddafi 체제와 미국의 관계가 적절한 예가 되겠다. 카다피가 국제적 망나니짓을 하는 동안, 그는 고립되어야만 했다. 그러다 카다피가 그런 역할을 포기했다는 걸 증명해보이던 순간

11 Henri Vernet & Thomas Cantaloube, *Chirac contre Bush*, J.-C. Lattès, 2004, p.143에서 재인용.
12 *Le Monde*, Jan. 14, 2005.

부터 다시 페르소나 그라타persona grata[13]로 취급되었다. 그렇다면 카다피의 태도 변화가 정치적 민주주의로 작용해 리비아의 일반인들에게 어떤 변화를 안겨주었을까? 그렇지도 않다. 리비아의 2005년이 2003년보다 더 자유로워진 것도 아니다. 그와는 상관없이 트리폴리에 대한 미국의 태도만 완전히 바뀐 것이다.

또 다른 모순이 있다. 민주주의를 심고, 대량살상무기의 확산을 막는다는 명분으로 이라크에서 전쟁을 일으킨 바로 그 순간만큼은 미국이 북한에 대해 군사적 해법을 도모하지 않기로 했다는(아주 다행스럽긴 하지만) 점이다. 북한으로 말할 것 같으면 (사담 후세인과는 다르게) 핵무기를 보유하고 있다고 확언했을 뿐 아니라, 민주주의하고는 거리가 먼 체제인데도 말이다.

결국, 미국 체제가 야세르 아라파트Yasser Arafat를 대하는 태도는 선거의 미덕을 자랑하던 미국의 담론 역시 신빙성을 잃게 만들었다. 2002년부터 팔레스타인자치정부 수반과의 접촉을 일절 거부하고 있는 것을 어떻게 봐야 할까? 아라파트는 1996년 팔레스타인 영토에서 치러진 선거에서 민주적으로 당선된 인물이 아니던가? 당시 현장에 파견된 국제선거감시단은 투표가 공정하게 잘 치러졌다는 걸 인정했다. 덧붙인다면, 차기 선거가 2001년에 이루어져야 했지만, 이스라엘군이 팔레스타인 영토를 무력으로 재점령하는 바람에 불가능해지고 말았다. 정기적이고 합법적으로 예정된 선거를 점령군이 들어서서 불가능하게 만든 사태를 보면서 그 당시 워싱턴 당국은 이의 한 마디 제기하지 않았다…….

---

13 외교상대로 받아들이는 인물, 그 반대는 페르소나 논 그라타(기피인물) — 옮긴이.

팔레스타인 문제를 다루는 데 있어서, 미 정부의 말과 행동의 괴리는 비단 여기에만 국한되지 않는다. 민주주의를 장려한다면서, 동시에 민주주의 결과의 수용은 거부하는 이런 작태를 또 거론해야 할까? 더욱이 민주적으로 선출된 지도자들을 자신의 입맛대로 가려내는 게 가당키나 한 일인가? 미국과 이스라엘은 팔레스타인자치정부의 수반인 야세르 아라파트가 교체되어야 평화협상 재개가 가능하다고 전제하면서 마치 민주주의적 표현양식에도 거부권을 행사할 수 있다는 듯이 반응하고 있다. 결국 미국은 정당하게 선출된 대표가 전적으로 자유롭게 활동하는 것을 방해했으며 그의 남은 생애를 사실상 무카타의 정부청사에 감금된 채(더욱이 법적 판단근거도 없이) 마치도록 한 것이다[2장, 각주11(역주) 참고―53쪽]. 이스라엘 정부가 한 국민을 대표하는 지도자를 거부하기 위해 법률까지 제정하는 것을 보면 가관이 아닐 수 없다. 게다가 국제사회, 특히 미국이 이런 상황을 용납함으로써 민주주의에 대한 미국의 담론이 얼마나 일관성이 없는지를 역력히 드러내고 있다.

요컨대 미국은 이―팔 상황을 호전시킬 수 없다보니 장애물을 우회하여 이라크를 통해 어떤 결과에 도달하기를 바랐던 것이다. 그런데 이라크에서 당면한 난관들이 이―팔 분쟁의 타결책을 더욱 복잡하고도 불확실하게 만들고 있다. 이런 난관은 특별히 걷잡을 수 없는 수준으로 전 세계에 걸쳐 미국에 대한 적대감을 증대시켰다. 이런 조짐이 우려 이상으로 커지고 있다. 이슬람주의에 대해 그다지 호의를 보이지 않았던, 타슬리마 나스린Taslima Nasreen[14]조차 이렇게 썼다. "미국이 아프

---

14 방글라데시 출신의 작가로 무슬림 운동단체들이 자신의 안전을 위협하고 있다고 고발하면서 모국을

가니스탄과 이라크에 가하는 폭격은 온건한 무슬림들까지도 아주 분노하게 만들어, 그들도 이슬람근본주의로 전향하고 있다. ⋯⋯ 미국은 무슬림국가들에서 발전하고 있던 비종교적 운동을 이미 말살시켜버렸다. 그렇게 함으로써 이번엔 2세기를 퇴보하게 만든 것이다."[15]

2004년 3월 튀니지에서 가진 한 강연회 때, 필자는 튀니지 주요시민 단체의 어느 대표와 식사하면서 대화를 나눌 기회를 가졌다. 일선에서 활동하고, 서구화되고 무종교의 의대교수이기도 한 그녀는, 미국이 이라크에 폭격을 시작한 다음날, 10명 정도의 여학생들이 희잡을 쓰고 등교했다는 얘기를 했다. 튀니지의 공공장소에서는 희잡착용이 금지되어 있다. 그로 인해 대학당국은 세상에서 가장 가혹한 처벌(시험자격 박탈 위협, 프랑스로 예정된 여행 취소 위협)을 받기도 했다. 여학생들이 희잡을 벗고 등교하게 만드는 데는 오랜 시간이 걸렸으며, 여학생들은 '정체성의 문제'라는 반응을 보였다고 한다.

이라크전쟁이 시작된 후에 '퓨리서치센터Pew Research Center'[미국의 여론 조사기관]가 실시한 한 여론조사의 결과[16]를 보면, 이 전쟁은 미국의 인기가 더욱 실추되는 부수적인 결과를 낳았으며, 유독 아랍과 무슬림들에게서만 그런 게 아님을 확실히 알 수 있다. 질문 받은 이들의 대부분이 적대감을 표출했는데, 그 비율이 터키와 인도네시아에서 83%, 요르단에서는 99%에 달했다.[17] 2002년 4월에는 이미 '미국아랍연구소

●

떠났다.

15 *Le Nouvel Observateur*, Dec. 11, 2003.

16 Pew Research Center, *Views of a Changing World 2003*, Jun. 3, 2003. 다음 인터넷 주소에서 내려 받을 수 있다. http://people-press.org/reports/display.php3?ReportID=185 (필자가 참고한 때는 2004년 1월 10일).

17 Pascal Boniface, *La France contre l'Empire*, Robert Laffont, 2003, pp.115-128.

Arab American Institute'가 아랍 및 무슬림국가들이 미국정치를 어떻게 보는지에 대한 조사결과를 발표한 바 있었다.[18] 팔레스타인 문제가 아랍세계에서는 가장 중요한 사안으로 나타났는데, 이런 의견이 3명 중 2명에서 5명 중 4명꼴의 비율을 보였다. 대답한 이들의 대부분은 과학, 기술, 대학체계, 소비상품, 문화 분야 등에서는 미국에 호의적이지만 아랍 및 무슬림국가들에 대한 미국의 대외정책에는 아주 부정적인 (9/10의 비율) 이미지를 갖고 있었다. 반면 미국이 압력을 가해 팔레스타인 국가수립에 기여할 수도 있다는 가설이 제시되자, 미국에 우호적인 반응을 보인 여론은 60%를 넘어섰다.

≪뉴욕타임스New York Times≫의 카이로 특파원에 따르면, 아랍세계에서 사람들(택시기사·종업원·상인 등)이 자신을 대하는 태도가 어디서 왔느냐는 질문을 받기 전까지는 아무 탈이 없다고 한다. 그러다 뉴욕에서 왔다는 말을 하는 순간부터 자신을 무조건 미국인으로 받아들여 눈빛이 달라지면서 대화도 멎는다고 한다.[19]

물론 미국의 분석가들, 심지어 친정부인사들도 그런 대단한 적대감을 모를 리 없다. 2004년 11월 펜타곤의 한 상임위원회는 미국이 군사 및 외교정책을 잘 수립하고 있다는 걸 무슬림세계에 납득시키는 데 실패했으며, 정책의 변화 없이 공적관계에서의 노력만으로는 이런 이미지를 개선하기에 역부족이라는 사실을 인정했다. 이 위원회의 보고서에 따르면 "무슬림들은 우리의 자유를 혐오하지는 않지만, 우리의

---

18 이 조사연구는 아랍 5개국(이집트, 사우디아라비아, 레바논, 쿠웨이트, 아랍에미리트연합)과 무슬림 3개국(파키스탄, 인도네시아, 이란)에서 사람들을 직접 대면하면서 실시되었다. James Zogby, "It's the Policy, Stupid!", Apr. 15, 2002.

19 "What the world wants from the US", International Herald Tribune, Jan. 17, 2005.

정치는 혐오한다"고 했다.[20]

그런 이미지를 개선하기 위해서는 미 정부가 아랍민중을 겨냥해서 TV나 라디오 방송을 개설하는 것만으론 충분치 않다.[21] 2004년 12월 26일, 동남아시아를 덮쳤던 쓰나미로 생긴 일화가 이 모든 문제를 해결해주지도 않을 것이다. 이 재난으로 25만여 명의 사망자가 생기고, 그 중 절반 이상이 지구상에서 무슬림이 가장 많은 나라인 인도네시아에서 발생하자, 미국은 애당초 1,500만 달러의 원조를 공표했다가 3,500만 달러로 인상했다. 미국의 원조는 이라크에서 쓰는 연간 800억 달리의 군비에 비해 니무 직다는 지적을 받았나. 걸맞시 않은 비교일까? 미국은 이라크전 연합국들을 동원해서, UN과 유사한 '인도적 차원의 연합'을 창건하길 원한다고 넌지시 제의한 바 있었다. 결국 미국은 조준선을 바로잡으면서 3억 5,000만 달러의 원조를 통고했다. 이어 콜린 파월Colin Powell은 이렇게 표명했다. "이로써 무슬림세계와 그 외 나머지 세계에 미국의 관대함과 실천 가치들을 보여주는 기회가 될 것이라고 본다." 그리고 그는 수재민들을 돕기 위해 부산한 미국의 헬리콥터들을 보면서 인도네시아 시민들이 미국에 대한 인식을 개선하길 바란다고도 했다.[22]

한편 콘돌리자 라이스는 국무장관 임명 때 상원 인사청문회에서 쓰나미를 "미국이 무슬림세계에 가까이 다가갈 절호의 기회"로 규정하기까지 했다.[23] 이는 적어도 외교적 실언이다. 인도네시아 사람들의 기억

---

20 "US Failing to make case to muslims", *International Herald Tribune*, Nov. 25, 2004.

21 *L'année stratégique 2005*, Armand Colin, pp.29-40.

22 *International Herald Tribune*, Jan. 5, 2005.

23 *International Herald Tribune*, Jan. 19, 2005.

속에도 쓰나미가 '절호의 기회'로 남게 될지 의심스럽기 때문이다.

무슬림세계와 서방세계와의 단절의 폭을 보여주는 또 다른 예가 있다. 2003년 10월 17일, 말레이시아에서 열린 이슬람회의기구OIC, Organization of the Islamic Conference 제10차 정상회담에서 전 말레이시아 총리 모하마드 마하티르Mohamad Mahathir가 행한 개막식연설을 달리 해석하는 데서 그것을 볼 수 있다. 당시 연설의 다음 구절에서 서구인들은 크게 충격을 받았다. "유럽인들은 1,200만 명의 유대인 중 600만 명을 살해했다. 그런데 지금은 그 유대인들이 대리인을 세워 세계를 다스리고 있다. 유대인들은 자신을 위해 다른 이들이 나서서 싸워주고 죽음도 불사하도록 만든 것이다." 이-팔 문제에 대한 시각의 차이를 넘어, 이 발언은 반유대적이라는 이유로 모든 서방국가로부터 지탄을 받았다.[24] 게다가 유대인이 세계와 유전을 지배하는 광경을 떠올리게 하는 수사는 곧바로 서구인의 뇌리 속에 왜곡된 방식으로 나치의 연설을 연상하게 만들었다. 그런데 그와는 반대로 같은 연설을 두고 회담에 참석한 이슬람국가 지도자들은 단순히 경각심을 분명하게 전달하기 위한 말로 간주했다는 사실을 어떻게 이해해야 하는 것인가?

그들은 마하티르에게 갈채를 보내기까지 하면서 모두 공감을 표시했다. 그들에게는 그의 연설에서 티끌만큼도 반유대주의라고 할 만한 게 보이지 않았다. 아프가니스탄 대통령, 하미드 카르자이Hamid Karzai는 그 연설을 총괄적으로 평가하면서 "무슬림세계의 문제를 거론하면서

---

24 부시 대통령은 사적인 자리에서 마하티르를 비판했다면서 가장 태연스러워했다. 이에 대해 마하티르는 이렇게 반발했다. "거짓말이다. 그가 나를 질책했다면, 나도 그를 질책했을 것이다." 그러곤 양측 모두 그 이상의 반박은 없었다. "Mahathir Unshaken by US Decision to Curb Aid", *Financial Times*, Oct. 29, 2003.

개선책을 제시한 그런 웅변과 더불어 모하마드 마하티르의 연설을 듣는 것은 환상적이었다"고 했다.[25] 마하티르의 연설이 무슬림국가들을 미래에 도전하도록 고무시킨다고 환영받았던 것이다. 바로 이런 점 때문에라도 비교에 입각한 분석이 필요하다. 홀로코스트를 딛고 일어선 유대민족의 역동성과 13억 무슬림 인구의 무력감 사이에서 무슬림세계가 갖는 반감만큼이나 매혹적인 게 그런 비교방식이다.

서로 오해가 지속되는 가운데, 말레이시아 지도자의 연설에 대한 미국과 유럽 측의 항의에서 아랍 및 무슬림의 여론이 본 것은 이스라엘을 비판히기만 하면 영락없이 반유대주의라고 비난하는, 그 전통적인 방식을 써먹는 걸 다시 한 번 확인했다는 점이다.[26] 아랍 및 무슬림 여론에 따르면, 마하티르는 이미 널리 퍼져있는 신념을 강조했을 뿐이다. 많은 논평가들도 서구의 반응은 전체 4,223개의 단어로 구성된 연설에서 단 28개의 단어에만 주목했을 뿐이며, 마하티르가 자살테러를 비판하고 근본주의로 흘러가고 있는 이슬람의 암울한 전망을 고발했던 부분은 완전히 무시했다고 개탄했다(정작 마하티르는 연설을 하기 전, 오히려 무슬림세계에서 가장 부정적인 반응이 나올까봐 우려하기도 했는데 말이다!).[27] 결국 마하티르는 자신이 반유대적이라는 건 부인했고, 유대인과 아랍인들 간의 인종차별 문제는 종교적 뿌리에 있는 게 아니라, 이스라엘의 점령에서 비롯된 영토의 문제라고 단언했다.[28]

25 *Muslim News*, Oct. 17, 2003. & *Reuters*, Oct. 17, 2003.

26 K. Gajendra Singh, "OIC Summit, Mahathir's Speech and Post-OIC Reverberations", South Asia Analysis Group, no.823, Oct. 28, 2003. 다음 인터넷 주소에서 내려 받을 수 있다. www.saag.org. (필자는 2004년 1월 10일에 참고).

27 위 싱(K. Gajendra Singh)의 같은 자료.

우리 각자가 이 연설에 대해 가질 수 있는 감흥은 접어두고라도, 이렇듯 심각한 논지에 대해 숙고해보는 게 시급하다. 동일한 연설, 동일한 단어들이 마치 완전히 반대되는 두 개의 텍스트인 듯 전혀 딴판으로 해석되었으니 말이다! 이 분쟁을 어떻게 분석하고 있든지 간에 현재의 난국에서 벗어나길 갈망하는 이들이라면 한 번쯤 숙고해 봐야 하는 사항이다. 어쩌다가 동일한 텍스트를 읽으면서 두 가지의 다른 얘기, 아니 상반되는 얘기를 읽게 되고, 동일한 것을 바라보면서도 두 개의 다른 물체를 보게 되는, 이런 상황에까지 이른 것일까? 더 심각한 것은 상호 이런 해석의 차이가 심해지고 있다는 점이다. 상대가 자신과 똑같이 이해를 하지 못한다는 사실은 결과적으로 둘 간의 차이를 부각시키게 된다.

2003년 발리에서 온건한 무슬림 지도자들과 만난 후 부시가 보인 반응도 이런 인식의 괴리를 잘 보여주는 예다. 그는 자신의 보좌관들에게 "우리가 무슬림들을 모두 테러리스트로 생각한다고, 정말 그들은 그렇게 여기는 걸까?"라고 했다. 게다가 자신이 이스라엘을 무조건 지원하고 팔레스타인 국가수립에는 무관심한 것으로 받아들여져서 애석하다고 했다.[29]

그렇지만 그런 상황에 대한 개선책들은 미국에도 알려져 있다. 2003년 가을, 중동에서의 민주주의 확산을 호소했던 미 대통령의 연설이 아랍세계에선 그 어느 누구에게도 설득력이 없었다. 이스라엘의 점령을 종식시키는 구체적인 대책이 없는 한 그것이 무의미해 보였기 때문

28 "Holocaust is no Excuse Mahathir Says", *Reuters*, Oct. 31, 2003.

29 "Bush Finds Perception gap on Asia", *International Herald Tribune*, Nov. 2, 2003.

이다. 사하르 바시리Sahar Baasiri[30]는 레바논의 신문, ≪알-나하르Al-Nahar≫
에 이렇게 썼다. "무엇보다도 필요한 것은 팔레스타인의 근본문제를
해결하고, 물의를 빚고 있는 미국이 친이스라엘·반아랍의 태도에서
탈피하는 것이다."[31] 한편, 아랍연맹의 사무총장은 아랍세계의 반미
감정은 미국이 아랍 독재체제들을 지지하고 있기 때문에 생겨나는
게 아니라, 이스라엘에 대해 '99.9%' 호의를 보이고 있는 미국의 편견
때문이라고 표명했다.[32] 이런 관점에서, 9·11 사태 직전 2001년 8월의
일을 상기할 필요가 있다. 당시 사우디의 왕자 압둘라 빈 압둘-아지즈
알 -사우드Abdullah bin Abdul-Aziz al-Saud는 이-필 분쟁의 지속은 사우디아라
비아가 워싱턴과 맺고 있는 전략적 동맹을 재고하게 만들 수 있다고
미국에게 지적한 바 있다…….

　미국은 중동문제를 해결하는 일이 그들에게 좀 더 쉬워지게 만들기
위해 이라크전쟁을 일으켰던 것이다. 이런 식의 우선순위는 유럽에서
크게 반발을 샀다. 미국은 이라크에서 겪고 있는 실패와 부진을 거울
삼아 중동문제에 대한 해결에 속임수가 아닌 단호한 해결의지를 갖고
분발해야만 할 것이다. 몰이해의 장벽에 맞닥뜨려 도저히 후퇴할 수도
없는 상황이 되기 전에 말이다. 윈스턴 처칠Winston Churchill의 명언 중에
오늘날 무슬림세계와 마주한 미국이 처한 상황에 꽤 어울릴 만한 게
있다. "구멍 끝에 도달하면 뚫는 걸 그만두는 게 낫다." 제4차 세계대
전이라는 이름으로 미국인들은 구멍 뚫기를 계속할 수 있다. 그 승부

30 레바논의 정치평론가로 ≪알-나하르≫지의 외교문제 편집위원이다. ≪알-나하르≫는 레바논에서
　　가장 많이 읽히는 일간지다 ― 옮긴이.
31 "Bush Fails to Sway Arabs on Democracy", *International Herald Tribune*, Nov. 10, 2003에서 재인용.
32 *AFP*, Nov. 6, 2003.

에서 지고 있다는 걸 깨닫게 될 때, 적은 수단과 방법을 가리지 않는다는 걸 알면서도, 현재 직면한 어려움은 승리가 임박했다는 증거일 뿐이라며 쿠에방식[33]을 계속 들먹일 수도 있다. 그런 식으로 이란을 공격하거나 여기저기서 테러와의 전쟁을 확장시키면서 구멍 뚫기를 계속할 수 있다. 하지만 삽을 버리고 구덩이에서 나와서 이-팔 분쟁의 해결안을 찾아 현실적으로 다가가는 것이 더 현명하고 더 희망찰 뿐 아니라, 강화된 안보를 보장받는 최선의 방법이다.

---

33 Méthode Coué, 프랑스의 약사이자 심리학자인 에밀 쿠에(Emile Coué 1857~1926년)가 개발한 방법으로 일명 '자기암시요법'으로 불린다. 심리학에서 말하는 '자기암시', '긍정적 사고', '해결을 위한 치료' 등의 근원이 되었다 — 옮긴이.

마 드리드에서 테러가 발생한 다음 날, 프랑스 주재 이스라엘 대사 니심 즈빌리Nissim Zvili는 이렇게 경고의 목소리를 높였다. "문명 대 문명의 전쟁이 아니라, 야만이 모든 문명에 맞서는 전쟁에서 이스라엘은 최전방에 있다. 그렇다. 새로운 세계대전이 진행 중이다. 뭔가 다른, 끔찍한 신무기를 시험하는, 그것은 바로 테러리즘이다. 전쟁이 우리 모두를 상대로 선포되었다. 우리는 전쟁에서 패배해선 안 된다. 전 세계에서 벌어지는 테러와의 전쟁은 냉혹해야 한다."1

니심 즈빌리는 오래 전부터 평화를 옹호하고 지지해 온 인물이었다. 그는 의견을 달리하는 사람들이 보이는 제명의 위협이나 승진의 유혹에도 굴하지 않았다. 그는 늘 열린 자세로 대화에 임하는 인물이다.

1 Nissim Zvili, "Madrid Ashdod, même combat", *Libération*, Mar. 26, 2004.

그건 다수의 프랑스인들처럼 이스라엘 정부 정책에 반대하는 이들에 대해서도 마찬가지였다.[2] 그렇지만 나는 여기서 그에게 이런 말을 들려주고 싶다. "대사님, 그렇지 않소. 정확히 말해 이 전쟁은 우리의 것이 아니오. 물론 빈 라덴Osama bin Laden은 공동의 적이며 우리는 그와 아무것도 공유하고 있지 않소. 그가 다스리는 세상은 내게 살아갈 욕구와 기회조차 가질 수 없는 세상일 것이오. 그와 싸우는 전쟁에 나를 소집하고 싶다면, 응하겠소. 그렇지만 당신 나라가 빈 라덴이 더 강해질 구실을 제공하는 정책을 그만둔다는 조건하에서만 그러하오."

프랑스에서 이스라엘의 친구들은 흔히 이런 주장을 펼친다. 이스라엘의 대팔레스타인 정책을 위해서라도 이스라엘에 대한 비판을 삼가야 할 뿐만 아니라, 우리의 몫이기도 한 전쟁에서 용감한 전위대 역할을 수행하고 있는 이스라엘을 오히려 더 지원해야 한다. 그래서 파리 16구 국회의원을 선출하는 선거전에 나선 베르나르 드브레Bernard Debré 는 다음과 같은 글을 쓰기도 했다. "이스라엘이 평화조약에 서명을 하는 일이 있더라도 이 전쟁의 원인이 사라질 것이라고 생각하지는 말자. 이 나라는 서양의 전방요새다."[3]

---

2 그의 태도를 엿볼 수 있는 수많은 예 가운데 이런 일화가 있다. 이스라엘 주재 프랑스 대사인 제라르 아로(Gérard Arau)가 그에게 "내가 보기에 이스라엘에는 반프랑스 정서가 판을 치는 것 같다"고 토로한 적이 있었다. 이에 대해 니심 즈빌리는 프랑스 대사의 '분노'를 이해한다면서 이렇게 얘기했다. "그건 아주 사실에 가까운 얘기라고 생각한다. 프랑스에서 이스라엘의 태도를 보면서 그러듯이, 이스라엘에서도 프랑스의 태도에 아주 민감하게 반응한다." *Le Figaro*, Dec. 11~12, 2004.

3 Bernard Debré, "Nous sommes à la guerre!", *Le Figaro*, Jun. 16, 2004. 한편 프랑스 유대인대표평의회 (CRIF) 회장인 로제 퀴키르망(Roger Cukierman)이 2004년 10월 18일, 파리 외신기자센터에서의 기자회견에서 한 말을 들어보자. "드빌팽(M. de Villepin, 당시 프랑스 외무부장관)의 생각과 달리, 나는 중동평화와 함께 반유대주의가 사라지리라고는 생각하지 않는다.…… 2,000년 동안이나 유대인들이 떠맡아 오고 있는 희생양 역할은 유대인을 제외한 모두를 위해 유익한 일이다."

게다가 무조건 이스라엘을 펀드는 다수의 사람이 자칭 중동평화의 열렬한 지지자라고 하면서도 국제적 차원의 긍정적 효과는 줄이려고 고집하는 건 의미심장해 보인다.

모르데차이 바누누Mordechai Vanunu[4]가 형기를 마치고 출감했을 때, 극우파 운동가인 애릭 젤더Arik Gelder는 그의 석방에 분개하며 이렇게 말했다. "이스라엘을 위한 일을 해야지 세계를 위하는 일을 해선 안 된다. 그렇지 않으면 새로운 홀로코스트를 당하게 될지도 모른다."[5] 어쩌면 극단주의자의 당연한 반응일 수도 있겠지만, 이스라엘 사회에 내재해 있는 여론의 일면을 엿볼 수 있게 한다. 세계가 유대민족을 아돌프 히틀러Adolf Hitler의 손아귀에 팽개쳐버렸으니, 오로지 자신에게만 의지하려는 경향을 이해할 수는 있다. 또한 그 이유야 어떠하든, 이스라엘 및 전 세계 1,600만 유대인이 13억의 무슬림에 맞서서 수적 열세에 놓여 있는 만큼, 국제적 보장이나 다원주의적 체계를 과신하지 않으려는 경향도 이해할 수 있다.

하지만 이런 입장은 오히려 사중의 판단오류를 전제하고 있는 게 아닐까? 첫째, 세계화된 현실에 대한 판단오류다. 이제 1945년 이전에 그랬던 것처럼 나치의 학살 같은 걸 은폐하기란 가능하지 않다. 두 번째 오류는 무슬림 대중에 맞선 이스라엘이 차지하는 힘의 입지에

---

4 전직 이스라엘 핵개발 위원이었던 바누누는 이스라엘의 핵무기개발 사실을 누설하려(그 정보는 체포되고 난 뒤에 영국의 일간지 ≪선데이타임스 *Sunday Times*≫에 게재되었음) 했다는 이유로 1986년 로마에서 모사드에 의해 납치, 18년형을 선고받고 형기를 마친 뒤 2004년 출감했다. 현재 이스라엘을 떠날 수 없다는 명령 하에 이스라엘에 억류 중이다. 그는 근간에 한 인터뷰(2005년 10월 - 출처 http://www.voltairenet.org/article129626.html)에서 "이스라엘이 이란보다 더 위험하다"는 의견을 표명하기도 했다 ― 옮긴이.

5 *Le Figaro*, Apr. 22, 2004.

대한 것이다. 무슬림 대중은 통합되지는 않았지만 이-팔 분쟁에 대해서는 공통된 견해를 가지고 있다. 세 번째 오류는 이스라엘과 무슬림 간의 분쟁 자체가 불가피한 것이 아닌데도 마치 불가피한 것처럼 받아들인다는 점이다. 이는 어떤 일에 대한 가설과 결과를 혼동하는 짓이다. 마지막으로, 분쟁의 정의 자체에 대한 오류다. 세계화된 세상에서 이-팔 분쟁은 국지적인 것으로만 남지 않는다. 오늘날에는 이스라엘 뿐 아니라, 그 어떤 나라라 해도 여타 세계에 무엇이 좋은가를 고민하지 않은 채, 자신의 이익에만 몰두할 수는 없다.

이-팔 분쟁에 대한 타결 전망 없이 이스라엘에게 선택의 여지는 그리 많지 않을 것이다.

물론 팔레스타인인들이 체념하기를 바랄 수는 있다. 전쟁으로 지쳐버린(실현 가능성이 극히 드문 표현이지만) 그들이 점령된 민족이라는 운명을 마침내 받아들이는 것이다. 2002년 8월 30일, 이스라엘군 참모총장, 모세 야론Moshe Yaalon은 다음과 같이 표명했다. "팔레스타인인들에게는 패배한 민족이라는 인식을 더 깊숙이 각인시켜야만 한다."[6] 그런데 역사 속에서 점령된 민족이 그런 운명을 지속적으로 받아들인 적이 있던가? 이런 가정은 커다란 착각을 불러온다. 그들을 위해 시간이 해결해줄 것이라는 것도, 어떤 정책이 시간과 더불어 실현될 것이라고 여기는 것도 부질없다.

따라서 분쟁을 확장시키는 데 성공한다면 이스라엘 고위층에겐 하나의 흥미로운 출구가 될 수 있다. 9·11 사태 이후 미국과는 손발이 짝짝 맞아놓고 왜 다른 나라들과는 그러지 않을까? 다음과 같은 가정

6 Rashid Khalidi, *L'Empire aveuglé*, Actes Sud, 2004, p.157.

은 매혹적이다. 정녕 민주주의 공동체를 이끌기 위해 벌이는 지혜롭고 용감한 투쟁이라면, 주기적으로 국제법을 위반해 언제나 배척당하는 국가 위상을 그런 투쟁을 통해 대단히 존중받을 자유세계의 선구자라는 위상으로 바꿀 수 있을 텐데, 왜 바꾸지 못하는가? 이스라엘에 이어서 과연 어떤 나라들이 테러와 전쟁을 벌이는 국제적 대연합에 가담하게 될까? 러시아와 인도가 우선적인 목표다.

냉전기간 동안 인도는 비동맹국가의 지도자라는 위상에도 불구하고 모스크바와 전략적으로 아주 긴밀한 관계를 진척시켰었다. 소련이 붕괴된 후, 뉴델리는 워싱턴에 접근하며 미국과 상호 경제교환 관계를 활성화시키려고 했다. 이런 구도 속에서 9·11 사태는 새로운 기회를 가져다주게 된다. 미국을 통해 인도는 자신도 카슈미르에서 겪고 있던 문제에 가치를 부여하려 했다. 테러리즘이 파키스탄의 지원을 받고 있으며, 파키스탄은 아프가니스탄의 권력에 탈레반을 이식한 장본인이라는 점이었다. 인도 지도자들은 바로 이 지점에서 자신에게 유리한 전략적 유사성을 자리매김하려 했다. 즉 세계의 거대 민주국가인 두 나라가 똑같이 이슬람 테러리즘의 큰 희생자들이기도 하다는 것이다. 또한 그런 지도자들 말에 귀를 기울이는 이익집단은 미국이 파키스탄과의 전통적 동맹을 저버리도록 유도한다.[7] 게다가 그것은 9·11 사태 이후 미 행정부가 보인 첫 번째 경향이기도 했다. 급진이슬람주의에 지나치게 관대한 체제와 거리두기, 가장 급진적인 이슬람 운동과 연계

7 2001년 9월 20일, 알렉상드르 아들레르는 '라디오J' 방송을 통해 이런 말을 했다. "인도는 팔레스타인 무장세력을 소멸시키기 위해 미국을 도울 준비가 되어 있다. 그 다음, 두 번째로 중요한 것은 빈 라덴이 이라크에서 아주 강한 지지를 얻고 있다는 점이다. …… 나는 팔레스타인과 아랍 배후에 강력하게 개입하는 프랑스 같은 나라는 연대를 실현하는 역할을 할 수 없을 것이라고 생각한다."

된 파키스탄에 눈을 감는 것은 단기적으로 현실정치에 비생산적 성격을 띤다는 것, 이런 모든 이유가 미국 정치에 막강한 영향력을 행사할 네오콘들의 눈에 들어왔던 것이다. 그럼에도 불구하고 9·11 사태 후 미국은 반탈레반 연대 속에 인도나 이스라엘을 끌어들이지 않으려고 주의했다. 아랍의 여론들, 특히 파키스탄에서 적대적인 반응을 야기하지 않기 위해서였다. 다음으로 어떤 단점을 갖고 있든지 간에 파키스탄과의 동맹은 미국의 아프가니스탄 정책을 적절하게 이끄는 데 필요 불가결해 보였던 것이다. 그리고 이슬라마바드[파키스탄]는 미국이 이러지도 저러지도 못할 만만찮은 존재로 남게 된다. 파키스탄 공화국 대통령 페르베즈 무샤라프Pervez Mousharaf 장군이 테러와의 전쟁에 참여함으로써 미국과의 관계를 더 강화하는 쪽을 선택한 만큼 워싱턴은 동맹을 파기하지는 않았다. 한편 미국사회 내에서 잘 통합된 인도 디아스포라[이산 민족]의 지지를 받으면서 진행되는 인도 공화국과의 친선은 미국과 인도, 두 나라가 중국의 영향력을 견제하려는 욕구를 공유하고 있는 만큼 워싱턴에게도 구미가 당길 만했다. 일을 진척시키는 과정에서 인도가 우호를 과시하려고 국가미사일방위체제NMD, National Missile Defense 계획[8]을 지지하게 될 수도 있었다.

그와 병행하여 인도는 이스라엘과 우호관계를 맺는 것이 미국과의 각별한 관계를 수립하는 데 열쇠가 된다고 판단해 이스라엘과의 친선을 도모하려 할 터였다. 이런 관계는 텔아비브, 워싱턴과 함께 뉴델리를 연결하는 '선의 축' 계획을 탄생시킨다.[9] 인도는 1949년 이스라엘의

---

8 로널드 레이건(Ronald Reagan)의 '스타워즈' 정책[SDI(전략방위구상)]의 후속물인 이 미사일요격체계구축 계획은 적의 핵미사일 공격으로부터 미국을 보호하겠다고 내세운 것이다.

9 Christophe Jaffrelot, "Inde, Israël: le nouvel élément de l'axe du bien?", *Critique internationale*, No.21, Oct.

UN 가입 여부를 결정하는 투표에서 반대표를 던진 바 있었다. 1975년 시오니즘을 인종주의의 한 형태와 동일시한 3379결의안에도 찬성 투표했다. 그러다 1992년 두 나라는 처음으로 양국에 대사관을 두게 되었고, 그때부터 반테러 협력 강화라는 임무를 띤 대표단들이 50여 차례에 걸쳐 두 나라를 오갔다.[10] 여기서도 이슬람 테러리즘의 남다른 희생자라는 위상을 공유하려는 의도가 작용했다는 걸 무시할 수 없다. 1998년에 집권하게 된 바라티야 자나타당BJP, Bharatiya Janata Party은 이런 친선 관계를 더 가속화한다. 그들의 민족주의 이데올로기가 이스라엘 집권 리쿠드당과 친밀하게 만들었다. 그들의 공동 적은 바로 이슬람이다. BJP의 몇몇 지도자는 그들 식으로 문명충돌론을 취한다. 이와 관련 크리스토프 자프를로Chrostophe Jaffrelot는 이렇게 표현하고 있다. "유대인들처럼 힌두교도들도 다른 영토가 없으며, 유대인들처럼 그들도 국내에서 적에 맞서고 있다면서, 의도적으로 유대인을 들먹여댔다."[11] 그렇더라도 시오니스트의 이상과는 일치하지 않는다고 볼 수 있는 게, 분명 인도의 국가 구축 전망은 다민족적이면서 다종파적이라는 점이다.

　두 나라가 협력할 장은 많으며 전망도 있다. 뉴델리와 텔아비브 당국은 우선 그들을 대하는 미국의 태도가 냉담해지거나 '느슨해질' 때를 대비해 각자 약간의 자율성을 가질 수 있는 방식으로 동맹을 모색

2003, pp.24-32. (크리스토프 자프를로는 프랑스의 정치학자로 동남아시아 특히, 인도와 파키스탄 전문가다 ─ 옮긴이).

10 위 자프를로(Christophe Jaffrelot)의 같은 글, p.27.

11 "Quelle nouvelle donne stratégique en Asie du Sud?", *Relations internationales et stratégiques*, No.52, Winter 2003~2004, p.17.

할 수 있다. 게다가 인도의 군수시장은 이스라엘의 군수산업을 유혹한다. 이스라엘의 대인도 무기 수출은 연간 20억 달러에 달하고 있다. 이런 수출은 부패를 막기 위해 경제협력개발기구OECD가 마련한 협약 [뇌물방지 협약]에 이스라엘이 가입하지 않은 상태라 더욱 수월해진 것이기도 하다. 특정 구매자들이 보기에 이스라엘의 군수산업은 분명히 '경쟁 면에서 유리'하다. 물론, 이런 교환은 농업분야(연간 10억 달러)에서도 이루어지고 있으며 인도는 이스라엘인들이 안전하다고 느끼는 나라라서 인도관광도 성행하고 있다. 게다가 인도는 터키처럼, 협소한 영토를 가진 이스라엘 측에 군사훈련 공간을 제공할 수도 있다.

2003년 5월, 인도 총리의 국가안보보좌관인 브라제시 미쉬라Brajesh Mishra는 워싱턴에 위치한 '미국유대인협회ACJ, American Jewish Committe'에서 연설을 하면서 "현대 테러리즘이라는 하나같이 악질적인 얼굴과 맞서기" 위해 이스라엘-인도-미국이 동맹을 맺어야 한다고 했다.12 곧이어 인도 외무장관이 이와 관련해 분명히 해두는 게 좋겠다면서, 미쉬라는 이스라엘-인도-미국의 축을 구축할 책임자가 아니며, 단지 테러와의 전쟁이라는 주제를 놓고 협조 프로그램을 말했을 뿐이라고 밝혔지만, 그 연설을 들은 이들은 미국유대인협회와 인도계 미국인 공동체 간의 연계를 '양국 국민이 공유하는 가치들의 긍정적인 반영'으로 규정했던 건 틀림없다. 이 연설로 인도는 비동맹국가 운동의 등불 역할을 해 온 전통에 종지부를 찍은 것이다.

2003년 9월 아리엘 샤론Ariel Sharon은 4일간의 일정으로 인도를 공식방

---

12 Sushil J. Aaron, "Straddling faultlines, India's foreign policy toward the greater middle east", *Occasional paper French research institutes in India*, 2003, p.25에서 재인용.

문했는데, 그런 규모의 방문은 역대 이스라엘 총리 가운데 처음이었다. 이를 기회로 삼아 이스라엘과 인도 측 대변인들은 '테러리즘에 맞설 공동전선'[13]의 필요성을 강조하고, 파키스탄에 맞서 동맹을 맺을 가능성을 간접적으로 시사했다. 그렇다고 이 일로 UN에서 인도 대표들이 계속해서 팔레스타인에게 유리한 표를 던지는 걸 꺼린 일도 없다. 또 샤론 방문 당시에도 인도는 이-팔 분쟁에 대한 자신의 전통적인 입장을 상기시키는 걸 꺼리지도 않았다.

그런데 이스라엘과 인도의 상호 접근을 깨뜨릴 수 있는 두 가지 요소가 있다. 우선 하나는 인도 이회당의 재집권이다. 국수주의에 널리 기우는 그들은 인도정치의 '근본적인 것'(비동맹, 민족자결권, 남반구 국가들과의 연대)에서 지나치게 멀어지지 않기를 바란다. 그래서 인도와 파키스탄의 대화를 재개하고, 뉴델리와 텔아비브의 관계 수립은 덜 시급하다거나 비생산적이라고 바라볼 수도 있다. 인도, 파키스탄 두 나라가 수립된 이래 처음으로 인도의 지도자들은 그들의 소속 정당을 막론하고 파키스탄 권력을 공고히 하는 게 중요하다고 평가하고 있다. 무샤라프 장군의 실권이 오히려 상황을 더 악화시킬 수 있기 때문이다. 현 국제 분위기에서 카슈미르의 테러리즘에 너무 관대한 게 파키스탄에 나쁘게 작용할 수 있다고 판단한 무샤라프는 인도를 상대로 대화노선을 취하고 테러와의 전쟁에도 참여했다. 두 번째 요소는 인도 지도자들의 온건 노선이 유권자들의 표를 헤아리는 정당한 의미로도 설명될 수 있다는 점이다. 파키스탄 반대의 목소리를 내며 던지는 민족적 성격의 표는 적으며, 국제투자의 회복을 통해 의회당이

13 *Le Figaro*, Sep. 9, 2003.

흡수할 수 있는 표가 훨씬 더 많을 것이다(BJP도 이런 관점에 동조하는 것으로 보인다). 인도는 뉴델리-텔아비브 축보다는 오히려 중기적인 차원에서 인도-남아공-브라질로 연결되는 축을 세워야 할 것이다.

그렇다면 러시아가 이스라엘이 믿고 의지할 수 있는 동맹국이 될 수 있을까? 러시아가 워싱턴과 함께 텔아비브와 삼각구도를 형성해야 하는 마당에 뉴델리와의 단절을 모스크바로 대체할 수 있을까? 그게 바로 아주 명민한 알렉상드르 아들레르Alexandre Adler의 꿈이기도 하다. 그에 따르면 "텔아비브/모스크바/뉴욕의 삼각구도는 또 다시 아주 역동적일 수 있다. …… 흥미로운 것은 오늘날 이스라엘이 자신도 깨닫지 못한 채, 러시아-미국 동맹의 산파 역할을 하고 있다는 점이다."[14] 게다가 그는 "러시아-미국의 체계 속에서 21세기의 가능성 있는 쐐기돌"을 본다면서 "러시아와 미국의 앙탕트[우호] 속에서 이스라엘은 금융과 기술 부문을 담당할 것"이라고 한다.[15]

1990년대 초 100만여 명의 러시아출신 유대인이 이스라엘로 이주하면서 이 두 나라 간 상호 인식에 지각변동이 일었다. 아리엘 샤론의 집권과 9·11 사태는 다시금 이들 간의 친선 의지를 강화시켰는데, 이런 친선관계는 러시아어권 유대인 이민자 대표들에 의해 지지를 받고 있다. 이스라엘 내 러시아 유대계 주요 정당의 당수인 아나톨리 크차란스키Anatoli Chtcharansky는 이렇게 장단을 맞추기 시작한다. "러시아와 이스라엘에게는 동일한 적이 있는데, 바로 무슬림 테러리즘이다." '에코 모스크비Eckho Moskvy'라는 라디오 방송과 가진 인터뷰에서, 텔아비브

---

14 Alexandre Adler, *J'ai vu finir le monde*, Grasset, 2002, pp.221-222.
15 위 아들레르(Alexandre Adler)의 같은 책, p.309.

주재 전 러시아대사 알렉산드르 보빈Aleksandr Bovine(1991~1997년 대사 역임)은 이런 말을 하기도 했다. "우리는 아랍 국가들을 무조건 지원하던 모스크바가 오늘날 중립적인 입장을 취하면서 정책방향을 전환하는, 그 복잡한 과정을 목격하는 중이다. 다음 단계는 이스라엘을 지원하는 것이다."[16]

러시아 베슬란의 한 학교에서 발생한 인질사건의 다음날이자 러시아 외무장관이 이스라엘을 방문하기 전날이었던 2004년 9월 5일, 아리엘 샤론은 테러리즘에 맞설 국제적인 동맹의 창설을 호소했다. "테러리즘은 어떤 시으로도 정당화될 수 없다. 자유세계가 국경도 없는 이 끔찍한 전염병과 싸우고 연합해야 하는 시기다."[17] 그리고 러시아에 '세계 이슬람 지하드'[성전]에 맞서 싸우기 위한 협력강화를 제안했다.

2주가 채 안 되는 기간 동안 500명의 사망자를 낸, 모스크바 거리에서의 자살테러, 두 대의 여객기 공격사건, 베슬란의 인질사건들을 같은 관점으로 일괄하면서 이스라엘의 책임자들은 러시아에 대해 이렇게 말했다. "그들은 국지적 차원의 테러리즘 문제가 아니라, 이슬람 테러리즘이라는 총체적 위협을 겪고 있다는 걸 이제 알게 되었다."[18] 아리엘 샤론의 한 측근은 한술 더 떠서 "이슬람 극단주의자들은 지탄하면서, 전적으로 테러리즘에 호소하는 자칭 민족해방운동을 지지하는 것은 가능하지 않다. 좋은 테러리즘도 나쁜 테러리즘도 없다"[19]고 했다. 심지어 2004년 9월 6일, 러시아 외무장관을 만난 자리에서 이스

16 François Lund, "Un nouvel axe Russie-Israël?", *Esprit*, Dec. 2002에서 재인용.

17 "Sharon asks for global alliance to fight terror", *International Herald Tribune*, Sep. 6, 2004.

18 "Israël propose son aid à Moscou", *Le Figaro*, Sep. 6, 2004.

19 위 ≪르 피가로≫지의 같은 기사.

라엘의 외무장관 실반 샬롬Sylvan Shalom은 "러시아를 공격한 테러리즘은 뉴욕, 텔아비브, 마드리드를 공격한 테러리즘과 다르지 않다"[20]고도 했다. 이렇게 이스라엘과 러시아는 '세계 이슬람 지하드'에 맞서 그들의 관계를 강화시키고 있다.[21]

베슬란 사건 이후 러시아는 예방 공격권을 천명한다. 이 학살사건 후 푸틴Vladimir V. Putin이 행한 연설은 9·11 테러 후 조지 부시가 행한 그것과 동일했다. 굳이 (중요한) 어감 차이를 보자면, 러시아도 테러리즘의 국제적 성격은 인정한다. 다만 체첸 분쟁만큼은 다른 나라들이 개입해서는 안 되는 전적으로 자국의 문제로 볼 뿐이다. 팔레스타인 문제에 맞선 이스라엘의 태도와 크게 다르지 않다. 러시아의 권력은 그들이 러시아 국내문제라고 여기는 체첸문제가 언급되는 걸 참을 수 없는 것이다.[22]

러시아는 체첸에서 무자비한 정책을 펼쳤다. 이미 수만 명의 사망자들을 만들어낸 잔혹한 탄압을 계속하고 있다. 고문 또한 광범위하게 자행되고 있는 것으로 보인다. 그렇다고 체첸인들이 시종처럼 고분고분한 건 아니다. 유럽 땅에서 벌어진 참상에만 국한시켜 본다면, 이 분쟁의 야만성은 1990년대 옛 유고슬라비아의 그것을 능가할 것이다. 그럼에도 불구하고 서방세계가 개입할 우려는 전혀 없는 것이다.

지금 시점에서 보자면, 모스크바와 텔아비브는 이 분야에서 여러

---

20 *Le Monde*, Sep. 18, 2004.

21 알렉상드르 아들레르는 "사우디와 영국이 조작해(원문대로) 잘못 알려진 사실과 다르게, 미국 첩보기관에 따르면 이스라엘의 모사드는 체첸의 이슬람주의자들을 상대하는 러시아에 그 즉시 협조했다"고 한다. 앞 아들레르(Alexandre Adler)의 같은 책, p.223.

22 그렇다면 코소보 사태도 유고슬라비아 국내사건이었다.

가지 공통점을 가진다. 군사적인 해결책을 우선으로 하고 있으며, 그들에게 대단한 에너지 소모를 요구하는 분쟁 속에서 외국의 모든 개입을 거부한다. 이런 시각을 굳건하게 공유하면서 러시아와 이스라엘은 과연 어느 선까지 협조하게 될 것인가? 무슬림세계에서는 일종의 전쟁선포로 받아들이는 이 테러와의 전쟁 속에서 그들은 어디까지 협조를 보일 것인가?

체첸에서 보여준 러시아의 행태는 도덕적으로 보면 충격적이기 짝이 없고, 전략적으로 보면 부조리하다. 러시아가 테러와의 전쟁이라는 위대한 깃발 아래 합류할 준비가 된 것으로 볼 만한시는 불확실하다. 그렇게 하면서까지 러시아가 워싱턴 수하에 들어가고 싶어 하지는 않을 것이기 때문이다. 집권 이래로 푸틴의 모든 전략은 미국과의 우호관계를 최대한 활용하려는 데 맞춰져 있긴 했지만, 그것도 우선적으로 러시아의 이익과 자율성이 보장되고 난 이후의 일이었다. 이라크전쟁 동안 이란과의 관계 단절을 거부한 푸틴의 태도에서 엿볼 수 있듯이 러시아는 중동에서 이스라엘-미국의 의제에 엮이지 않으려는 의지를 갖고 있음을 알 수 있다.

이스라엘이 국제적 고립의 족쇄에서 벗어날 수 있는 기회라고 여겼던 인도나 러시아와의 관계수립에 있어, 만일 인도가 그걸 기피하고 러시아가 전혀 협상 준비가 되어있지 않다면?

그렇다면 터키는? 비록 터키가 중동에서 오랫동안 이스라엘의 유일한 동맹국이긴 했지만, 2002년 '무슬림 민주당'의 지도자인 레셉타입 에르도간Receptayyip Erdogan이 집권한 이후론 상황이 많이 변했다. 2004년 6월, 그는 이스라엘 정부를 맹렬히 비난해 파문을 일으켰다. 국회에서 자신이 속한 정당의 한 그룹에게 "이스라엘의 최근 행동들이 세계에 반유대주의를 고조시켰다"고 선언했던 것이다. 그에 따르면 팔레스타인의 주거지들을 파괴하고, 팔레스타인 운동단체들의 대표들을 살해하고, 요르단강 서안과 가자지구를 봉쇄하면서, 이스라엘은 스스로 '테러리즘 국가'가 돼가고 있다. 그 결과 터키는 이스라엘 무기 구매를 제한했고[23] 2004년 6월에는 급기야 총리의 이스라엘 공식방문 계획을 연기하기까지 했다. 이스라엘은 중동에서 유일하고도 진정한 민주주의 국가라서 자신이 고립되었다고 오랫동안 불평해 왔다. 그런데 그 지역에서 또 다른 진정한 민주주의가 탄생한 것이 이스라엘을 더 고립시키게 될 것이라고 그 누가 생각이나 했겠는가?

이스라엘은 북대서양조약기구NATO를 통해 유럽 국가들에게 접근하면서 자신의 전략적 지평을 넓힐 수 있을까? 2004년 12월, 이스라엘의 헤르질리아에서 열린 전략회의에서는 이스라엘의 NATO 가입 문제가 제기되었다. 미국의 전직 공무관이었고 현재는 독일마셜기금GMF, German Marshall Fund에서 일하고 있는 로널드 아스무스Ronald Asmus는 NATO가 그루지야하고는 협력관계를 모색하면서 "…… NATO에 필수적인 세계 지역 가운데 이미 우리의 가치와 이해관계를 공유하고 있는 민주국가"[24]인 이스라엘하고는 왜 그러지 않느냐고 반문했다. 9·11 사태 이후 NATO는 그때부터 그들의 임무에서 테러와의 전쟁이 더 중요해져버린 상황을 재고해봐야 했다. 따라서 NATO는 급진이슬람주의라든가 이란의 핵무기 확산 같은 위협의 대부분이 몰려있는 지역인 중동에서의 사명을 도모하게 된다. 게다가 그건 이스라엘이 직면하고 있는

23 *New Republic*(Washington), *Courrier international*, Oct. 21, 2004에서 재인용.

24 "Amid optimism, a call for Israel to consider joining NATO", *International Herald Tribune*, Dec. 20, 2004.

위협들이기도 했다.[25] 알렉상드르 아들레르는 원점으로 돌아가면서 NATO가 체코나 헝가리를 위해 돈을 쓰는 것은 소용없는 일이라고 평가했다. 그 돈을 체첸이나 카슈미르의 전선에서 직접 싸우고 있는 러시아와 인도를 돕는 데 쓰는 게 더 낫지 않을까? 라며 반문하는 아들레르는 이런 의문을 제시하는 것 자체가 이미 대답한 것이나 마찬가지라고 했다.[26]

물론 NATO는 중동에서 긍정적인 역할을 수행할 수 있다. 미국과 유럽의 동맹으로 이-팔의 평화가 타결되고 난 후 유용한 중재력을 발휘할 수 있을 것이나. 그선 계속 팔레스타인 영토를 점령하려는 이스라엘의 동맹국이 되는 역할과는 완전히 다르다. 서방세계, 특히 유럽인들이 이 회오리에 말려들어가서 얻을 수 있는 이익이 없다는 건 확실하다. 자신이 유발한 게 아닌 전쟁에 소집되는 건 받아들일 수 없고, 또한 받아들여서도 안 된다. 그들은 모든 힘을 기울여 이런 최악의 전략에 반대해야만 한다. 이런 전략은 해결방안을 제공하기보다는 오히려 다른 나라로 확대될 때까지 문제를 증폭시킬 뿐이다. 만일 히브리 국가가 연대의식을 만들어내기 위해 팔레스타인과 대립하는 분쟁 영역을 확장시키려 유혹한다면, 유럽인들은 그 의도대로 휘말리기 이전에 분쟁이 해결되도록 하는 게 전적으로 유익하다.

9·11 사태 후 미국이 범한 오류를 우리도 저지르게 되는 건 피해야 한다. 테러 후 워싱턴은 세계화된 세상에서는 군사적 우월성이 국가안보를 보장하기에 더는 충분치 않다는 결론을 내렸어야 했다. 마찬가지

25 위 ≪인터내셔널 헤럴드 트리뷴 *International Herald Tribune*≫지의 같은 기사.

26 앞 아들레르(Alexandre Adler)의 같은 책, p.331.

로 그들의 정치가 야기하는 증오의 이유들을 고려해봤어야 했다. 1990~1991년 걸프전 후, 아버지 부시는 중동에서 더 전진했어야 했다는 생각을 갖게 되었다. 아들 부시도 9·11 사태 후 같은 분석을 하긴 했다. 그런데 반대되는 결론을 끄집어냈던 것이다. 아버지 부시는 전진을 위해서는 이스라엘에 압력을 가해야 한다는 결론을 내렸다. 그런데 그의 아들은 이스라엘과 일체가 되어야 한다고 생각하곤 샤론에게 영향력을 행사하기보다는 사담 후세인Saddam Hussein을 몰아내 중동의 전체지도를 바꾸는 게 더 쉽다고 생각했다. 샤론이 자신의 전쟁에 부시를 끌어들이는 데 성공했던 것이다. 그렇다고 미국이 이겼는가? 안보가 더 탄탄해졌는가? 미국의 사례가 우리에게 보여주는 바는 분명한 실패만 키워갈 뿐인 전쟁에 개입해서는 아무런 이익도 얻을 수 없다는 점이다. 분쟁을 확산시키기보다는 분쟁을 해결함으로써 우리는 더 큰 승리를 거둘 수 있으며, 세계도 우리와 함께 할 것이다.

9장

Vers la 4ᵉ Guerre mondiale?

유럽의 역할은?

이 스라엘 외무부 소속 정치연구센터에서 작성된, 극비로 추정
되는 문서 하나가 2004년 10월 유출된 적이 있었다.[1] 그 문서
는 충격적인 내용을 담고 있었으며, 이스라엘이 미국의 지원을 기대하
면서 팔레스타인 영토나 그 중 일부지역 점령을 추진하는 것을 크게
문제 삼고 있었다.

   문제의 보고서에 따르면 그런 전략은 이스라엘을 궁지로 몬다. 이
보고서의 작성자들은 급기야 히브리 국가가 유럽연합EU과 대립하게
될 수 있으며, 팔레스타인과의 분쟁이 공정하고 만족스럽게 해결되지
않을 경우, 인종차별의 남아공처럼 진짜 '배척 국가'가 될 것이라고
평가했다. 이 분석가들은 국제적 판도에서 유럽의 힘이 상승하고, 동

---

1 "Israel could become a pariah state, warns report", *The Guardian*, Oct. 14, 2004.

시에 미국의 영향력이 줄어드는 가정 하에서 그들의 논리를 펼친다. 그렇게 되기를 기대해보자. 유럽연합의 25개 회원국이 내부 분열을 극복하여 하나의 목소리를 낼 수 있다면, 그들이 세계에 끼치는 영향력이 괄목할 만큼 늘어나서 그들의 경제력에 걸맞게 될 것이다.

역설적이게도 이 이스라엘 전문가들은 다수의 유럽책임자들보다도 유럽연합의 개입능력을 더 예리하고도 신중하게 의식하고 있다. 지금까지 유럽은, 예를 들어 이라크전쟁처럼 대외정치 사안들에 대해 분열양상을 보였다. 이스라엘 외무부 연구원들은 만일 유럽이 보다 더 일치된 목소리를 낸다면, 당연히 이스라엘에게 국제협정들을 존중하라고 요구할 수 있고 팔레스타인과의 분쟁 속에서 이스라엘의 제멋대로식 행동을 제어할 수 있을 것으로 예상하고 있다.

이스라엘이 미국과 유럽연합 간에 점점 치열해지는 경쟁의 대가를 치르게 될지도 모른다. 유럽연합과 이스라엘이 무역 및 과학연구 분야에서는 심층적이고도 긴밀한 관계를 맺고 있는 반면, 팔레스타인에 대해서는 심한 견해 차이를 보이고 있다. 지금까지 이스라엘은 유럽이 전략적 경계 밖에 머물게 하는 데 성공하면서 유일하게 미국하고만 동맹을 구축하려고 했다. 그러나 이스라엘이 그들의 모든 달걀을 미국이라는 바구니에만 담는 것은 오히려 고립을 자초할 수 있다. 중동이나 그 외 지역에서 유럽이 상업거래나 같이 할 거대시장으로만 간주될 수는 없다. 유럽이 이스라엘의 주요 무역 상대(이스라엘의 대유럽 무역 ─ 수입의 40%, 수출의 30% 차지)이긴 해도, 유럽 국가들은 그들의 역할이 재정이나 기술적 지원에만 국한되는 걸 앞으로 더 오랜 기간 용납할 수는 없다. 그들은 중동의 안정화에 특정 역할을 부여받고, 그걸 수행하길 바라고 있다.[2]

유럽의 태도 변화가 제도화되었다는 증거를 하나 들어본다면, 유럽 연합의 중동 파견 상임특사의 임명을 말할 수 있다. 초대 특사였던 미구엘 앙헬 모라티노스Miguel Angel Moratinos가 현재는 마크 오트Marc Otte로 교체된 상태다.

중동 분쟁의 분석에서 보이는 이견이 유럽과 미국 간 주요 불화의 원인 가운데 하나다. 물론 양쪽 다 이스라엘을 위해 확실하고 누구나 인정하는 국경 속에서 평화로운 삶을 보장하고, 팔레스타인인들에게는 전체적으로 1967년 당시의 국경 그대로 존속할 수 있는 국가보유권을 보장한다는 최종목표에는 동의한다. 반면 현재의 협상 중단 원인들을 분석하는 데서는 의견을 달리한다. 유럽은 테러리스트들의 테러를 규탄하면서도 테러를 단지 억압으로만 막을 수는 없으며, 군사적 점령과 그것이 인간에게 미치는 영향이 이 문제의 주된 원인이라고 평가한다. 반면 미국은 평화협상의 진전을 방해하는 것은 바로 팔레스타인인들의 폭력이라고 여긴다. 마찬가지로 팔레스타인 정치적 대표의 정당성에 대해서도 의견이 대립된다. 그들을 대표할 사람을 결정해야 하는 건 바로 팔레스타인인들이라고 보는 게 유럽의 시각이다. 반면 미국은 2002년 이래 야세르 아라파트Yasser Arafat를 믿을 만한 대화상대가 못 된다고 판단해 왔다.

미국은 일반적으로 이스라엘의 입장을 그대로 중시하는 반면, 유럽

---

2 2004년 10월 14일, 미셸 바르니에(Michel Barnier)[당시 프랑스 외무장관]는 이스라엘을 방문하여 이렇게 표명했다. "어떻게 평화에 이를 수 있을까? 이스라엘인들의 평화는 이스라엘에 고난만 가져다줄 뿐인 점령을 포기해야 가능하다. …… 프랑스의 장관으로서 내 주된 업무 중 하나는 이-팔 분쟁에 대해 유럽인들이 정치적 통합을 이루어 행동통일을 보이도록 하는 데 있다. …… 이스라엘, 팔레스타인자치 정부, 미국, 그리고 이 지역 나라들은 국가안보와 안정을 위해서나 경제를 위해서도 유럽을 필요로 하고 있다."

은 망설임 없이 다른 입장을 표출한다. 하지만 지금까지 유럽연합은 이스라엘 입장에 대해 말이나 성명서를 통해 비난하고 지탄하는 정도에 그쳤을 뿐이다. 유럽 대표들은 때론 이스라엘 권력에 의해 조롱을 당하면서도 감히 동일한 논조로 응수할 엄두조차 내지 못하는데, 이는 다른 나라들을 상대로 해서는 결코 용납하지 않았을 태도다. 열 가지 정도되는 사례 중에서 세 명의 영국 국회의원들의 일화를 소개해보자. 예루살렘 소재 영국영사관에 따르면 당시 그들은 가자지구에 있었는데, 두 차례나 이스라엘 군인들의 총격을 받았고 이를 간신히 모면했다고 한다.[3] 사건은 신속히 무마돼버렸다. 2005년 1월 레바논에서 프랑스출신 UN 평화유지군이 이스라엘의 포탄을 맞아 사망한 일이 있었는데도 파리 당국은 공식 항의 한 번 하지 않았다. 유럽연합이 출자한 팔레스타인의 사회기반시설(가자 공항, 팔레스타인 경찰용 막사, 제닌의 도로, 가자의 전력망)을 이스라엘 군사력이 파괴한 경우도 있었지만 브뤼셀의 반응은 항의 수준을 넘지 못했다.

　유럽연합은 여전히 중동이라는 무대에서 주역으로 나서는 걸 확실히 꺼리고 있음을 보게 된다. 아주 오랫동안 이런 신중함은 이 분쟁을 분석하는 데서 회원국들의 의견이 나뉘기 때문이라고 설명되었다. 1980년 베니스선언[4] 때부터 유럽의 입장이 수렴되기 시작했지만, 진정 통일된 행동으로 분출하는 데까지는 이르지 못했다. 또한 유럽은 이 사안에 강하게 개입하기엔 전략적으로 충분히 강하지 못하다고, 오랫동안 그렇게 평가해 왔다. 유럽의 안전이 더디긴 하지만 꾸준히

3　*AFP*, Jun. 19, 2004.

4　1980년 6월에 발표된 선언으로, 그 당시 유럽공동체(EC, 유럽연합의 전신) 9개국과 아랍세계 간에 정치적 협조를 기약하면서 중동문제에 대한 유럽의 공동입장을 공식적으로 처음 제시했다 — 옮긴이.

확보되고 있다는 것만 봐도 그렇지만, 미국보다 전략적으로 열세에 놓여 있다는 점이 유럽이 개입을 하지 않는 충분한 동기가 되지는 못한다. 아무도 유럽에게 이스라엘이 국제규정을 준수하게끔 군사적인 위협을 가하라고 요구하지도 않았다. 그러니 이스라엘은 자국의 안보를 위해서도 유럽의 군사적 보증이 더는 필요치 않게 돼버렸다.

유럽의 군사적 기여는 이스라엘이 점령지에서 철수하게 될 경우, 팔레스타인 영토에서 안전과 질서를 유지하고, 가능한 평화협정을 보장하도록 군대를 파견하는 것으로 요약될 수 있다. 미군과 합류할 수도 있을 테니 유럽이 못할 일도 아니긴 하나. 엄밀히 말해서 정작 유럽이 부분적으로 중동의 무대 밖에 있는 것은, 이스라엘이 유럽의 개입을 허락하지 않기 때문이다. 이스라엘은 유럽을 '친아랍적'이라고 간주하며, 그 중에서도 프랑스가 제일 심하다고 평가한다. 그렇지만 이런 지탄은 신중한 논거에 기반하고 있지 않다. 유럽도 프랑스도 친아랍적이지 않다. 그들은 단지 국제법의 규정들이 적용되도록 힘쓰는 데 그치고 있을 뿐이다.

이스라엘이 미국에게 특권을 주는 것은 충분히 이해할 만하다. 두 나라의 관계는 굳건하면서도 오래돼서 텔아비브가 전적으로 신뢰할 만하다. 이스라엘이 유럽의 개입을 최대한 저지하려는 것도 이해할 만하다. 유럽은 이스라엘과 덜 타협적이다. 하지만 유럽연합이 한쪽으로 젖혀지는 걸 별다른 반응도 없이 그렇게 쉽게 용납하는 것은 이해할 수 없다. 앞서 언급한 이스라엘 외무부 정치연구센터 관계자들이 파악하고 있듯이, 이런 상태가 장기적으로 지속되지는 않을 게 틀림없다. 이스라엘이 유럽을 지나칠 정도로 대수롭지 않게 대한다면, 정말로 유럽은 이스라엘이 알아듣도록 경제적·무역적 압력수단들을 배치할 수도 있다.

1995년 11월 유럽연합과 이스라엘 간에 체결된 제휴협약은 2000년 6월에야 발효되기 시작했다. 프랑스와 벨기에가 협약 비준을 여러 차례 미루다가, 이스라엘에서 에후드 바라크Ehud Barak가 집권해 평화협상이 재개되면서야 승인을 했던 것이다. 이 협약은 세계무역기구WTO의 규정에 근거하여 자유무역지대 설치를 겨냥했다. 농산품 및 서비스 교환의 자유화와 자본의 자유유통, 그리고 분야에 따라 관세감면이나 완전면세를 적용하면서 쌍방 간 우선특혜조치를 시행한다는 계획을 담고 있었다.

2002년 4월 10일, 유럽의회는 그 협약서의 8항을 적용하여 협약을 중단할 것을 요청했다. 또한 유럽이사회와 유럽위원회에 유럽연합-이스라엘 협력 관련 비상위원회 소집을 요청했다. 이유는 이스라엘 정부에게 근간의 UN 결의안들을 존중하고 분쟁의 평화적인 해결을 위해 유럽연합이 보여준 노력들에 긍정적으로 반응하길 원한다는 입장을 전하기 위해서였다. 유럽의회의 이 결정은 유럽연합과 이스라엘 간에 체결된 유럽지중해협약의 제2조에 근거한 것으로, 그 내용은 다음과 같다. "상호 간의 관계는 이 협약의 모든 조항과 마찬가지로, 양측의 대내외 정치를 이끌고 현행 협약의 기본요소를 구성하는 인권 및 민주주의의 원리에 대한 존중에 기반하고 있다."

하지만 유럽위원회나 이사회는 유럽의회의 투표에 응하지 않았다. 제휴협약의 제2조를 (법적으로나 정치적으로) 강제하는 기제는, (유럽연합과 ACP 간의 코토누협정5에는 미리 강제조항을 마련한 것과는

---

5 2000년 6월에 체결된 것으로, 유럽연합과 77개의 ACP(아프리카, 카리브해, 태평양 연안) 국가 간의

달리) 사실상 존재하지 않는다. 그런 지 몇 달 후 위원회와 이사회는 이스라엘과의 과학 및 기술 협조 협약을 승인한다. 특기할 만한 것은, 전적으로 찬성하지 않으면서도 당시 유럽의회 보고서에서는 협약에 유리한 결론을 내렸다는 점이다.[6]

양측 간에는 그 분야의 협조가 가장 활성화되어 있다. 1990년 1월 18일, 인티파다가 한창일 때, 유럽의회는 팔레스타인의 학교 및 대학들이 완전하게 다시 문을 열 때까지 대이스라엘 과학 분야 협조를 부분적으로 동결할 것을 요청했다. 당시 팔레스타인의 학교와 대학들은 집단적인 징계명목으로 이스라엘 공권력에 의해 일방적으로 폐쇄된 상태였다. 모든 과학 분야 협조 계획의 실행과 검토 여탈권을 갖고 있는 유럽위원회는 이사회 몇몇 위원의 불만에도 불구하고 의회가 요청한 제재조치를 집행했다. 그 결과 점령지 학교와 대학들이 몇 달간은 문을 열게 되었으니 이런 압력이 효과가 있었음을 보여준다.

그런데 정작 추진력을 발휘하는 것은 유럽의 여론이다. 민주주의에서 대외정치는 여론의 판단에서 더는 벗어날 수 없다. 이-팔 사안에 대해 여론은 정부 및 위원들보다 덜 경직되어 있다. 예전엔 이스라엘에 호의적이었던 대다수 사람이 생각을 바꾸었다. 다양한 단체들이

정치적 분야 발전을 도모하기 위한 협정이다 — 옮긴이.

6 이 보고서에는 이렇게 적혀 있다. "지중해지역의 다른 협력국들에 비해 이스라엘은 다음과 같은 특수성을 가진다. 실질적인 권력분립, 기능적인 통치체계, 국내의 모든 정치적·사회적 생활 양상에서 비정부기구(NGO)와 시민사회의 역동적인 참여를 관찰할 수 있는, 잘 정립된 의회민주주의 국가다. 그럼에도 불구하고 인권분야에서는 국제규범을 충분히 존중하지 않고 있다. 이와 관련 중요한 두 가지 문제점이 해결되어야 한다. 첫째, 이스라엘 국가를 공포한 유대인의 특성과, 이스라엘의 소수집단인 비유대인들 권리 간의 융화. 두 번째, 팔레스타인 영토 점령이 야기한 인권침해." Godelieve quisthoust Rowhol이 발표한 보고서, p.5.

팔레스타인을 위해 활동하고 있다. 이런 운동의 움직임 외에도 이제 여론의 인식은 분쟁의 주요책임을 이스라엘에게 지우는 쪽으로 기울고 있으며, 점령을 점점 더 부정적으로 판단하고 있다.

　2003년 11월, '이라크와 세계의 평화'에 대한 유로바로미터[7] 여론조사 결과가 나왔다. 설문내용은 다음과 같았다. "다음 나라 중 어느 나라가 세계평화를 위협한다고 생각하는가?" 유럽위원회의 의뢰를 받은 '이오스갤럽유럽Eos Gallup Europe'의 15개 연구소가 유럽연합 각국에서 500명씩을 대상으로 실시했다. 응답자의 59%는 이스라엘을 세계 평화를 위협하는 나라로 지목했으며, 그 뒤를 이어 이란·북한·미국(각각 53%), 이라크(52%), 아프가니스탄(50%), 파키스탄(48%), 시리아(37%), 리비아·사우디아라비아(각 36%), 중국(30%), 인도(22%), 러시아(21%), 소말리아(16%), 유럽연합(8%)의 순이었다. 이 여론조사결과가 발표되자 난리가 났다. 유럽연합 주재 이스라엘 대사는 분개하며 이렇게 말했다. "유럽인들은 이스라엘인들의 고통과 희생을 보지 못하는 것 같다. 그것도 모자라 유대인국가를 '배척 국가' 중 최악의 나라보다도, 또한 테러조직들보다도 못한 자리에 놓고 있다."[8] 유럽위원회 대변인은 이 여론조사의 문항과 위원회가 아무 관련이 없는데도 비판의 대상이 되고 있다고 해명했지만 소용이 없었다. 제시된 국가목록에 팔레스타인이 빠졌다는 것 때문에도 비난을 샀다. 이태리의 외무장관, 프랑코 프라티니Franco Frattini는 이 여론조사가 유럽연합의 입장을 대변하는 건 아니라고 밝히기까지 했다.[9] 모든 유로바로미터 여론조사

7　유럽위원회가 주축이 되어 1973년부터 실시되고 있는 여론조사로 회원국 전반의 여론을 조사한다 — 옮긴이.

8　*Le Monde*, Nov. 5, 2004.

와 마찬가지로 이 조사는 엄연히 유럽의 여론을 살펴본 151번째의 여론조사였다! 전체 110쪽으로 구성된 이 문서의 첫 쪽에는 이런 말이 적혀 있다. "이 문서는 유럽위원회의 입장을 반영하지 않는다."

이 여론조사가 분명하게 보여주는 바는 이렇다. 이스라엘의 의사소통 노력에도 불구하고, 반유대주의와의 싸움이라는 무기를 사용하는데도 불구하고, 영향력을 행사하려는 요원들의 활동에도 불구하고, 언제부터인가 이스라엘은 유럽 여론과의 싸움에서 밀리고 있다는 것이다. 게다가 유럽위원회나 이사회보다는 유럽의회(이스라엘에 맹목적인 친구들이 그 안에도 있긴 하지만)가 회원국들의 여론에 더 가깝기 때문에 이에 대해 가장 신랄했다.[10] 모든 가능성을 감안할 때 회원국들의 정부[이사회]와 위원회는 여론 동향에 영원히 귀를 막을 수는 없을 것이다. 또한 이스라엘 정부가 유럽에서 인기가 실추될 때, 그런 상황을 만회해보겠다고 교묘하게 자신의 입장만 선전하고 그들의 영향력을 행사하는 게 더 낫다고 여긴다면 크나큰 오류를 범하게 될 것이다. 정말 상황을 바꾸려면 단지 모양새만 꾸며댈 게 아니라, 팔레스타인에 대한 그들의 정책을 진정으로 바꾸어야 할 것이다.

9 위 ≪르 몽드 *Le Monde*≫지의 같은 기사.

10 유럽위원회 의장인 프란시스 부르츠(Francis Wurtz)는 공천투표 당시인 2004년 12월 14일, 유럽연합이 공동주창자이기도 한 "로드맵"이 "실현될 실마리조차" 보지 못해 애석하다면서 이렇게 일갈한 바 있다. "주요 장애의 이름은 샤론이다. 조지 부시를 제외하고는 그 어떤 지도자도 샤론처럼 UN 결의안을 위반하고, 헤이그법정[국제법정]을 깔보고, 보복 당하지도 않으면서 유럽연합을 농락하지는 못할 것이다."

이스라엘이 세계평화를 위협하는지 아닌지 당신의 의견을 밝힌다면?

(단위 : %)

구 분	그렇다	그렇지 않다	무응답
유럽연합전체	59	37	5
네덜란드	74	25	1
오스트리아	69	25	6
룩셈부르크	66	34	1
독 일	65	33	2
덴 마 크	64	33	4
벨 기 에	63	34	3
아일랜드	62	33	5
그 리 스	61	35	4
핀 란 드	60	36	4
영 국	60	36	4
스 페 인	56	33	11
프 랑 스	55	43	2
포르투갈	55	34	11
스 웨 덴	52	40	8
이 태 리	48	46	6

Vers la 4ᵉ Guerre mondiale?

0장

이스라엘 사회의 내부동력을 기대하며

2004년 12월 13일 월요일, 리쿠드당 의원이며 식민자 − 요르단강 서안지역 및 가자지구 식민위원회 − 로비계의 수장인 예히엘 하잔Yehiel Hazan은 이스라엘 국회 크네셋에서 행한 연설을 통해 이렇게 단언했다. "아랍인들은 지렁이다. 지상 지하 도처에 존재하는 벌레다." 현실과 동떨어진 함부로 내뱉은 발언일까? 이런 발언을 한 사람이 소속정당이나 의회에서 쫓겨나지 않는 걸 어떻게 봐야 할까? 서구의 의회나 정당에선 도저히 있을 수 없는 일이다. 게다가 만일 UN의 190개 가입국 중 한 나라의 정치인이 유대인을 겨냥해 똑같은 발언을 했다면 이스라엘 정부의 반응이 어떠했을지는 짐작하고도 남을 일이다…….

미셸 바르샤브스키Michel Warschawski는 자신의 『열린 무덤에서』[1]라는 책에서 이스라엘 차량들에 부착된 포스터와 스티커에 대해 언급하고 있다. 거기 적혀 있는 표어 중에는 다음과 같은 것들이 있다. "이주 = 평화 + 안전"(포스터), "아랍 적을 몰아내자"(포스터), "아랍 정복─아랍 격파"(포스터), "아랍인들이 없으면 테러도 없다"(티셔츠), "그들이냐 우리냐─이주"(포스터), "오슬로의 범죄자들을 심판하자"(포스터+스티커), "평화는 재앙이다. 우리는 전쟁을 원한다"(스티커). 바르샤브스키는 자신의 모국에선 인종차별적 담론이 대중화되어 있을 뿐아니라 정부관계자 및 잘 나가는 정당들에 의해서 정당화·일반화되고 있다는 결론을 내린다. 그에 따르면, 그런 담론에는 팔레스타인인들을 향한 정치철학을 일괄하는 두 가지 요소가 맴도는데, 공격과 추방이다. 그런데 최근 몇 년간 드러난 잔혹성은 인간의 아주 본능적인 곳에서 그 원천을 찾을 수 있다고 했다. 그건 바로, 공포와 복수심이다.[2]

세상에 알려진 한 좌파의원의 발언이 이스라엘인 대다수의 여론을 대변하지는 못하는 것인가?

이스라엘 전 문화부장관 슐라미트 알로니Shulamit Aloni(좌파 야당 출신)의 말을 들어보자. "이스라엘은 인종차별국가인데도 아무도 그것을 걱정하지 않는다. 외국 언론이 그걸 거론할 때를 제외하고는 말이다. 그런 식으로 말한 기자는 그 즉시 반유대주의자로 지탄받는다."[3] 2004년 5월 이스라엘군이 팔레스타인 도시 라파를 파괴[4장, 각주12(역주) 참고─81쪽]했을 때 붕괴된 집의 잔해 속에서 자신의 소지품을 찾던 어느 팔레스타인 할머니의 모습을 보면서 나치즘의 희생자였던 자신

---

1 Michel Warschawski, À *tombeau ouvert*, Éditions La Fabrique, 2003, p.26. (바르샤브스키는 이스라엘의 좌파 반시오니즘 운동가로 알려져 있다 ─ 옮긴이).

2 위 바르샤브스키(Warschawski)의 같은 책, pp.41~42.

3 *Courrier international*, Oct. 6, 2004.

의 할머니를 연상했다고 말한 것은 이스라엘 법무부장관 요셉 라피드 Yosef Lapid였다. 크네셋의 전직 노동당 당수이자 아주 종교적인 인물로 통하는 아브라함 버그Abraham Burg는 바르샤브스키의 관점에 합류하면서 이런 말을 했다. "시오니즘은 죽었다. 그것을 공격하던 자들이 예루살 렘의 정부요직에 자리를 잡았다. …… 시오니즘 혁명은 두 기둥, 즉 정의에 대한 갈망과 시민윤리를 신봉하는 지도자 집단에 의해 지탱되 고 있었다. 이제는 그 어느 것도 남아 있지 않다."[4]

그런 식의 가혹한 논지는 이스라엘의 언론에서도 읽을 수 있다. 세 상에서 중동 분쟁에 대한 논쟁이 가장 생생하면서 자유롭게 다뤄지는 동시에 가장 모순적으로도 다뤄지는 곳이 바로 이스라엘 언론이다. "나플루즈로 진격하는 탱크들과 가자지구 상공을 날고 있는 헬리콥터 들을 보면서 모르긴 해도 이스라엘의 몇몇 장관은 흡족해 할 것이다. 하지만 무슬림세계에서는 그런 이미지들을 무슬림세계와 싸움을 벌 이기 위해 미국의 지원을 받은 유대민족의 전쟁으로 받아들인다."[5] 이 기사가 외국 언론의 기사(특히 이스라엘 기사)들을 간추려 게재하 는 ≪쿠리에 엥테르나시오날Courrier international≫[프랑스 시사주간지]에 실 렸던 기사라는 걸 언급할 필요는 있겠다. 결과적으로 ≪쿠리에 엥테르 나시오날≫이 중동 분쟁을 보도하는 데 있어서 가장 자유로운 논조를 보이는 프랑스 언론매체 중 하나라는 건 분명하다. 결코 어떤 프랑스 언론도 이스라엘 언론에서나 읽을 수 있는 특정 기사들을 싣게 하지는 않을 것이다!

●

4 "La révolution sioniste est morte", *Le Monde*, Sep. 10, 2003.

5 Yediot Aharonot, "Comment mettre fin à la judéophobie islamique?", *Courrier international*, Nov. 20, 2003.

좌파 언론으로 분류되지는 않는 일간 ≪예디오트 아하로노트$_{Yediot}$ $_{Aharonot}$≫는 2004년 11월 19일, 아부 그라이브를 연상케 하는 사진들을 실었던 신문이기도 하다. 사진 속에는 팔레스타인 사람들 시체 주위에서 마치 끔찍한 광경을 탐닉이라도 하는 듯한 이스라엘 군인들이 보인다. 그 전날 사법당국은 13살 난 소녀에게 총격을 가한 것으로 의심되는 한 장교의 범죄행위를 발표했었다. 그 소녀는 10월 가자의 남쪽지역에서 등굣길에 이스라엘군 검문소 근처를 지나다가 총에 맞아 치명상을 입었었다.[6]

그 사건과 관련, 이스라엘 일간 ≪하레츠$_{Haaretz}$≫는 "아이들을 살해하는 게 더는 문제될 게 없다"라는 제목으로 그 사건을 소개했다.[7] 이 기사에 따르면 당시 이스라엘인 대 팔레스타인인의 사망자 비는 1 : 3이고, 아이들만 따로 보면 1 : 5라고 했다. 이 신문은 팔레스타인 아이들의 사망이 더 이상 이스라엘 군인들의 단순한 실수의 산물만은 아니라고 덧붙였다.

그렇다. 이스라엘에는 막강한 극우세력이 있다. 그렇다. 유대인 국가라고 해서 인종주의로부터 안전한 것도 아니다. 왜 이스라엘 사회라고 특별하겠는가? 극단주의자들은 정치적으로 물리쳐야 하지만, 그들의 존재 때문에 사람들이 극단주의자들의 잣대로 이스라엘 사회 전체를 판단하게 놔둬서는 안 된다. 다른 수많은 이스라엘인이 극단주의자들을 비난하며 그런 사고에 대항하고 있기 때문이다. 이를 발판으로 하여 남들이 이스라엘을 마치 하나의 의견만 갖는 사회인 양 판단하지

---

6 *Le Monde*, Nov. 21, 2004.

7 "Killing Children is no longer a big deal", *Haaretz*, Oct. 17, 2004.

않도록 이끌어야 한다. 어디든지 비열한 인간들과 찬양을 강요하는 사람들은 있기 마련이다.

이스라엘 사회 내부에서도 여러 단체가 이스라엘 정부의 현행 정치를 규탄하고 있다. 그들에 따르면 현 정치는 그들이 추구하는 가치들로부터 멀어지고 있다. 펠레드 장군의 딸, 누리트 펠레드Nurit Peled는 한 팔레스타인인이 저지른 자살테러로 인해 딸을 잃었다. 그런데도 불구하고 그녀는 팔레스타인인들을 원망하기보다는 개인적 친분이 있던 벤야민 네탄야후Benyamin Netanyahu(당시 총리)에게 전화를 걸기까지 했다. 일상적인 굴욕을 자아내는 야만적이고 비인간적인 네단야후의 정치가 가미카제를 무장시키는 결과를 초래했으니, 딸을 죽인 건 바로 그라는 말을 전하기 위해서였다.

'샬롬 악샤브Shalom Akshav'(지금은 평화)[8]는 가장 영향력 있고 중요한 평화운동 단체다. 그들은 다음과 같이 자신의 운동을 규정하고 있다. "샬롬 악샤브는 유대국가의 토대인 시오니즘 및 민주주의 가치에 기반하고 있다. 따라서 이 원칙을 명목으로 우리는 팔레스타인인들에 대한 점령과 지배를 추구하는 정책을 거부한다. 그런 정책을 지속해 나가는 건 이스라엘 사회를 망가뜨리는 일일 뿐이다." 샬롬 악샤브의 주요활동 중 하나는 점령지 식민화작업을 감시하여, 이스라엘의 식민지화 진척상황에 대해 주기적으로 보고서를 작성해 세상에 알리는 일이다.[9]

이런 시민저항의 또 다른 양상으로, 이제 수많은 이스라엘 군인들이

---

8 이 조직에 대해 더 알고 싶으면 www.peacenow.org에 접속해 보기 바란다.

9 더 상세한 소개내용을 보려면 MRAP(반인종차별 및 국민우애 도모 협회. 프랑스)에서 발간된 50쪽짜리 소책자, *Jeunes Israéliens et Palestiniens ensemble contre l'occupation*, 2004를 참고하기 바란다.

점령지에서의 복무를 거부하고 있다. 거부의 이유는 시오니즘에 대한 그들의 생각과 원칙에 따른 신념과 배치되는 것들을 강요받는다고 판단하기 때문이다. 다음의 세 단체는 이스라엘의 양심적 병역거부자로 분류될 수 있는 이들이 함께 만든 단체다.

● 오메츠 레자레브Ometz Lesarev('거절할 용기')는 점령지 근무를 반대하는 군인들의 결사체다. 2003년 12월 '비도덕적' 임무를 부여받은 부대의 전투기조종사 27명과 13명의 장교들이 세간의 이목을 끌며 합류했다.[10]
● 병역거부자 부모포럼Forum des parents des refuzniks은 병역이나 점령군으로의 복무를 거부하는 젊은이들을 지지하는 부모들의 모임이다.
● 예시 그불Yesh Gvul('한계는 있다')은 점령군으로 배치되면 군복무를 거부하면서 불복종운동을 벌이는 군인들의 모임 중 가장 오래된 단체다.

수많은 이스라엘 및 이스라엘-팔레스타인 결합운동 중에서 이 분쟁이 이스라엘 우파와 극우파가 소개하고 있는 것처럼 민족적 분쟁은 분명히 아니라는 걸 일상적인 활동을 통해 보여주면서 평화를 위해 활동하는 단체들은 다음과 같이 구분할 수 있다.

● 대안정보센터AIC, Alternative Information Center : 이스라엘-팔레스타인이 결합한 평론전문 조직[11]

10 www.seruv.org.il

- 유가족포럼Bereaved Families Forum : 분쟁 때문에 가족을 잃은 팔레스타인과 이스라엘의 600여 유가족의 모임[12]

- 구시 샬롬Gush Shalom('평화구역') : 1967년 이래 점령지에서의 이스라엘군 철수를 외치며 모인 유대 및 아랍계 이스라엘인들의 운동단체[13]

- 타아유시Ta'ayush('공생') : 점령지에서 팔레스타인인들과 연대활동을 펼치고 있는 유대 및 아랍계 이스라엘인 운동가들의 모임[14]

- 베셀렘B'tselem : 점령지 인권보호를 위한 이스라엘 정보센터[15]

- 민간가옥파괴반대 이스라엘위원회ICAHD, Israeli Committee Against House Demolition : 예루살렘과 요르단강 서안지역에서 팔레스타인 가옥의 파괴를 반대하고 재건설을 위해 활동하는 단체[16]

- 인권보호 의사회Physicians for Human Rights

- 인권보호 유대교사제단Rabbis for Human Rights[17]

- 조크로트Zochrot('기억하라') : 1948년 전쟁 때 파괴된 팔레스타인 마을들을 추모하기 위해 투쟁하는 이스라엘 단체[18]

- 공정한 평화를 위한 여성연합Le Coalition des femmes pour une paix juste : 팔레스타인과 이스라엘 여성단체 연합의 이스라엘지부, 이 조직

---

11 www.alternativenews.org

12 www.theparentscircle.com

13 www.gush-shalom.org

14 www.taayush.org

15 www.btselem.org

16 www.icahd.org

17 www.rhr.israel.net

18 www.nakbainhebrew.org

은 여러 단체의 연합체다(아래 세 단체도 여기에 속해 있다).

● 검은 옷의 여성Women in black : 점령에 반대하는 팔레스타인 및 이스라엘 여성단체로 이스라엘에서 매주 금요일마다 시위를 벌인다.[19]

● 뉴 프로파일New Profile(Profil Hadash) : 여성들이 창설한 이스라엘 사회의 탈군사화에 앞장서는 단체로 병역거부자들을 지지한다.[20]

● 마시솜 워치Machsom Watch : 검문소 감시단[21]

미셸 바르샤브스키에 따르면, 극단적이긴 하지만 전에 없이 단호해진 이스라엘인들은 권리(우선 팔레스타인인의 권리, 그리고 기본방침으로서 이스라엘 사회단체의 권리)를 수호해야만 자신의 주권을 보존(혹자는 구원이라고 할지도 모르지만)할 수 있다는 걸 알게 되었다.[22]

이스라엘 사회는 복잡하면서도 모순적이다. 여론조사결과가 주기적으로 보여주는 바는 이스라엘인 대부분이 양국 간의 타결책을 평화와 영토의 교환을 통해 얻으려 하는 쪽으로 기울었다는 점이다. 오슬로협정 때는 그렇지 않았지만 이젠 그렇다. 반면 최근 4년 동안 리쿠드당과 그 지도자, 아리엘 샤론Ariel Sharon에 대한 유권자들의 신뢰도는 계속 갱신되고 있다. 아리엘 샤론으로 말할 것 같으면, 이-팔 간이 앙탕트[우호]로 나아가는 지름길을 상징하는 인물이 아닌데도 말이다. 이를 어떻게 봐야 할까? 이스라엘의 평화진영은 캠프데이비드 정상회

19 www.womeninblack.org

20 www.newprofile.org

21 www.machsomwatch.org

22 앞 바르샤브스키(Michel Warschawski)의 같은 책, p.118.

담의 실패 이후 아주 산산조각이 나버렸다. 당시 이스라엘인들은 평화협정이 가능하다고 믿고 있었다. 이미 앞에서 소개한 이유들(5장 참고) 때문에 에후드 바라크Ehud Barak는 '관대로운 제안'이라는 주제를 남발한 후에 다음과 같은 말로 국민들을 다그쳤다. "대화상대는 없다. 야세르 아라파트Yasser Arafat는 전쟁 두목이지 평화의 인물도 민족을 대표하는 인물도 아니다." 인티파다의 재발과 자살테러의 재개는 이런 신조 속에 이스라엘인들을 가두어버렸다. 문제는 이런 신조가 이스라엘을 그 어떤 곳으로도 이끌시 못한다는 점이다.

  테러에 직면해 있는 이스라엘인들의 불안을 충분히 이해할 수 있다. 테러를 저지르는 이들은 도덕적 범죄(정의에 따르자면, 무고한 사람들을 죽이니까)이자 정치적 범죄(평화수호자들을 낙심시키고, 모든 걸 안보문제로 돌리는 이들의 입지를 강화시키면서)를 저지르는 셈이다. 팔레스타인인들은 비폭력저항운동을 벌여야 이득을 볼 수 있다. 평화는 까다롭고 모험적인 내기일 수도 있다. 하지만 평화의 부재는 재앙을 보증하며, 이 재앙이 단지 팔레스타인과 이스라엘에만 결부되는 게 아니다. 시간이 흐르고 우리가 평화에 다가가지 못하는 하루하루는 무슬림세계와 서방세계 간의 골을 넓히게 될 테니까. 그것은 빈 라덴Osama bin Laden과 그의 하수인들만 제외하고는 모두가 거부하고 있는 문명의 충돌을 향해 우리를 전진하게 만든다. 오페라의 합창단이 낭떠러지를 향해 "전진하자! 전진하자!"고 노래하고 있다. 이쪽 합창단은 서둘러 "가지 말자! 가지 말자!"고 응수하고 있다. 이스라엘 일간 《하레츠》의 논평가 기드온 레비Gidéon Levy는 다가올 비극을 다음과 같이 설득력 있게 묘사했다. "미국은 이스라엘의 적을 대통령으로 선출했다. 앞으로의 4년이 지난 4년과 비슷하다면, 이스라엘이 겪게 될 피해는 돌이킬 수 없게 될 것이다. …… 점령지에서 이스라엘이 원하는 대로 행동할 자유를 주는 미국 대통령은 이스라엘의 친구가 아니다."[23]

이스라엘 좌파 지도자이자 불굴의 의지로 팔레스타인과의 평화를 지지하고 있는 요시 베일린Yossi Beilin은 평화로 나아가기 위해 유럽은 더 많은 일을 할 수 있으며, 역내 관계자들에게 좀 더 많은 압박을 가할 수도 있다고 끈기 있게 반복하고 있다. 이스라엘의 평화운동가인 오렌 메딕스Oren Medicks는 그가 동포들에게 공정한 평화의 필요성을 납득시키는 데 실패했다고 평가하면서 이스라엘 운동가들의 과제는 이스라엘에 압력이 가해질 수 있도록 심혈을 기울이는 데 있는 것으로 생각한다고 했다. 그는 유럽이 중요 역할을 담당할 수 있다고 확신한다.[24] 이스라엘은 나날이 세계에서 고립되는, 배척당하는 나라인 동시에 특별한 면죄부의 혜택을 받고 있는 나라다. 왜냐하면 이스라엘에 대한 도덕적 지탄이 결코 실제의 제재로 이행되지 않기 때문이다. 그런데 이스라엘이 지금이라고 왜 태도를 바꾸겠는가? 이스라엘 내 평화세력을 지원해야만 한다. 뭔가를 움직일 수 있는 것은 바로 그들이다. 프랑스에서는 지나치다 싶을 정도로 그들을 거의 언급하지 않고 있다. 희한하게도 유대인의 제도적 기구들과 유대인계 지식인들은 그들을 거의, 혹은 완전히 무시해버린다. 물론 팔레스타인의 테러리즘은 퇴치해야 한다. 하지만 국가의 테러리즘 또한 거부해야 한다. 기본적으로 이스라엘 정부에 대한 비판을 거부하면서 이스라엘 내의 평화진영을 도울 수는 없다. 이스라엘에 대한 연대감이나 죄책감이 그런 거

23 Yakov Rabki, *Le devoir*, Nov. 17, 2004에서 재인용.

24 "La balle est dans le camp de l'Europe", *Tel-Aviv*, Jan. 2005.

부를 부추기고 있는 것이다. 이스라엘에 대한 맹목적인 연대는 그 나라 안에서 다른 정치를 정착시키기 위해 투쟁하는 이들의 등에 비수를 꽂는 짓이다.

Vers la 4^e Guerre mondiale?

맺는 글

이제 마지막으로 세 가지 시나리오를 도출해낼 수 있다.

최악의 시나리오는 자신에게 맞설 적도 없거니와 죄도 없다는 생각을 갖는 것이다. 워싱턴에 자리한 막강하면서도 자폐적인 정권이 자신의 권력에 취해선 그런 신념 속에 이스라엘 정부를 굳히는 시나리오다. 이 경우 남이야 어찌 보든, 나약해 보이거나 양보해서는 안 된다는 조건 하에 대팔레스타인 정책이 총체적으로 지금과 동일하게 유지될 가능성이 있다.[1] 워싱턴과 텔아비브는 뮌헨 신드롬[들어가는 글, 각주2(역주) 참고─17쪽]에 빠지지 않으면서 100% 승리의 확신이 설 때까지는 양보하지 말아야 한다는 신념으로 상호 유대를 강화한다.

●

1 바로 아리엘 샤론(Ariel Sharon)의 욕망이기도 한데, 그는 이렇게 말했다. "내게 25년만 달라! 그러면 지도가 싹 바뀌어 UN도, 미국도, 세계의 그 어떤 세력도 이 지역에서 성취한 것을 탓하지 않을 것이다." Richard Labévière, *Les coulisses de la terreur*, Grasset, 2003, p.223.

미국은 세계에서 아무런 제약도 받지 않고 행동할 수 있을 만큼 막강하다고 생각해, 적대감을 표시하며 반대하는 이들은 무시해버릴 것이다. 상상할 수 있는 유일한 반응이라고 해봐야, 그런 걸 미국의 성공과 미국적 가치가 보편화되는 것에 대한 시기며 만성적 반미주의의 결과로만 볼 것이다. 이스라엘은 지역 내 역학관계가 자신에게 유리하게 작용해 미국에 의한 전방위 보호가 보장될 것으로 판단한다. 간단히 말해, 두 동맹국이 세계화 시대의 역학관계에 대해 역사적으로 아주 엄청난 분석오류를 범하게 되는 시나리오다. 21세기에는 안보를 보장하기에 국력만으로는 충분치 않으며, 기본적인 군사력이 중요하다 해도 비인기와 적대감, 거기다 증오까지 동반된다면 아무런 가치를 갖지 못한다는 것을 그들은 상호 맹목성 때문에 깨닫지 못하는 것이다.

이 시나리오가 가공할 만한 것은 대다수 이스라엘인이 자신에게 향하는 비난을 반시오니즘의 가면 뒤에 숨어 있는 인종차별성 증오이자 언제나 부활할 준비가 되어 있는 반유대주의 결과의 표출이라고 평가하는 시나리오와 결합될 수 있다는 점 때문이다. 논리적으로 볼 때, 미국에 대한 비판은 반미주의에서, 이스라엘에 대한 비판은 반시오니즘/반유대주의에서 비롯한 것이라면, 이들 나라에선 마지막 에너지까지 다하며, 즉 절망에 이를 때까지 싸우는 것 외에는 아무것도 기대할 수 없을 것이다. 두 나라가 그들의 정체성이 아닌, 그들의 정책을 바꿀 수는 있다. 만일 전자에 초점을 맞춘다면 정책을 바꿔 보려는 생각조차 할 필요도 없을 것이다.

게다가 반유대주의에 대한 투쟁이라는 무기는 이미 꽤 오래전부터 이스라엘 정부에 대한 비판을 막기 위한 도구가 돼버렸다. 그런데 우리는 2, 3년 전부터 이런 시각이 판을 치는 것을 목격해 오고 있다.

조지 부시George W. Bush가 하는 일을 비판하기만 하면 그 즉시 반미주의라는 딱지가 붙었다. 반유대주의가 존재하는 것은 사실이며 반미주의도 마찬가지다. 하지만 그런 감정을 가진 이들은 현 미국 행정부와 이스라엘 행정부의 정책들이 나쁜 방향으로 가고 있다고 평가하는 이들보다는 덜 퍼져 있다. 더욱이 전부가 극좌파라고는 할 수 없는 다수의 미국인과 이스라엘인들의 경우만 봐도 그렇다.

이스라엘과 미국의 전략적 맹목성이 재앙을 만들어내는 이 시나리오에서는 이스라엘이 무력정책을 실행해도 미국이 눈을 감아 대부분의 무슬림세계에서 그들에 대한 비인기와 증오를 증대시킬 것이다. 처벌과 보복을 부르는 테러가 이어질 것이며, 테러리스트들이 새로운 소명의식으로 무장하도록 자극할 것이다. 잘못된 길로 접어들었다는 것을 인정하지도 않고 자성할 줄도 모르는 두 나라 지도자들이 찾을 수 있는 유일한 탈출구는 여론을 향해 다음과 같이 떠들어대는 일이 될 것이다. 외부 세계가 자신들을 증오하고 있으며, 중요한 것은 자신들의 생존이고, 자신들은 세계에서 전례 없는 반미주의와 반유대주의의 분출에 맞서고 있다고 말이다. 가뜩이나 테러에 충격을 받았을 여론은 보복을 외치거나 최소한 단락을 짓기 위해서라도 무력을 사용해야 한다고 할 것이다. 이것이 이스라엘이나 미국식의 반응만은 아니다. 안보가 불안할 때, 국적을 막론하고 대중은 안보 해법을 요구하기 마련인데, 정치적 대책을 동반하지 않는 해법은 상황을 난국으로 치닫게 하거나 오히려 더 악화시킬 수 있다는 걸 우리는 익히 잘 알고 있다.

그런데 정작 문제의 원인은 이스라엘에 대한 보호 때문이 아니라, 조지 부시와 아리엘 샤론이 공유하고 있는 정책 시각 때문이다. 정치

문제들을 무력으로 해결할 수 있다는 믿음에다, 특정 국가를 다른 나라들과 다르고, 여러 면에서 고결하고 우등하다고 여기며, 그에 대한 증오와 시기로 만행을 저지르는 퇴행 세력의 위협을 받고 있다고 소개하는 소신까지 갖고 있으니 말이다. 약소국 이스라엘과 세계 속의 섬이 돼버린 미국이 적에게 포위되어 있다는 것이다. 부시는 9·11 사태 후 "왜 사람들은 우리를 이토록 증오하는가?"라며 대중 앞에서 묻기도 했는데, 사실 그는 이 의문에 대해 심각하게 생각해본 일이 없다는 게 분명하다. 기껏해야 미국식 보편주의와 민주주의를 거부하려는 의식밖에 없기 때문이라는 것이 설명의 전부였으니 말이다. 샤론은 자신의 나라가 유대인들의 나라기 때문에 미움을 받는다고 생각한다. 두 사람 가운데 아무도 그들의 행태와 정치가 문제라는 걸 인식하지 못하는 것 같다. 점령군이 싸움을 벌이면 벌일수록 현상유지를 위해서도 더 많은 무력이 소모될 수밖에 없다. 무력을 사용하면 할수록 인기는 더욱더 추락하고 만다. 이스라엘 밖에서 보자면, 그것은 하나의 전쟁 법칙이다.

점령자들은 원래 피점령자들의 일부와 협력할 준비가 되어 있는 경우에도 항상 인기가 없기 마련이다. 차할[이스라엘군]은 점령군이다. 그런데 그들이 처해 있는 상황은 남다르다. 일반적인 경우와는 반대로, 이 군대는 피점령자들에 의해 받아들여지기를 아예 포기했다. 이라크의 미군은 이라크 국민의 안녕을 위해 주둔한다고 하는데, 정말 그렇게 되려면 이라크 국민이 그걸 인정하길 기대해야 할 것이다. 그런데 이스라엘인들은 이런 환상조차도 더는 갖고 있지 않다. 그들은 절대로 점령자로 인정받지 못할 것이라는 걸 잘 알고 있다.

꿈을 한 번 꿔보자. 중동에 평화가 깃드는 바로 두 번째 시나리오다.

평화야말로 어디에서 난데없이 깃드는 게 아니기 때문에 오히려 이 꿈은 신속하게 실현될 수도 있다. 윤곽이 이미 잡혀 있으니 말이다. 어디서나 그렇듯 중동에서도 더는 군사적인 해법으로 분쟁을 해결할 수 없다. 이스라엘은 지도에서 사라지지 않을 것이다. 팔레스타인인들은 국가수립을 포기하지 않을 것이다. 평화는 양측 간의 협정으로 성사되거나, 국제사회에 의해 외부에서 결정될 수도 있다. 그것이 성사되기 위해서는 아마도 이 두 방안이 결합되어야 할 것이다. 양측이 모두 수긍할 수 있는 협상안이 마련되고, 이스라엘과 팔레스타인에서 무력이나 수적 우위를 앞세워 해결할 수 있다고 생각하는 사람들보다 협상에 의한 타결책을 선호하는 사람들이 더 힘을 쓸 수 있어야 한다. 이스라엘과 팔레스타인에는 선의 및 열의를 가진 사람들이 있으며 그들은 서로 교류도 하고 있다. 비극의 과거와 작금의 혼돈에도 불구하고, 그들은 자국의 극단주의자들보다는 상호 간에 더 밀접한 관계를 맺고 있다. 그들에겐 국제사회의 지원과 승인이 필요하다. 외부관계자들, 국제기구들, 국가들, 비정부기구들NGOs, 정치 지도자들, 지식인들 모두 진정으로 평화를 위해 일하고 있는 그들을 도와야만 한다.

타결안의 내용은 이미 알려져 있다. 왜곡된 정보가 난무하는 걸 조금이라도 피하기 위해, 여기서 궁극적으로 가능한 결과들을 굵직하게 그려 보도록 하겠다. 그렇다고 이것이 캠프데이비드 정상회담에서 나온 안은 아니다. 클린턴의 변수들(2000년 12월)과 타바협정(2001년 1월, 협상당사자인 팔레스타인과 이스라엘 간에 조인되었지만, 며칠 만에 이스라엘 정권이 바뀌면서 실행되지 않았다)의 조항에 제네바협정(2003년 12월, 팔레스타인 장관 압델 라드보Abdel Radbo와 이스라엘의 요시 베일린Yossi Beilin 간에 체결되었는데, 애석하게도 베일린은 야당소

속이었다)을 더한 것이다. 전체 타결안은 다음과 같은 범위로 수렴될
수 있다.

- 모든 아랍 국가가 이스라엘을 승인한다.
- 팔레스타인이 국가를 보유할 권리를 인정한다.
- 팔레스타인 국가는 1948년의 국경이 아니라 1967년 당시의 국경
  을 기준으로 수립한다.
- 국경은 기존의 주요 식민 지구를 고려해 조정이 가능하지만, 영토
  적으로 형평성이 유지되어야 하며, 양 진영이 동의해야 한다.
- 예루살렘의 유대인구역은 이스라엘에게, 아랍인구역은 팔레스타
  인에게 귀속시킨다. 또 무슬림 사원 및 광장은 팔레스타인에게,
  통곡의 벽은 이스라엘에 귀속시킨다.
- 난민문제와 관련해서는 1948년 팔레스타인인들이 입은 피해를
  인정하고 원칙적으로 귀국을 허용한다. 그 피해에 대해서는 이스
  라엘 및 국제사회의 원조로 배상한다. 하지만 이스라엘이 유대국
  가로 남으려면 이스라엘도 자국 영토에 일정수의 난민들을 받아
  들여야 한다.[2]

타결안은 알려져 있고, 협정을 구체적으로 실행할 지도들도 마련되
어 있다.

미국, 유럽연합, 러시아, UN이 공동으로 제안해 이스라엘과 팔레스

---

2 권모술수가 아니라면, 마침내 나라가 세워졌는데 팔레스타인인들이 이스라엘에 무더기로 정착하려
   하리라고는 상상조차 할 수 없지 않겠는가?

타인이 공식적으로 받아들인 바 있는 '로드맵'에 따르면, 2005년 팔레스타인 국가수립을 예정하고 있었다. 우리는 바로 그 시점에 있다[이 책은 2005년 중반에 출간]. 2004년 아리엘 샤론은 가자지구 철수계획을 발표했다. 리쿠드당의 우파 및 식민주의자들은 그에 반발했다.[3] 아리엘 샤론은 계획을 실천에 옮기기 위해 노동당과 연정을 구성했다.[4] 2005년 1월 9일, 마흐무드 압바스Mahmoud Abbas가 새로 팔레스타인자치정부의 수반으로 선출되었다. 그는 무장한 인티파다의 종식을 외치며 선거전을 펼쳤었다. 워싱턴과 텔아비브에서는 그의 당선을 우호적으로 받아들였다.

2005년 2월 8일에 열린 샤론과 압바스의 정상회담은 평화 프로세스 재개에 희망을 안겨주었다. 샤론 계획에는 낙관적인 것과 비관적인 것, 두 가지 전망이 있다.

낙관적으로 해석하면, 가자 철수는 동예루살렘 및 요르단강 서안지역에서의 철수와 최종 타결에 이를 수 있는 전주곡이다. 평화는 단계별로 이행된다. 이 선택이 부분적이고 일방적(팔레스타인과 협상한 게 아니므로)이라는 단점이 있긴 해도 가자지구 철수계획을 지원만 하면 가능해지는 해석이라 낙관적이다. 따라서 이대로는 선호할 만하다.

그 경우 샤론과 압바스는 업적에 걸맞게 역사에 남는 영예를 누리게 될 것이다. 그렇다면 이 책에서 제기한 가장 암울한 전망은 해소될 것이다. 또한 이런 노선을 제창한 이들은 서로 축하하면서 무엇보다도 먼저 샤론에 대해 오판했다는 걸 인정하게 될 것이다. 집권하기 전만

---

3 2004년 5월, 리쿠드당 의원들은 이 안건에 59%가 반대표를 던졌다 ― 옮긴이.

4 2004년 8월, 노동당과 연합정부를 구성하게 됨으로써 10월 가자 철수안이 통과된다 ― 옮긴이.

해도 샤론은 오슬로협정의 프로세스를 막을 것이라고 언급했었다. 그는 야세르 아라파트에게 모든 책임을 덮어씌우면서, 실제로 그렇게 했다. 그런데 만일 그가 평화를 향해 기꺼이 뒤로 물러선다면, 우리가 기억해야 할 것은 바로 이 평화작업이지 그의 나머지 행적들이 아니다.

하지만 비관적인 해석도 있으며, 이게 바로 우리의 세 번째 시나리오다. 이 시나리오에선 가자 철수계획이 단지 눈속임에 불과할 뿐이며 궁극적인 평화를 예시하는 게 아니라 주도권을 선점하려는 행위로 본다. 이는 샤론의 보좌관인 도브 바이스글라스Dov Weissglass가 발표한 내용대로 평화협정이 '포르말린 속에' 가라앉고 마는 시나리오다.5 외부의 비판을 의식한 이스라엘이 정책을 바꾸는 게 아니라, 새로운 여론 전략을 채택하면서 대처하는 시나리오다. 이러한 전제 속에서는 한편으로는 시간을 벌고(그렇게 수행되는 정책을 팔레스타인과 나머지 세계가 체념하면서 받아들일 것이라는 환상을 품고서), 다른 한편으론 현상유지에 필요한 인구 평형상태를 구축해 간다. 여기엔 사실상 이스라엘 및 점령지역을 합쳐도 15년 안에는 유대인들이 소수가 된다는 사실을 투영하고 있다. 140만 명의 팔레스타인 인구에 비해 7천 명의 이스라엘 식민자들만 살고 있는 가자지구의 부담을 덜면서 인구계획에 다시 활력을 기한다는 것이다. 따라서 가자 철수는 전반적인 평화의 서곡이 아니라, 가자지구와 경우에 따라 요르단강 서안지역 일부로 국한된 팔레스타인 국가의 수립을 알리는 서곡인 셈이다. 이스

5 2004년 11월 6일, 이스라엘 ≪하레츠 Haaretz≫지와 가진 인터뷰, ≪팔레스틴 Palestine≫(2004년 12월, No.44)지에서 인용.

라엘 정부가 소위 '안보의 방책'이라는 허울 좋은 표현을 쓰고 있는 분리장벽 건설은 바로 이 지점에서 제몫을 하게 되는 것이다.

　8m 높이의 장벽 건설을 계속해 나가는 것은 평화실현의 전망을 해칠 우려가 있다. 사실상 이 장벽은 영구적인 국경이 돼버릴 수 있다. 이 장벽이 이미 건설된 곳에서는 특정 지역 주민들을 학교나 일터, 상업지역으로부터 단절시키면서 인구이동을 야기하고 있다. 게다가 이 장벽은 1967년의 국경에 기초해 당초 예상한 이-팔 분리선과 전혀 일치하지 않는다. 만일 분리선대로 되었다면 이스라엘과 팔레스타인 간에 분명한 물리적 경계선이 세워져, 안보라는 명분(테러리스트들의 침입을 막는다는)에도 부합하고, 점령지 반환을 저해하지도 않았을 것이다. 평화진영 일부에서는 그들이 보기엔 이 장벽이 두 나라 간의 국경을 예시한다면서 장벽축조에 호의적인 태도를 보이기도 했다. 그러나 아리엘 샤론 집권 이후 이스라엘 식민자들의 90%까지를 포함시키기 위해 서쪽으로 장벽이 끊임없이 수정되었다. 이젠 '녹색선'(이스라엘과 점령지 간 경계를 정한 선)하고는 완전히 거리가 멀어진 채, 이스라엘의 식민지건설 경계선이 되어버려 하나의 정책이 실현된 양상을 보이고 있다. 오슬로협정 이후 이스라엘이 팔레스타인 영토에서 실행한 식민화 정책과 똑같은 역할을 하는 일이 되풀이돼선 안 되겠다. 1993년에서 2000년 사이(당시는 협정이 체결되고 실행되기 시작하면서 모두 희망 속에서 살던 시기였다)에는 팔레스타인 영토로 이주한 유대인 식민인구가 115,700명에서 199,460명으로 거의 두 배에 가깝게 증가하고 2만 헥타르의 땅이 몰수되어 이스라엘인 보호구역을 따라 쳐진 바리케이드들이 대폭 늘어났는데,[6] 그런 상황이 재연되는 걸 저지해야 한다.

이스라엘의 지도자들, 더 정확하게 그들 중 몇몇은 팔레스타인인들이 낙담하고 지쳐버리기를 바랄 수도 있다. 그들은 팔레스타인인들이 속박과 굴욕으로 범벅이 된 일상을 영원히 참아낼 수는 없을 것으로 보고 있다. 팔레스타인 사람 일부가 보다 나은 삶을 찾아서 떠나버리고, 또 다른 일부는 지치고 기력을 잃은 채 가자와 팔레스타인 일부 지역만으로 국가를 수립하는 걸 용인하길 이스라엘이 기대할 수도 있다. 그래서 마흐무드 압바스가 1967년의 국경 회복을 포기하고 예루살렘마저 포기하게 될 것이라고 말이다. 팔레스타인인들이 이미 1948년의 국경을 포기하고 말았듯이, 1967년의 국경도 포기하는 걸 보겠다는 희망을 키워가는 이스라엘인들도 있을 것이다. 하지만 이건 심각한 환멸을 야기하는 망상일 뿐이다. 이런 대안을 팔레스타인인 전체가 결코 받아들이진 않을 것이며 오히려 폭력만 가중시키게 될 테니까.

여전히 이 시나리오로 보자면, 이라크에서 치러진 선거들은 외부의 힘으로 체제를 바꾸고 민주주의를 구축한다는 미국의 논리를 정당화시켜준다. 이라크인들이 투표를 했으니, 가혹하게 비난만 받았던 전쟁의 다행스런 결과긴 하다. 하지만 그건 선거와 민주주의를 혼동하는 것이다. 예전에도 이라크인들은 99.8%의 투표율로 사담 후세인을 선출한 투표를 했다. 점령군 치하에서 치른 선거가 정말 자유로웠을까? 테러가 계속된 상황은 어떻고? 정치토론은 고사하고 폭력이 두려워 후보들이 숨어 있었는데도? 안전이 보장되지 않아 국제선거감시단도 파견되지 못했는데? 종파 간 투쟁은? 이러한 '성공'에 자만한 미국이

6 여기에 팔레스타인인들을 대상으로 바리케이드를 친 사실도 빠뜨려선 안 되겠다(가자지구는 311일간, 요르단강 서안지역은 326일간 봉쇄되었다!). 이스라엘 인권센터, '베셀렘(B'tselem)'이 산출한 수치다. Denis Sieffert, *Israël-Palestine: une passion française*, La Découverte, 2004, p.41에서 재인용.

계속해서, 예컨대 이란에 민주주의를 수출하겠다고 덤비는 일은 없어야 할 것이다.7 이 시나리오는 꿈과 악몽의 중간이 아니라, 악몽의 전주곡이다. 즉 이-팔 협상이라고 해봤자 제한된 지역에서의 팔레스타인 국가 건설에 관한 것에 머물고, 점령 추구에 따라 요르단강 서안 지역에서의 압제는 이어지며 동예루살렘의 반환도 거절할 것이다. 또한 이라크에서 군대주둔을 이라크인 일부가 받아들인다(최상의 경우)해도 다른 이들은 여전히 거부할 것이다. 민주주의 촉진과 핵무기 확산을 막기 위한 전쟁이라는 명목으로(이라크전쟁 전부터 기세등등하게 떠들어대던 얘기를 반복하며) 이란을 상대로 펼칠지도 모르는 군사작전과 더불어, 이라크에서의 미군주둔은 빈 라덴Osama bin Laden과 그 아류들을 아랍 땅을 점령하는 미국과의 전쟁이라는 명분으로 활동하게 만들 것이다.

이 모든 게 이미 쓰여 있는 듯 확연해 보인다. 옳은 방향으로 진보하고 있다고 나발을 불어대는 미국의 지도자들, 인내를 호소하며 무엇보다도 이스라엘의 안전보장이 필요하다고 주장하는 이스라엘 지도자들, 관심이 없는 것은 아니면서 편향된 도덕성으로 합창단 역할을 받아들이는 지식인과 전문가들. 이런 상황에선 문명충돌이 다가올 것이다. 어리석은 전략의 제4차 세계대전은 현실이 될 것이며, 20세기가 전쟁의 세기였다면, 21세기는 그보다 더 처참한 세기가 될 것이다.

---

7 노벨평화상 수상자이자 이란의 반체제 인사인 시린 에바디(Shirin Ebadi)는 미국이 테헤란에 군사적 위협을 가함으로써 이란체제가 이란의 인권보호를 위해 앞장서는 비정부기구(NGO)들을 탄압하게 만든다고 한다. "Why an attack would be a folly", International Herald Tribune, Feb. 9, 2005.

'제4차 세계대전'이라는 표현은 '테러와의 전쟁'을 부르짖는 미국의 네오콘들이 사용하면서 퍼져나갔다. 이 전쟁은 '문명 대 야만의 전쟁' 이며, 아군은 미국을 선두로 하는 서방이고, 적은 (이슬람) 테러리즘이라는 건 우리도 익히 들어 왔다. 이걸 정말 세계대전이라고 봐야 하는가? 적들을 확실히 구분할 수 있는가? 전쟁의 명분은 분명한가? 따위의 여러 가지 의문이 제기될 수 있으니 '제4차 세계대전'이라는 표현을 쓰는 것부터 벌써 논란의 여지가 있는 셈이다. 게다가 그보다 앞서 겪었던 '냉전'을 제3차 세계대전으로 부를 수 있는지에 대해서도 이견이 있을 것이다.

이 책의 저자 보니파스는 제4차 세계대전의 가능성이 보이는 이스라엘-팔레스타인 분쟁의 여파를 우려하고 있다. 전쟁을 외치는 측이 그들의 명분에 들어맞는 전쟁조건과 충돌을 가중시키면서 '그들의 전쟁'을 진전시키고 있다고 보는 입장이다. 이 전쟁은 당연히 일어나야 하는 전쟁이 아니며, 현실의 문제점을 해결하기보다는 그 문제점들을 더 늘리면서 전쟁의 명분까지 다져간다는 것이다.

이런 관점으로 저자는 현재 국제 전략의 양상들을 두루 살펴보고 여러 국가기관이 제시하는 테러리즘의 정의까지 세밀하게 들추어보면서 날카로운 비판 잣대를 들이댄다. 서구의 대다수 전략전문가, 정치가들이 "테러리즘을 퇴치해야 한다"는 생각에서 시작하여 테러리즘을 이해할 필요도 없다며 앞만 보고 나아가는 관점을 취하고 있는 것과는 달리, 그는 '테러리즘은 도대체 무엇인가?', '왜 테러리즘이 생기는가?'라는, 좀 더 근본적인 고찰을 하면서 현재 세계가 직면한 전략상황에 대해 폭넓고 진지하게 비판하며 문제를 제기하고 있다. 테러가 발생하게 되는 이유를 재고해봐야 테러리즘에 효과 있게 대처할 수 있기 때문이다.

'테러와의 전쟁'은 9·11 사태로 발생한 것이 아니라 소련의 몰락과 더불어 1990년대 내내 발전해 온 개념이며, 여기에 새뮤얼 헌팅턴Samuel Huntington의 '문명충돌론'이 '서구 문명과 대립하는 이슬람'이라는 인식을 널리 퍼뜨리는 데 기여했다고 저자는 지적한다. 그 이론에 확신을 심는 역할을 한 것이 9·11 사태였고 이 사건과 함께 '이슬람 문제'가 전 세계적으로 거론되며 주목을 받는다. 이것은 물론 보니파스만의 의견이 아니며 일부 비판적 논평가들이 공유하고 있는 견해이기도 하다. 그런데 보니파스는 한 걸음 더 나아가 "그렇다면 이슬람 문제는 과연 무엇 때문에 발생하고 있느냐?"를 따져보자고 제의하며 문명충돌론과 이-팔 분쟁, 그리고 미국과 이스라엘의 관계를 비중 있게 다루면서 논리적으로 꼬집어본다.

'이 분쟁은 왜 좀처럼 협상에 이르지 못한 채 이토록 오랫동안 지속되고 있는가?', '해결은커녕 왜 나날이 세계적인 차원으로 확대되고 있는가?', '그렇다면 중동의 혼돈 상태는 도대체 누구에게 이득이 되는가?'라는 의문을 던지며 읽어야 할 부분이다. 결국 저자는 '테러와의 전쟁'에 대한 다양한 담론을 역사·전략적 관점에서 다시 살펴보고 정리하면서 현재 우리가 직면한 상황을 비판적 관점으로 곱씹어 볼 것을 권한다. 저자의 비판 잣대가 빛을 발하는 이유는 그것이 자신의 정치·직업적 이해관계나 소속 문명(서구 중심적)에 편중되지 않고, 더 보편적인 원칙과 가치들을 추구하고 있다는 점 때문이다.

한국의 독자들에게는 처음 소개되는 저자인 만큼 부연설명을 약간 곁들이면, 보니파스는 이 책뿐 아니라, 다양한 책과 매체를 통해서 서구 중심적 가치가 아닌 더 보편적인 가치를 추구하는, 프랑스의 대표적인 전략전문가 중 한 명이다. 너도 나도 마구 '테러와의 전쟁'을 언급해대는 현실에서 특히 이-팔 분쟁에 대한 전략·지정학적 거론은 날이 갈수록 더 민감해지고 있다. 이스라엘의 정치나 그 책임자들을 비판하면, 즉각 반유대주의로 몰리는 분위기가 심화되고도 있다. 본문에서 간간이 언급되는 지식인들과 정치인들의 태도나 일화에서도 그것을 엿볼 수 있을 것이다. 보니파스는 『이스라엘을 비판해도 되는가? *Est-il permis de critiquer Israël?*』(2003)라는 책에서 이런 상황을 잘 지적하고 있다. 이스라엘의 정치를 비판하면 그 즉시 반유대주의 딱지가 붙는, 언론과 지식인 사회의 현실을 비판하며 짚어보는 이 책은 당시 프랑스 언론에서 파문을 일으켰다. 이 문제로 저자는 개인생존과 직위보존에 위협을 느끼기도 했다고 한다. "프랑스나 벨기에에서 아리엘 샤론Ariel Sharon을 비판하는 것보다 오히려 이스라엘 내에서 비판하는 것이 더 자유로울 지경"이라고 그는 하소연 한다. 그렇다고 "자신의 생각과 의견을 밝히기 두려워한다면 학자나 언론인을 그만두어야 한다"며 꿋꿋한 자세를 지켜오고 있다. 이 책과 관련해서는 2005년 봄, 출간 직후 프랑스의 한 공영 라디오 방송사 사이에 일어난 일화가 있다. 이 책에 관한 토론회를 연다고 저자는 출연요청까지 받은 상태였으나, 정작 토론회는 자꾸 미루어지다가 결국 취소되었다고 한다. "토론자들이 이 사안에 대해 당신과 토론하려 하지 않는다"는 게 방송사 측의 이유였다. 미심쩍어 알아보았더니, 저자의 대이스라엘 입장이 너무 강경하다는 게 진짜 이유였다고 한다(출처-http://www.oumma.com/article.php3?id_article=1669). 이런 언론·정치 환경을 감안하면, 그에게 '용감하다'는 수식어도 덧붙여야 할 것이다. 세계전략문제를 좌지우지하는 서방 측의 태도에 용감하게 비판 잣대를 갖다 대는 서방의 전략전문가라고 평가될 수 있기 때문이다.

저자는 이 책의 결론 부분에서 현재 국제 전략 상황이 야기할 수 있는 세 가지 시나리오를 제시한다. 이스라엘과 헤즈볼라 사태가 끔찍한 대차대조표를 만들면서 한 달 이상 계속된 현재, 우리는 이 세계가 세 번째 시나리오에 가까워지고 있다는 불길함을 떨칠 수 없다. 이-팔 분쟁의 여파가 세계적인 차원으로 급격히 퍼져나가 "전쟁의 세기 20세기보다 더 끔찍한 21세기가 될 것"이라는 이 시나리오는 그 중에서 가장 최악의 시나리오다. 이런 악화된 상황을 증명이라도 하듯이 세계 곳곳에서 늘어만 가는 테러사태, 유류파동, 핵문제 확산 등이 나날이 일상 뉴스의 일면을 장식하고 있다. 그 뿐만 아니라, 근 몇 년 동안 유럽 곳곳에서는 무슬림 공동체에 대한 증오가 부쩍 늘어났고, 다인종·다문화 사회의 내부 갈등이 깊어지고도 있다. 다시 말해 세계화와 더불어 지역 분쟁의 파급력이 세계 도처에 걷잡을 수 없이 확대되고 있는 것이다.

그렇다고 불확실한 미래를 암울하게 예언하며 공포감이나 비관주의를 조성하는 게 이 책의 취지는 결코 아니다. 보니파스는 복잡하고도 복합된 상황을 일반화 논리로 뭉뚱그리거나, 재고를 꺼리며 선동하는 논리를 휘두르는 자세를 신랄하게 비난한다. 그는 테러리즘은 자연적 현상이 아니라, 정치적 이유로 생긴 인간적 재난임을 여러 차례 강조하면서 인간이 주체가 되어 선의의 정치적 타결책을 모색할 수 있다는 데 방점을 찍는다. 그래서 유럽연합EU의 역할을 기대하며 유럽 시민들의 대표기구인 유럽의회를 강조하고, 이스라엘과 팔레스타인 현지에서 어렵게 투쟁하고 있는 평화운동에 귀 기울여 그들을 돕자고 외친다. 말하자면 방관자로만 있을 것이 아니라, 세계 곳곳에서 선의의 여론을 함께 조성하자고 촉구하는 것이다.

여론은 대중매체와 직결된다. 우리는 세계화의 여파로 신속하고도 풍부한 정보환경에서 살아가는 반면, 그런 정보를 제공하는 대중매체는 더욱더 이익을 추구하는 집단이 돼가고 있다. 다시 말해 세계 곳곳에서 유사한 정보들을 동시에 접할 수 있지만, 특정 대중매체가 전하는 내용만으로 현실을 있는 그대로 이해하기엔 역부족이다. 우리가 접하지 못하는 다른 현실과 보이는 현실의 이면을 짐작하면서 짚어봐야 하는 정보환경에 놓여있다는 말이다. 게다가 허구와 사실의 구별이 불분명해지는데다 모두들 앞을 다투어 '희생자'라고 해대는 통에, 가해자와 피해자를 정확히 구별하기조차 힘들다. 그런가 하면 세계화의 여파로 현대 자본주의 체제의 구심점이 되어버린 국가는 세계적인 문제들에 더욱더 침묵과 눈가림으로 대처하고 있다. 국제기구? 국제기구 또한 르완다 학살, 보스니아분쟁, 이라크전쟁, 다르푸르 내전 등을 통해서 역력히 드러났듯이 국제분쟁의 중재와 타결에 큰 힘을 발휘할 수 없다는 걸 여실히 드러내고 있다. 국제기구의 무력함은 한 달 이상을 질질 끌어야 했던 이스라엘-헤즈볼라 사태(2006년 7~8월)에서도 또 한 번 확인되었다. 우리 주위의 모든 것들이 그야말로 수동적인 방관자가 되고 있는 상황이니 세계시민들 스스로 경각심을 가져, 선의의 여론으로 연대감을 형성해야 할 판국이다.

하지만 선의와 객관성을 추구하기조차 쉽지가 않다. 전략문제에선 친이스라엘이 아니면 친아랍이고, 친미가 아니면 반미라는 편먹기 꼬리표가 영락없이 붙여진다. 이스라엘의 정책을 비판한다는 이유로 보니파스에게 '친아랍'이라는 꼬리표를 갖다 붙이려는 이들도 있다. 그 점에 대해 저자 자신은 어떻게 생각하는지 필자가 물었더니 이렇게 답했다. "그건 무조건 친이스라엘을 외치는 사람들의 의견일 따름이다. 나는 어떠한 꼬리표도 달갑지 않다. 인류를 위해 더 보편적인 원칙들을 지향할 뿐이다."

상기한 여러 상황을 감안할 때, 이 책이 다루고 있는 여러 사안을 묘사하는 논리나 어조가 얼마나 까다로운지 독자들도 충분히 짐작하리라 여겨진다. 보니파스는 단정을 기피하고 의문문과 반문을 사용하면서, 보이는 현상 앞에서 보이는 그대로만 볼 것이 아니라, 뒤에서도 보고 뒤집어서도 보도록 독자들을 이끈다. 저자가 세심하게 전개하고 있는 논리와 표현을 우리말 어감으로 전달하는 데에 여러 가지 어려움이 있었다. 저자의 문체가 그대로 전달될까라는 우려가 여전히 남는다. 그런 가운데에도 적극적으로 도움을 준 잉걸의 노고에 진심으로 감사드린다.

필자와 잉걸은 책의 취지를 살려 판매금 일부를 팔레스타인 난민을 돕는 데 쓰기로 했다. 비록 적은 액수가 될지라도 세계화 시대에 걸맞게 세계시민으로서 보일 수 있는 작은 몸짓이라는 데 의미를 둔다. 세계시민 한 사람 한 사람이 경각심을 가질 수 있다면, 이 지구촌에 증오심만 더해가는 '테러와의 전쟁' 대신, 우리는 이 시대 지구와 인류가 당면하고 있는 정말로 시급한 문제들(기아, 빈곤, 질병, 자연파괴, 실업, 지구온난화, ……)에 맞서 싸울 수 있지 않을까…….

2006년 8월, 이스라엘-헤즈볼라 휴전 직후
이선주

참고문헌

Alain Gresh (2004), *L'Islam, la République et le monde*, Fayard.

Alexandre Adler (2004), "Les néo-conservateurs sont-ils coupables?", *Le Figaro*, Sep. 29.

_____ (2002), *J'ai vu finir le monde*, Grasset, pp.221-222.

André Glucksmann (2004), *Discours de la haine*, Plon.

_____ (2004), "La route de l'apocalypse passe par Beslan", *Le Monde*, Sep. 16.

Barbara Victor (2004), *La dernière croisade*, Plon.

Bernard Dobré (2004), "Nous sommes à la guerre!", *Le Figaro*, Jun. 16.

Bernard Lewis (1964), *The middle East and the West*, Bloomington.

Bruno Tertrais (2004), *La guerre sans fin*, Le Seuil, p.83.

Camille Mansour (1995), *Israël et les États-Unis*, Armand Colin, p.96.

Charles Enderlin (2002), *Le rêve brisé*, Fayard, p.218.

Christophe Jaffrelot (2003), "Inde, Israël: le nouvel élément de l'axe du bien?", *Critique internationale*, No.21, Oct., pp.24-32.

Clara Hollongworth (1993), "Another despotic creed seeks to infiltrate the West", *International Herald Tribune*, Sep. 5.

Clyde R. Mark (2003), "Israeli-United States Relations", *CRS Issue Brief for Congress*, Jun. 28.

Corine Lesnes (2003), "Le développement du monde arabe s'est ralenti depuis le 11 Septembre", *Le Monde*, Oct. 23.

Denis Sieffert (2004), *Israël-Palestine, une passion française*, La Découverte.

Donald Nef (1981), *Warriors at Suez*, Simon & Shuster, p.432.

Elisabeth Corrie (2004), "A Year of silence since Rachel Corrie Died", *International Herald Tribune*, Mar. 4.

Emmanuel Lemieux (2003), *Pouvoir intellectual*, Denoel, p.462.

Emmanuel Todd (2002), *Après l'Empire*, Gallimard, p.133. (국역 『제국의 몰락』(까치글방, 2003)).

Fareed Zakaria (2003), *L'avenir de la liberté*, Odile Jacob, p.188.

François Lund (2002), "Un nouvel axe Russie-Israël?", *Esprit*, Dec.

François-Bernard Huygue (2004), *4ᵉ Guerre mondiale, l'art de la guerre*, Éditions du Rocher, p.31.

George W. Ball & Douglas B. Ball (1992), *The passionate attachment America's involvement with Israel, 1947 to present*, New York, W. W. Norton & Company.

Henri Vernet & Thomas Cantaloube (2004), *Chirac contre Bush*, J.-C. Lattès, p.143.

Jonathan D. Sarna (2004), "Why they're fighting for the Jewish vote", *International Herald Tribune*, Oct. 26.

K. Gajendra Singh (2003), "OIC Summit, Mahathir's Speech and Post-OIC Reverberations", South Asia Analysis Group, no.823, Oct. 28. (www.saag. org).

Karolyne Postel Vinay (2005), *L'Occident et sa bonne parole*, Flammarion, p.149.

Marc Lynch (2003), "Taking Arabs Seriously", *Foreign Affairs*, vol. 82, no. 5, Sep.-Oct.

Matthew Frankel (1995), "The 10 billions questions", *The fletcher forum of world affaires winter spring*, p.159.

Michel Warschawski (2003), À *tombeau ouvert*, Éditions La Fabrique, p.26.

Nasser H. Arvi (2003), *The dishonest broker. The US role in Israel and Palestine*, p.39.

Nissim Zvili (2004), "Madrid Ashdod, même combat", *Libération*, Mar. 26.

Norman Podhoretz (2004), "World War IV: How it started, what it means and why we have to win", *Commentary*, Sep. p.56.

Olfa Lamloum (2004), *Al-Jazira, miroir rebelle et ambigu du monde arabe*, La Découverte.

Pascal Boniface (2003), *La France contre l'Empire*, Robert Laffont, pp.115-128.

Pascal Boniface & Didier Billion (2004), "La France et le monde arabe", *Les défis du monde arabe*, PUF, pp.209-235.

Pew Research Center (2003), *Views of a Changing World 2003*, Jun. 3. (http://people-press.org/reports/display.php3?ReportID=185).

Pierre Melandri & Justin Vaïsse (2001), *L'Empire du milieu*, Odile Jacob, p.361.

Rashid Khalidi (2004), *L'Empire aveuglé*, Actes Sud.

Richard Clarke (2004), *Contre tous les ennemis*, Albin Michel. (영문판 원제 *Against All Enemies: Inside America's War on Terror* (Free Press, 2004). 국역 『모든

적들에 맞서』(휴먼앤북스, 2004)).

Richard Labévière (2003), *Les coulisses de la terreur*, Grasset, p.223.

_____ (2002), *Oussama Ben Laden ou le meurtre du père. États-Unis, Arabie Saoudite, Pakistan*, Lausann, Favre.

Samuel P. Huntington (1993), "The clash of civilizations?", *Foreign Affairs*, Summer, pp.22-49.

_____ (2000), *Le choc des civilisations*, Paris, Odile Jacob, coll. Poches Odile Jacob. (영문판 원제 *The Clash of Civilizations and the Remaking of World Order*(Simon & Schuster, 1996), 국역 『문명의 충돌』(김영사, 1997)).

Sushil J. Aaron (2003), "Straddling faultlines, India's foreign policy toward the greater middle east", *Occasional paper French research institutes in India*, p.25.

UNDP (2003), *Arab Human Development Report 2003*, New York.

Walter Russel Mead (2004), "The US doesn't care about Palestinians", *International Herald Tribune*, Apr. 22, 2004.

Zbigniew Brzezinski (2004), *Le vrai choix*, Odile Jacob. (영문판 원제 *The Choice: Global Domination or Global Leadership* (Basic Books, 2004), 국역 『제국의 선택: 지배인가 리더십인가』(황금가지, 2004)).

부록

이-팔 분쟁 관련, 미국의 UN 안보리[1] 거부권 행사 목록

1967년 이래 미국은 UN 안보리의 대이스라엘 제재를 막기 위해 39차례에 걸쳐 거부권을 행사했다.

- 1972년 9월 10일 S/10784
  - 찬성-13, 거부-1(미국), 기권-1
  - 1967년의 휴전명령 위반 및 시리아와 레바논 점령에 대한 이스라엘 규탄.

- 1973년 7월 2일 S/10974
  - 찬성-13, 거부-1(미국), 불참-중국
  - 1967년 이래의 팔레스타인 영토 점령 및 UN 사무국 활동에 비협조적인 이스라엘 규탄.

- 1975년 12월 8일 S/11898
  - 찬성-13, 거부-1(미국), 기권-1
  - 팔레스타인 점령지 상황과 관련, 시리아와 이집트가 항의.

●

1 2006년 현재, UN 안전보장이사회는 전체 15개국으로 구성돼 있다. 그 중 5개국(프랑스, 영국, 미국, 러시아, 중국)은 상임이사국이고, 나머지 10개국은 2년 임기의 비상임이사국이다. 총회에서 제시된 안건을 최종적으로 받아들이는 투표에서 상임이사국들은 거부권을 행사할 수 있는 특권을 가지며, 상임이사국이 거부권을 행사하면 해당 안건은 폐기된다. 따라서 안보리 회원국들의 투표에 의해서 결정되는 결의안의 실행은 최소 9표의 찬성표를 얻으면 가능하지만, 상임이사국들의 거부권 행사가 없어야 한다는 전제조건이 붙는다 ─ 옮긴이.

- 1976년 1월 26일   S/11940
  - 찬성-9, 거부-1(미국), 기권-3, 불참-중국, 리비아
  - 1967년 이래 점령한 땅에서 이스라엘의 철수요구, 이스라엘의 UN 결의안 불복 규탄, 팔레스타인인들의 자결권 및 난민 귀국권 요구.

- 1976년 3월 25일   S/12022
  - 찬성-14, 거부-1(미국)
  - 예루살렘 점령, 이스라엘 식민 정착, 인권침해 등을 주 내용으로 영토 점령을 규탄하며 점령 중단 요구.

- 1976년 6월 29일   S/12119
  - 찬성-10, 거부-1(미국), 기권-4
  - 팔레스타인 민족 권리에 대한 위원회 보고서 상정. 팔레스타인인들의 자결권, 난민들의 귀국권, 국가 독립권 언급.

- 1980년 4월 30일   S/13911
  - 찬성-10, 거부-1(미국), 기권-4
  - 튀니지가 제출한 안건. 팔레스타인 국가 독립권, 난민들의 귀국권, 귀국 원치 않는 난민들에 대한 피해배상, 1967년 이래의 점령지에서 이스라엘 철수 요구.

- 1982년 1월 20일   S/14832/Rev.2
  - 찬성-9, 거부-1(미국), 기권-5
  - 요르단 제출 안건. 골란고원 등 시리아 점령지에서의 이스라엘 철수 요구.

- 1982년 4월 2일   S/14943
  - 찬성-13, 거부-1(미국), 기권-1
  - 요르단 제출 안건. 가자지구 주민들에 대한 인권침해 규탄, 네 번째(제4차) 제네바조약을 위반한 행위 중단 요구.

- 1982년 4월 20일   S/14985
  - 찬성-14, 거부-1(미국)
  - 네 번째(제4차) 제네바조약 및 국제조약 준수 요구, 예루살렘 로체돔사원에서 일어난 사건 규탄.

- 1982년 6월 8일   S/15185
  - 찬성-14, 거부-1(미국)
  - 스페인 제출 안건. 이-팔 양 진영에게 1907년의 헤이그협정 준수를 요구했던 결의안 508과 509를 이스라엘이 존중하지 않은 사실 규탄, 레바논에서의 이스라엘 철수 요구.

- 1982년 6월 26일   S/15255/Rev.2
  - 찬성-14, 거부-1(미국)
  - 프랑스 제출 안건. 베이루트에서 이스라엘 및 팔레스타인 무력 즉각 철수 요구, 결의안 508 준수 요구.

- 1982년 8월 6일   S/15347/Rev.1
  - 찬성-11, 거부-1(미국), 기권-3
  - 러시아 제출 안건. 결의안516, 517 비준수 규탄, 이스라엘이 레바논에서 철수할 때까지 UN 회원국들의 대이스라엘 무기 공급 및 군사원조 제한.

- 1983년 8월 2일 S/15895
  - 찬성-13, 거부-1(미국), 기권-1
  - 팔레스타인 영토에서의 이스라엘인 정착 중단, 기존 정착지 철폐, 전시 양민보호 규정을 두고 있는 제네바조약에 이스라엘의 가입 촉구.

- 1984년 9월 6일 S/16732
  - 찬성-13, 거부-1(미국), 기권-1(영국)
  - 레바논 남부에서의 이스라엘 행위 규탄.

- 1985년 3월 12일 S/17000
  - 찬성-11, 거부-1(미국), 기권-3(호주, 덴마크, 영국)
  - 레바논남부에서 계속되고 있는 이스라엘의 시민공격 행위 규탄.

- 1985년 9월 13일, S/19459
  - 찬성-10, 거부-1(미국), 기권-4(호주, 덴마크, 프랑스, 영국)
  - 팔레스타인 주민에 대한 탄압 조치(추방, 구류 등) 즉각 중단 요구.

- 1986년 1월 17일 S/17730/Rev.2
  - 찬성-11, 거부-1(미국), 기권-3(호주, 덴마크, 영국)
  - 레바논 남부 시민들에게 계속되고 있는 이스라엘의 공격행위 규탄.

- 1986년 1월 30일 S/17769/Rev.1
  - 찬성-13, 거부-1(미국), 기권-1(태국)
  - 이전 결의안 실행 거부 비난, 하람 알 샤리프Haram Al-Sharif 성지 침해 행위 맹렬 비난, 무슬림 성지 무시 행위 비난.

- 1986년 2월 6일 S/17796/Rev.1
  - 찬성-10, 거부-1(미국), 기권-4(호주, 덴마크, 프랑스, 영국)
  - 이스라엘의 리비아여객기 억류 사건 규탄.

- 1988년 1월 18일 S/19434
  - 찬성-13, 거부-1(미국), 기권-1(영국)
  - 레바논 영토에서 계속된 이스라엘 공격 및 시민들에게 가한 조치 맹비난.

- 1988년 1월 30일 S/19466
  - 찬성-14, 거부-1(미국)
  - 전시 점령지에서의 시민 보호를 규정한 제네바조약 준수 및 팔레스타인 인들에 대한 권리 침해 행위 중단 촉구.

- 1988년 4월 28일 S/19780
  - 찬성-14, 거부-1(미국)
  - 점령지에서의 집단 처벌 행위(가옥 파괴, 인권침해 등) 규탄, 네 번째(제4차) 제네바조약 준수 요구.

- 1988년 5월 10일 S/19868
  - 찬성-14, 거부-1(미국)
  - 당시 레바논 남부에서의 이스라엘 침공 행위 규탄, 즉각 철수 요구.

- 1988년 12월 14일 S/20322
  - 찬성-14, 거부-1(미국)
  - 1988년 12월9일 감행한 이스라엘의 대레바논 공격 규탄.

- 1989년 2월 17일 S/20463
  - 찬성-14, 거부-1(미국)
  - 팔레스타인인들에 대한 계속적인 인권 침해, 특히 시민과 아이들 살해 행위 규탄, 계속되는 안보리 결정 위반 행위 규탄.

- 1989년 6월 9일 S/20677
  - 찬성-14, 거부-1(미국)
  - 팔레스타인인들에 대한 인권침해 비난, 점령지에서의 팔레스타인인 추방 행위 중단 및 난민들의 귀국권 요구.

- 1989년 11월 7일 S/20945/Rev.1
  - 찬성-14, 거부-1(미국)
  - 팔레스타인인들에 대한 인권침해(마을 폐쇄, 주거지 파괴, 재산몰수) 규탄, 몰수품 반환 촉구.

- 1990년 5월 31일 S/21326
  - 찬성-14, 거부-1(미국)
  - 리손 레지온에서 발생한 7명의 팔레스타인 노동자 살해사건을 계기로 예루살렘을 포함한 점령지에서의 이스라엘 정책 및 행위 감시를 위한 위원회 설립 요구.

- 1995년 5월 17일 S/1995/394
  - 찬성-14, 거부-1(미국)
  - 동예루살렘 거주 팔레스타인인들의 토지몰수를 무효화하고 이스라엘의 몰수행위 규탄, 중동평화 프로세스 지원 요구.

- 1997년 3월 17일
  - 찬성-14, 거부-1(미국)
  - 팔레스타인 땅에서의 이스라엘 식민 행위 즉각 중단 요구.

- 1997년 3월 21일 S/1997/241
  - 찬성-13, 거부-1(미국), 기권-1
  - 자발 아부 그네임/하르 호마Jabal Abu Ghneim/Har Homa에서 동예루살렘까지 이루어지고 있는 유대인 식민지 건설 중단, 점령지에서의 또 다른 식민지 건설 대책 중단 촉구.

- 2001년 3월 27일 S/2001/270
  - 찬성-9, 거부-1(미국), 기권-4(프랑스, 노르웨이, 아일랜드, 영국)
  - 집단 처벌, 도발 등 모든 폭력행위의 즉각 중단, 이스라엘인들의 모든 이주활동 완전 중단, 점령지 봉쇄 조치 중단 촉구. 팔레스타인 주민 보호를 위한 UN 감시단 설립 취지의 샤름 엘-셰이크Sharm El-Sheikh 조약 실시 및 가자지구에 UN 감시단 파견 요구.

- 2001년 12월 14일 S/2001/1199
  - 찬성-12, 거부-1(미국), 기권-2(노르웨이, 영국)
  - 불법 살인, 무력 남용, 재산 파괴 등, 모든 테러행위 규탄, 폭력종결 촉구. 미첼 보고서의 권고사항 실시 요구.

- 2002년 12월 19일
  - 찬성-12, 거부-1(미국), 기권-2(불가리아, 카메룬)
  - 점령지에서 이스라엘군에 의해 다수가 살해당한 팜PAM 사 직원 사건 후 이스라엘 규탄.

■ 2003년 9월 19일
- 찬성-11, 거부-1(미국), 기권-3(독일, 불가리아, 영국)
- 모든 폭력행위(테러리즘, 도발, 파괴) 중단 촉구. 팔레스타인 수반으로 선출된 야세르 아라파트 위해행위 중단, '로드맵' 실행을 위한 4자 측 노력에 협력지원 요구.

■ 2003년 10월 14일 S/2003/980
- 찬성-10, 거부-1(미국), 기권-4(독일, 불가리아, 카메룬, 영국)
- 1949년의 휴전선에서 한참 떨어진 지점에 건설되고 있으며 국제법 관련 규정을 위반하고 있는 분리장벽 건설 규탄. 장벽건설 중단 및 철거, 원상복구 요구.

■ 2004년 3월 25일
- 찬성-11, 거부-1(미국), 기권-3(독일, 루마니아, 영국)
- 팔레스타인의 정신적 지도자인 아메드 야신Ahmed Yassin 암살사건에 대해 이스라엘 규탄.

■ 2004년 10월 5일
- 찬성-11, 거부-1(미국), 기권-3(독일, 루마니아, 영국)
- 가자지구에서 감행된 이스라엘의 군사작전 규탄.